新时代北京卷
教育文库

北京市丰台区第五小学

用教育润泽生命

——"幸福交响课堂"研究实践

李　磊◎主编

中国言实出版社

图书在版编目（CIP）数据

用教育润泽生命："幸福交响课堂"研究实践 / 李
磊主编. -- 北京：中国言实出版社，2023.11
（新时代教育文库.北京卷）
ISBN 978-7-5171-4662-9

Ⅰ.①用… Ⅱ.①李… Ⅲ.①中小学—课堂教学—教
学改革—文集 Ⅳ.①G632.421-53

中国国家版本馆CIP数据核字（2023）第210176号

用教育润泽生命——"幸福交响课堂"研究实践

责任编辑：王建玲
责任校对：张天杨

出版发行：中国言实出版社
地　　址：北京市朝阳区北苑路180号加利大厦5号楼105室
邮　　编：100101
编辑部：北京市海淀区花园路6号院B座6层
邮　　编：100088
电　　话：010-64924853（总编室）　010-64924716（发行部）
网　　址：www.zgyscbs.cn　电子邮箱：zgyscbs@263.net

经　　销：新华书店
印　　刷：北京虎彩文化传播有限公司
版　　次：2024年2月第1版　2024年2月第1次印刷
规　　格：710毫米×1000毫米　1/16　17.25印张
字　　数：282千字

定　　价：89.00元
书　　号：ISBN 978-7-5171-4662-9

本书主编简介

李磊，汉族，中共党员，新加坡南洋理工大学毕业，研究生学历，正高级教师，现任北京市丰台区第五小学教育集团书记兼校长，曾获首都劳动奖章、北京市"三八"红旗奖章、北京市劳动模范、全国名优校长等荣誉，2017年成立了丰台区首批名校长工作室。被聘为中国教育学会小学教育专业委员会理事长、北京市教育学会小学教育专业委员会副理事长、北京市第十一届督学、高级专业技术职务任职资格评审委员会评审委员。

从教三十余载，牢记立德树人使命，对课堂教学情有独钟。2010年起坚持十三年，引领全校教师扎实开展"自主课堂"的研究，形成"幸福交响"课堂教学范式，并辐射全国多所学校。撰写论著多部，在《人民教育》《北京教育》等期刊发表论文近二十篇。主持负责"探索'五自'教育教学　培养'五自'幸福儿童""基于数字化校园的家校互动互联平台建设与应用的研究""体育课外活动对促进小学生核心素养形成的研究""集团党组织主导下全员德育工作途径实践研究》等多个国家、市区级课题的研究。

文库编委会

本书编委会

主　任：李　磊

编　委：（以下按姓氏笔画排序）

王育华　邢　艳　刘　瑾　孙林青

李　健　李晓灵　张　伟　张　彦

潘丽丽

总　序

党的二十大报告中指出，"高质量发展是全面建设社会主义现代化国家的首要任务"、"教育、科技、人才是全面建设社会主义现代化国家的基础性、战略性支撑。必须坚持科技是第一生产力、人才是第一资源、创新是第一动力，深入实施科教兴国战略、人才强国战略、创新驱动发展战略，开辟发展新领域新赛道，不断塑造发展新动能新优势"。为深刻领会以习近平同志为核心的党中央作出这一战略部署的深义和赋予教育的新使命新任务，加快建设教育强国，加快推进教育高质量发展，展示新时代我国基础教育的发展变革和取得的重大成就，中国言实出版社策划、出版了"新时代教育文库"丛书。

进入新时代以来，教育系统全面贯彻党的教育方针，落实立德树人根本任务，培养德智体美劳全面发展的社会主义建设者和接班人；促进教育公平、提升教育质量，加快推进教育现代化，办好人民满意的教育。教育的中国特色更加鲜明，教育面貌正在发生格局性变化。新时代以来，我国教育普及水平实现了历史性跨越，更好地保障了人民受教育的机会；教育服务能力稳步提升，为国家重大战略实施和经济社会发展提供了强大的人才和智力支撑；教育改革开放持续深化，服务全民终身学习的教育体系进一步完善。"新时代教育文库"丛书记录了、见证了基础教育事业的发展变革，对研究我国基础教育具有一定的史料价值。

本丛书选题视野开阔，立意深远。丛书以地区分卷，入选学校办学特色鲜明、教学教研成果突出，既收录了办学者、管理者高水平的理论研究创新成果，也收录了一线教师对课堂教学的真实感悟案例，收录了一线管理者的成功经验总结，这些，对基础教育工作者、研究者具有一定的参考价值。

是为序。

著名教育家，中国教育学会名誉会长、北京师范大学资深教授

2022 年 12 月

追求幸福　我们一直在路上

北京市丰台区第五小学（以下简称丰台五小）创建于1951年，在长期的办学实践中不断凝练、提升、积淀，逐渐形成了"幸福教育"的办学理念，成为丰台区一校九址的优质集团校。

在20世纪五六十年代，丰台五小的创业者凭着对教育事业的无限忠诚、对祖国未来建设者高度负责的精神，提出"抓课堂，一切为了学生"的办学目标，致力于办学质量的提升和促进学生的成长。

改革开放时期，学校开展校园文化建设，提炼出了以"拼搏向上"为特征的"海燕精神"，并提出了全面育人的"二十一字"办学理念——课堂教学高效益，育人环境创一流，课外活动有特色。在积极推进素质教育的进程中，学校凸显学校教育的民主、科学、人性化，确立了"以人为本，给教师一个发展的空间；全面育人，给学生一个幸福的童年"的办学思想。

2007年，学校系统梳理不同历史时期的办学精髓，将学校承载的社会责任和学校发展现状相结合，经过反复研讨，逐步形成了统一认识：学校要把追求人的幸福作为价值取向，把传承和创新学校深厚的文化底蕴作为工作重心。在此基础上，学校于2009年提出了"精彩天地、幸福摇篮"的办学总目标。

2011年，学校明确提出把"幸福教育"作为办学理念，把师生的幸福作为教育的归宿和出发点，努力将学校建设成为师生展现自我的精彩天地、生命绽放光彩的幸福摇篮。从此，"幸福教育"成为丰台五小人共同认同和遵循的价值体系、学校品牌的核心、学校一切工作的中心。

2021 年是丰台五小建校七十周年。在这个重要的历史节点，我们对"幸福教育"进行了再认识、再思考，提出了"拼搏向上、永不言弃、追求卓越、幸福领跑"的五小精神，这也是学校"幸福教育"文化的内核，是支撑五小不断前行的动力。

十多年来，我们一直执着于幸福教育的落地与幸福学校的建设。我们认为的幸福学校是怎样的呢？在校园里，人和人之间的关系是相互尊重的、接纳的、包容的，是互需共生的；每一个人做事有目标、有担当，都是在追求卓越，而不是甘于平庸；每个人在学习与工作中会合作、有创新，面对挑战有团队支持，面对困难永不言弃；每个人都有绽放精彩的舞台，每个人在成就他人幸福的同时，也在成就自我的幸福，都有积淀幸福的能力。

学校是没有"围墙"的，每个校区之间是相互学习、相互支持的。面向家长开放，让家长也成为学校教育的参与者、实践者；面对社会开放，让社会成为学生学习体验、实践创造的教育资源。

丰台五小的幸福学校愿景与学习共同体理念是一种灵魂的契合。"幸福学校"的价值追求与学习共同体的哲学思想，与学习共同体所凸显的民主性、公共性和卓越性相一致，这也更加坚定了建设幸福学校的信心，而学习共同体理念和实践也为我们幸福学校的建设提供了方法与路径。

学生在校百分之八十的时间都是在课堂中度过的，课堂不仅是落实立德树人育人使命，发展学生核心素养的主阵地，也是真正实践幸福教育的主渠道。因此，丰台五小以构建学习共同体为支撑，坚持开展课堂教学改革与实践研究。十多年里，我们执着于"自主"这个主题，始终聚焦于人的发展，经历六个阶段的迭代与蜕变，研发了"幸福交响课堂"模式，呈现了一种课堂新样态：学生不再是学习的机器，教师也不只是教书匠，每个人都应该与新的自己、与世界相遇。

课堂是师生共同成长的空间，尤其在"双减"背景下，创新教学方式，提高教学质量，构建和谐与协作的幸福课堂，在各美其美、美美与共中实现课堂"幸福交响"。

现在呈现在读者面前的这本文集，就是丰台五小教育集团的老师们在"幸福交响课堂"的实践与研究中的思考与成果，体现了老师们从外在行动到课堂观、学生观、教师观、学习观的改变。正如习近平总书记所说："幸福都是奋斗出来的。"我们对幸福的追求不会停歇，我们会坚守"幸福交响课堂"的研究，在实践中感受着奋斗的幸福。我们坚信，在"幸福教育"的路上，丰台五小一定会越走越好！

目　录

挑战性问题直击本质

在对话中擦出思维火花

课中提质先从课前入手

教师要做教的专家

"幸福交响课堂"样态的实践研究

一、问题提出

党的十八大以来，习近平总书记关于教育的重要论述，深刻回答了"培养什么人、怎样培养人、为谁培养人"这一教育的根本问题，强调坚持中国特色社会主义教育发展道路，培养德智体美劳全面发展的社会主义建设者和接班人。深入学习贯彻习近平总书记关于教育的重要论述，全面贯彻党的教育方针，坚持社会主义办学方向，培养堪当大任的时代新人，需要中小学校深入开展育人方式的变革、课堂教学的创新。丰台五小的"幸福交响课堂"样态研究，就是在这一时代背景下展开的。

丰台五小"幸福交响课堂"样态研究，源自三个追问：一是根深蒂固的应试教育破坏、影响学习者的学习兴趣和发展潜力。课堂是立德树人的主渠道，原有课堂中过于强调学生之间的竞争，缺乏合作，教师固守传统教学方式、比拼成绩、家长更在意学习成果而非过程，这些都大大影响了学生内在的学习快乐和学习动力。二是传统课堂模式不利于教育微观公平的推进。公平是社会主义教育的内在要求。对于学校而言，践行微观教育公平，让课堂真正成为每个孩子的课堂，让角落里的孩子也能发光，是每一位教育者应尽的责任，但传统课堂难以关注到每一个学生，容易造成教学上的不公平。三是"以学生为本"难以真正在课堂教学中落地生根。教育的核心任务育人，是促进每个学生的健康成长、和谐发展，这就必然要求课堂不但要关注学生的知识技能获得，同时要关注他们的情感发展、价值观的形成，而且，情感和价值观教育是更为根本的东西。但是，在传统课堂，教育目标往往导致知识性教育目标被放大，情感、价值观教育目标常常被忽略。为改变以上状况，我们历经十年，研发了"幸福交响课堂"模式，为基础教育课程改革提供了一种新的样态：学生不再是学习的机器，教师也不只是教书匠，每个人都应该与新的自己、世界相遇，课堂是师生共同成长的空间，尤其在当下"双减"背景下，创新教学方式，提高教学质量，构建和谐与协作的幸福课堂，在各美其美、美美与共中实现课堂"幸福交响"，形成新的育人方式，探索新时代高质量发展的小学教育路子。

二、解决问题的过程与方法

近十年来，学校从培养德智体美劳全面发展的时代新人的角度进行思考与实践，在继承与发展中逐步确立了"精彩天地，幸福摇篮"的办学目标，旨在让学生们获得进步、发展和幸福，构建了幸福教育思想体系；之后丰台五小潜心研究、深入实践，从尊重接纳的人文关怀出发，唤醒师生的内驱力，激发师生的生命潜能，构建"幸福教育"课程体系；从课堂价值取向聚焦到活生生的人，提升师生的课堂幸福感，为学生的人生奠基，为教师的职业成长奠基，构建"幸福交响课堂"新样态。

（一）建构"幸福交响课堂"价值体系

"幸福交响课堂"的建构，坚持以中华优秀传统文化、马克思主义关于人的全面发展理论以及积极心理学理论和教育哲学为指引。全面落实党的教育方针，坚持贯彻国家教育政策，落实立德树人根本任务，发展素质教育，推进教育公平，努力让每个孩子都能享有公平而有质量的教育。坚持以实践成效为标准，落实《义务教育学校管理标准》，加强青少年身体素质，关注心理健康成长。

"幸福交响课堂"的内涵与核心价值是将每一位学生看作一位乐手，尊重每一位学生的特长和选择，帮助他们发现自我、喜爱自我、发展自我、丰富自我、提高自我、成就自我。在"幸福交响课堂"中，每一位学生都要发展，但不是一样的发展；每一位学生都要提高，但不是同步的提高；每一位学生都要合格，但不是用唯一的评价标准。顾明远曾说："要将目光放远，不仅仅只是盯在升学率上。""幸福交响课堂"给每位学生提供最适合教育，使每一位学生都能通过教育收获更好的自己、内心充满幸福感。

"幸福交响课堂"的核心价值理念是自主、公平、包容、协同成长。自主：强调自觉主动地学习，对学习有需求，有动力。在学习的过程中主动质疑、倾听、对话、探究、实践，实现对知识的自我建构，具有终身学习的意识和动力。公平：强调让每个学生都有学习权，实现学习在每个学生身上真实发生。包容：强调以尊重为基础，理解他人的观点或思想，并在他人观点中汲取自我成长的力量。协同成长：强调基于倾听与有效表达，面对挑战性问题进行对话性研讨的互学形式；师生、生生之间协调一致、相互配合，形成拉动效应，推动共同学习。协同的结果使大家个个获益、整体加强，共同成长。

（二）"幸福交响课堂"十年磨一剑的探索历程

"幸福交响课堂"的构建并非一蹴而就。对高品质课堂的理解与价值追求，是在以问题为导向的实践性研究中逐渐形成的。我们在构建"幸福交响课堂"的实践中，努力打造"会思考、会质疑、会倾听、会表达、会欣赏、会合作、会总结、会应用"的课堂，满足学生"身心健康、学业发展、人际交往"的需求。不断洞察教学中的实际问题，进行以目标为驱动的分段式研究，执着于研究成果的转化与运用，在自主学习与协同学习的过程中，感受着"幸福交响"为课堂带来的巨大变化。

目前我们的"幸福交响课堂"研究已经奏响了四个乐章：

阶段一：聚焦激发学生动机——唤醒并发展学生的自发性

从教学内容出发，关注核心概念的确立和学科概念的把握，钻研满足"幸福交响课堂"的教学内容、教学目标与教学方法，从本质渗透幸福教育核心。基于小组合作、教学游戏化、信息技术辅助、自主学习报告单、改革评价标准等教学方式的深入研究，逐步改善学生的学习状态和老师的课堂观，实现学生自主学习。

阶段二：聚焦培育教师倾听能力——让倾听成为学习发生的新起点

关注教师倾听能力的培养，使其既关注学生知识、能力与习惯的发展，又关注价值观的塑造；既关注学习的发生，又关注学生的实际获得。获取学生的真实需求，拓宽学生自主学习的空间，提升课堂效率。

阶段三：聚焦课堂公平——让角落里的学生一样可以发光

建立学生互学、共学的共同体学习机制，培养学生倾听、对话、互学的能力。课堂围绕学科本质解决挑战性的学习任务，培育学生的自主、协同学习能力，实现个人、伙伴、集体的成长，让每个学生的学习真实发生。

阶段四：聚焦以评促学——学教评一致让学习更高效

面对"双减"背景，用"课堂量规"进行"学与教"效果评价，落实各学科教学本质要求，高质轻负促进教学目标的达成，实现学生在有限的课堂时间内完成基础性作业，减轻学业负担。

（三）建构"幸福交响课堂"的研究方法与实施路径

采取行动研究法，进行"幸福交响课堂"样态的探索与构建。在自然、真实的教育环境中，通过顶层设计，按照集体研究的操作程序，破解教育教学中的真实问题，再通过不断反思与修正，提高课堂质量。经过反复研究、探索，打造出一套可实施的"幸福交响课堂"教育教学体系。具体实施路径如下：

1. 优先变革教师的教育教学理念

强调教师树立五个理念，完成五个转变。

（1）以学习者为中心。教师从"教明白"转变为学生"学明白"，促进学生学习能力的发展。（2）关注学习起点和任务难度。研究学生的学情和学习起点，用最近发展区理念，帮助学生突破难点。（3）聚焦目标任务驱动。设计教学从目标不准确不清晰聚焦到学生学习的核心和关键。（4）从学生需求出发。教师跳出固化的思维模式，转变为更加灵活的、适应学生需求的思维方式。（5）追求意义和价值。帮助教师从关注学科知识的掌握，转变为关注知识建构和应用价值。

2. 变革教师教学行为：驱动课堂样态变革

在构建"幸福交响课堂"的探索中，着力改变教师授课的五个行为，推动课堂向幸福交响的样态迈进。

（1）增加教师课堂积极语言比例。教师语言从随机随意到方向明确，从指向笼统到清晰精准，从带有个性情绪到阳光积极。（2）教学行为从知识讲授为主走向基于关键问题的任务挑战。历经自主思考—小组探究—全班发表—问题返回—提供支架—互学共进—小组评价等环节，激发学生学习内驱力。（3）教师从一言堂走向善于倾听。善于向学生学习、善于捕捉生成的资源促进学习。学生从被动听，到积极参与、合作分享、乐学爱学。（4）有效利用教师站位和行动路线。教师从站在课堂中央到走向课堂每个角落，从在讲台上高高在上到在学生身边蹲下身子，进一步观察和反思，对学生体察和引导。（5）科学设计教师讲授时间。课堂上教师讲话时间不得超过 15 分钟，帮助教师让出更多表达的时间，充分尊重学生的学习权利，拓宽学生的学习空间。

3. 科研项目引领：促进课堂教学深度变革

我们围绕"幸福交响课堂"的建构开展了课题研究，申报了国家级课题 3

个、市级课题 4 个、区级课题 47 个，形成了定向研究的场域。我们立足课堂现状逐步实施微创新、微调整，把课改做精、做细，5 个校区依据学情的不同、教师层次水平的不同及出现在课堂的普遍性问题形成了新的研究专题，并在集团内进行阶段性研究课的展示。

以科研带动教研，不断推进着"幸福交响课堂"改革的进一步深入。围绕"目标问题"，课题组将集团学校 2017—2021 年连续 5 年的科研论文成果（共37 篇）进行了文本比较分析。可以发现，学校对"幸福交响课堂"的内涵不断丰富与聚焦。从 5 年的共性来看，连续出现的高频关键词是：目标、倾听、支架、协同、探究、思维、核心、聚焦，体现出研究始终聚焦一个核心，把握一条主线，实施一个路径。从 5 年的差异来看，高频关键词出现了从思考到思维，从实践、探究到深度、挑战，从尊重到倾听的变化，体现出研究的逐年具体深化、层层递进。

分析得出，教师的研究焦点从 2017 年的"改变、质疑"，2018 年的考虑"学情、意义"，2019 年突出"能力"，2020 年的"挑战"，到 2021 年强调"精准"，说明"幸福交响课堂"研究的递进式深化，旨在更好地提高教学质量。

三、成果的主要内容

学校基于"幸福交响课堂"进行的研究、实践、复盘，10 年的研究逐步构建了"幸福交响课堂"的价值内涵、教学范型、共研形式、评价体系，课堂成为每一个生命健康成长的交响乐场。

（一）"幸福交响课堂"的价值内涵

"幸福交响课堂"的价值内涵为孕育健康生命、涵养大志大德是幸福交响课堂的基调，挑战性学习任务是幸福交响的指挥棒，学科本质是幸福交响的灵魂音符，自主是幸福交响的主旋律，协同学习是幸福交响的最美和声。"幸福交响课堂"给每位学生提供了最适合的教育，使每一位学生都能通过教育收获更好的自己、内心充满幸福感。

（二）"幸福交响课堂"的教学范型

"幸福交响课堂"以"自主、公平、包容、协同成长"的核心价值理念为基础，构建了"幸福交响课堂"的"三要素""三环节""五原则""五特征"的教学范型。

1."幸福交响课堂"三要素

第一，创设安静、安全、安心的学习环境。师生放低音量，静思倾听，师生和生生间彼此尊重、信任、包容、接纳，助力学生自主思考，促进学习真实发生。

第二，解决基于学科本质的挑战性学习问题。根据每个学科本质和培养关键能力的目标，确定学习任务，转化为挑战性问题，学生在探究的过程中形成学科的思维习惯、习得关键能力。

第三，建立以倾听为基础的互学协同关系。同学是彼此支持的伙伴，主动求助，倾听他人，不断发现和分享，通过互学促进深度学习。

创设安静、安全、
安心的学习环境

幸福交
响课堂

建立以倾听为基础
的互学协同关系

解决基于学科本质的
挑战性学习问题

2."幸福交响课堂"三环节

"深入独学"环节重深入：教师要创设唤起学生学习需求的任务情境，引导学生自主发现提出真问题。

"协同互学"环节重倾听：以解决真问题为目标，教师创设互相倾听和自主探索的空间，引导学生自主梳理解决问题。

"思辨群学"环节重归纳：教师通过串联与反刍，延展学习空间，引导学生自主总结、归纳、提升并学以致用。

在自主课堂的三个大环节中，我们努力实现着教与学的翻转。

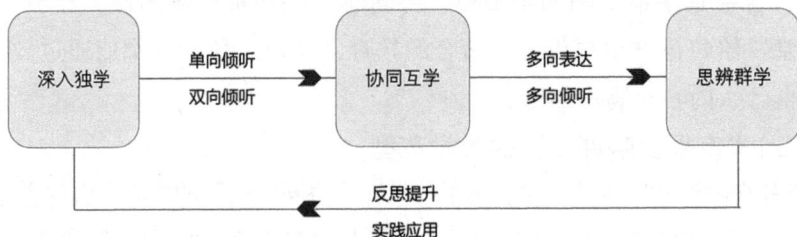

| 深入独学 | 单向倾听　双向倾听 → | 协同互学 | 多向表达　多向倾听 → | 思辨群学 |

反思提升
实践应用

"幸福交响课堂"流程图

3."幸福交响课堂"五原则

真实任务驱动原则体现在任务设置具有趣味性、真实性、挑战性。协同探究原则体现在学生在解决挑战性学习任务的过程中，以倾听为基础，通过主动求助，因需互学，共同探究，实现学习的真实体验。积极情感推动原则体现在以积极心理学理论为基础，创设安静、安全、安心的学习环境，用积极的情感助力真实学习的发生。学以致用原则体现在把知识回归到生活中去解决实际问题，让所学即所用。全员参与原则体现在让学习真实发生在每个学生身上，实现学生的个性化发展。

4."幸福交响课堂"五特征

基于"幸福交响课堂"三要素、三环节、五原则推进与实施，着力培养学生"敢说我不会，敢说我不同，善有新发现，主动会合作，举一能反三"的五种学习品质。

（三）"幸福交响课堂"的共研方式

"幸福交响课堂"教学改革，让教师的教学研究形式有了新变化。

建立常态备课模式，促进教师的常态研究，从独立研究到同组分享，再到个人反思，形成一个备课闭环，促进教师自我提升，促进同组教研实效。建立常态观课模式，将原有的听课转换为观课，让老师能够走近学生，了解学生真实学习过程。通过课堂观察的宏观、中观和微观不同维度的观课，促进教师课堂研究反思能力的提升。微观课，是观察记录一个学生或一个小组的学习状态，通过分析学生个体表情、动作、神态等，以及小组的倾听、互学的情况和状态等，了解学生学习效果。中观课，是对整个班级学生学习整体状态、多样情况和教师导学状态进行观察、进行班级效果分析。宏观课，是我们进行全校各班的开放巡课，通过整体关注、比较不同班级、学段学生的学习情况和教师状况，进行各班级整体专注度及学习效果分析。建立常态议课模式，围绕目标导向和任务、描述学生学习状态，反思自己的教学行为、提出改进建议和新设想。研究过程中，教师无压力，更加开放及悦纳他人，根据研究的推进，学校也出现了多版的备课模板、学习单模板等。

（四）以评促教的评价操作体系

通过"进阶式能力评价"和"常态化量表评价"，围绕"学生有没有高品质的学习、有没有真正的倾听、协同学习的效果如何、认知能力有没有发展、课堂上学生思维是否具有深刻性"五个维度进行教师和学生的综合评价。

进阶式能力评价。结合学校育人目标，从倾听、合作、交流、创新、批判性思维制定了《幸福交响课堂的学生全过程评价表》（见下表），以促进学生在课堂学习中不断提升能力，提高综合素养。

"幸福交响课堂"学生评价表

核心能力	☆	☆☆	☆☆☆
倾听	能听取他人想法	能主动倾听同伴或小组等他人的想法	能主动倾听他人的想法，并能够对接自己认知进行思考
合作	能完成组内交予的任务	能比较主动地配合同伴学习或完成任务，合作意识有待进一步提高	能主动配合同伴学习或游戏，在学习中关爱并帮助和鼓励学习上有困难的同学，合作意识好
交流	能有条理地表达出自己的想法	能认真倾听他人的发言，并进行思考	掌握和人交流的多种方式，能够选择合适的方法交流
创新	能用老师提供的方法解决问题，有一定的思考	可以把学习过的内容进行简单的重组形成新的内容	具有创造性的思维，能用不同的方法解决问题，可以在制作中加入自己的想法，形成新的作品
批判性思维	大胆提出和别人不同的意见	能有条理地表达自己的意见，提出有价值的问题	能提出有价值的问题，并找到解决问题的方法

常态化量表评价。"双减"政策通过课堂的减负提质，让学生在课堂上学得会、学得好、学得足。我们借助常态化量表促进学生真学习的发生。

《18　牛和鹅》学习量规

班级：　　　　　　姓名：

学习目标	我的评价	我的收获
1. 我知道可以从多个角度进行批注	A. 知道三种角度□ B. 知道两种角度□ C. 知道一种角度□	写得好的地方： 有疑问的地方： 有启发的地方： 体会深的地方……
2. 我知道批注的具体方法	A. 标画词句和文字注释□ B. 文字注释□ C. 标画词句□	标画的符号：横线、曲线 标画的内容：词（关键词）句（多角度）
3. 能借助多角度批注，深入理解文章	A. 运用三种角度□ B. 运用两种角度□ C. 运用一种角度□	新角度：
4. 借助批注有新的收获	A. 有三方面收获□ B. 有两方面收获□ C. 有一方面收获□	

四、效果与反思

（一）"幸福交响课堂"实践效果

经历十年的"幸福交响课堂"研究，学生、教师、家长以及学校的文化样态都发生了涟漪式的变化，形成了"互需共学、协同发展"的家、校、社区和谐共育的教育样态。

1. 学生的学习样态变化

伴随着"幸福交响课堂"教学范型的推进，学生被高挑战和高技能的学习任务所吸引，带着独学所产生的疑问，与伙伴共同探究，沉浸其中，不断发现、论证、实践，感受着思辨、创新带来的心灵体验。每个学生都参与学习全过程，学生的学习观及学习行为发生了以下变化。

敢于挑战我要学。挑战性问题的设计，让学习任务变得有趣味、有意义，激发学生学习的内驱力，让学生从被动学习变为主动探究，大胆地提出自己的疑问，带着任务与同学进行对话与探究。

幸福协同互相学。"共同体"机制运用，协同学习关系的确立让学生对学习不再有畏难情绪，有困难共同协商、共同解决，学生在互学中变得包容而温润，也变得大胆而自信，体会到彼此成就获得的幸福感。

你现在幸福快乐吗？

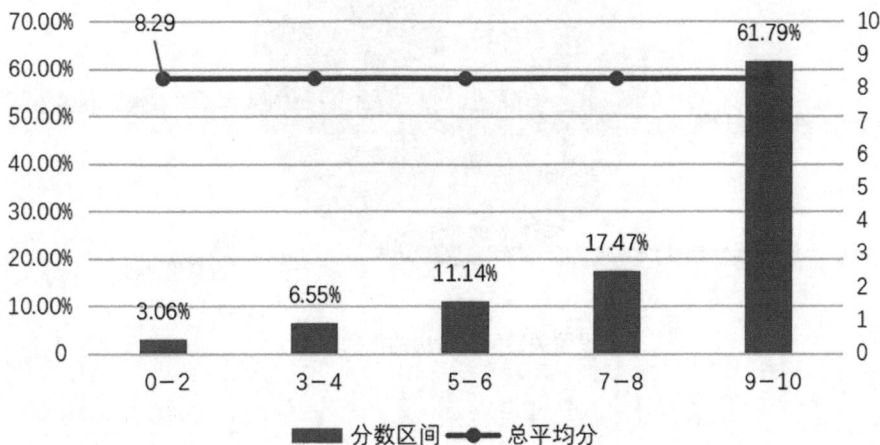

包容接纳集体学。互学、互助的学习氛围让学生学会了理解、包容与接纳。在对挑战性问题的不断深化、探究中，激发了每个学生的潜能，课堂群学中每个学生都贡献了自己的智慧，在倾听中彼此提示、补充、纠正、追问、完善，直至形成自己和小组的新认知和情感的再升华。协同体会到团队的力量。

2. 教师的教学样态变化

主动教研，主动科研。走进课堂，你会看到教师眼中有爱，他们从讲台走进学生中间，把问题抛给学生，把时间还给学生，蹲下身子倾听学生的学习需求，关注每一个学生的学习发生，从关注知识获得过渡到关注能力培养、思维提升、品格塑造、价值观的形成。依据《"幸福教育"教师问卷调查分析》的数据显示，挑战性任务设计、有深度的学习成为"幸福交响课堂"的常态。如超过94%的教师在设置关键问题时首选考虑因素为是否具有挑战性；超过98%的教师选择互学、组学、群学等有利于高效对话交流的多样化方式；70.5%的教师在解决协同学习难点中，选择了促进"学生学习的深入程度"策略研究，体现教师的教学设计已关注学生学习的深水区。

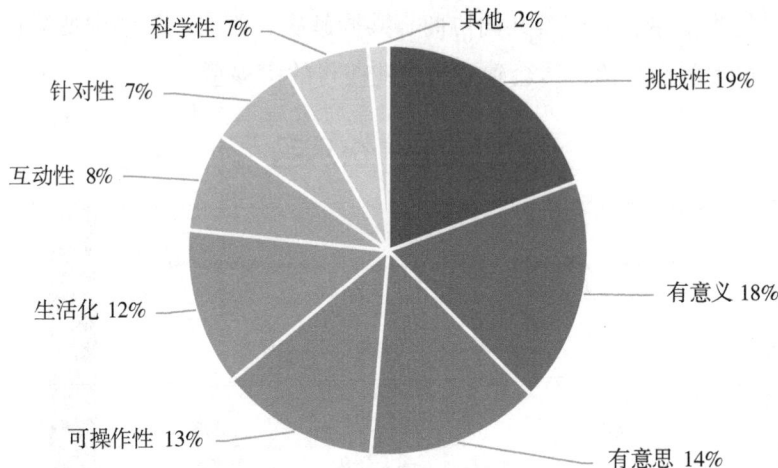

科学性 7%　　　　其他 2%
针对性 7%　　　　挑战性 19%
互动性 8%
生活化 12%　　　　有意义 18%
可操作性 13%
有意思 14%

设置关键问题考虑的因素占比

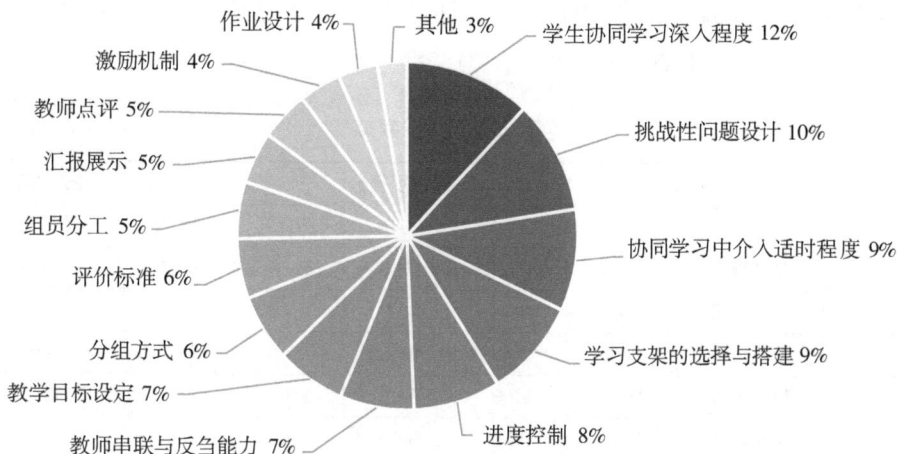

协同学习的难点占比

机制保障，享受课堂。教师教学样态的变化，源于教师教研行为与观念的转变，他们从独自备课到互需教研，从以往的听评课变为观课、巡课、议课，从关注"教"到关注"学"，再到关注"人"，让教师变成成就学生成长的重要的人，有了职业幸福感。问卷调查结果表明，倾听、分享、赞赏、激励、激发幸福感，与"幸福交响课堂"教学机制协调共鸣，催生课堂积极向上的正能量氛围。

专业发展，团队成长。教师在同僚文化的引领下，更加自主地发展。丰台五小有 300 多位教师，市级骨干教师、区级青年新秀、校级骨干教师、北京市"紫禁杯"优秀班主任共有 114 人，占全校教师总数的 47%，其中 17 位教师收获 2 项以上荣誉。近五年在国家市区级报刊发表论文百余篇，论文获奖国家级 4 篇、市级 85 篇、区级 300 余篇，40 余名教师在市区级研究课中获奖百余次等。

3. 家、校、社和谐共育文化形成

"幸福交响课堂"中家长也成为学生学习不可或缺的重要他人。学校构建相互尊重、信任为先、人人支持的学校文化。通过问卷调研、家长座谈会倾听心声，了解家长在教育孩子方面的真需求，建立家长学校，给予理念引领与方法指导，引进优质家长的教育资源，构建家长课程，帮助学校建立与社区资源的联系，营造了家校社共育的交响文化氛围。家长问卷统计数据表明：97.6%的家长非常清晰自己的角色定位和家校协同的责任，96.8% 的家长认为自己有时间和精力参与学校活动，94.3% 的家长对家校共育感到满意。丰台区的家长满意度调查数据见下表。

家长的满意度数据

序号	一级指标	满意度得分					2020 年学段区均值
		2020	2019	2018	2017	2016	
1	学校管理	94.9	92.9	93.5	89.7	91.4	90.4
2	师资队伍	96.5	94.4	95.0	91.6	92.2	93.0
3	德育工作	96.0	94.6	95.5	93.1	92.7	92.1
4	教学工作	94.3	92.9	92.9	90.4	91.8	90.2
5	学校环境	96.2	94.3	95.3	92.2	92.4	92.6
6	教育效果	94.2	92.3	92.6	89.8	90.2	90.0

4. 对区域内外产生的辐射与影响

教育研究的价值在于成果的推广运用。学校多年来先后邀请多位专家到校讲学，与全国各省市名校开展教学交流，不断提升。项目从 2011 年起步到各阶段整体推进、沉淀深化、成型调整、螺旋提升，历经 10 年共计 10 届 4 万余名学生，在学校 5 个紧密型校区同步开展，1 个加盟校和多个全国共同体联盟校中推广，目前取得初步成效。

近年来，学校多次承办市区级教学展示活动，如北京市小学教育专业委员会教学展示活动、北京市幸福素养研究会教学展示、北京市第二届名校长工作室教学研讨、北京师范大学共同体联盟学校展示、丰台区聚智育才联盟校教学展示等；承担国际、全国级峰会等各层次论坛发言，如第六届学习共同体国际大会，第四届全球教师教育峰会，全国第三届学习共同体大会、中国教育学会小学教育专业委员会第六、七、八届学术年会，中国教育学会第四届中国小学校长大会等。

学校是北京市科研先进校、北京市基础教育课程先进单位、北京教育学院教师培训基地学校，培训累计辐射各省市校长 300 余名，跟岗团、学习团 30 余个。学校多次送教"京津冀一体化"学校，承担"北京市城乡一体化发展项目"，将"幸福交响课堂"范型应用于魏善庄二小乡村学校，推动该校面貌改变，带动了大兴区十几所学校参与到这项教学改革。

（二）反思

课堂教学的改革是一个历久弥新的永恒话题，需要我们持之以恒，不断探索。

教师发展存在认识、理念和能力的差异，要进一步提升政治站位，引领教师做好学生的四个"引路人"；要进一步提升专业素养，打开教育视野，让教师能力得到释放，为育人打下坚实基础。

面对"双减"背景，教师在课堂教学上还存在理解误区，要进一步深入研究学生，创造广阔的学习空间，丰富学习的途径、方式；要进一步丰富整合学习内容，打破学科边界和学校边界，联结家庭、社区与大自然；面对"双减"，进一步提升课堂增效赋能。

古人说："大学之道，在明明德，在亲民，在止于至善。"教育的至高境界，是引导师生"止于至善"。丰台五小，将始终坚守幸福教育这块阵地，让教育者和被教育者通过享受教育的幸福，走向"至善"，从而培养幸福的社会主义建设者和接班人。

学习从安静安全的环境开始

共同体学习中我且行且思

——U 型座位之我感

夏　薇

一、传统座位与 U 型座位的区别

　　传统的教室桌椅摆放呈秧田式，上课时，老师站在前面面对全体学生，但是对话形式局限于点对点的交流居多，这种课堂教师是核心。所以多年以来，我们在上课的时候，其实面对更多的是优等生和中上等的学生，因为他们思维活跃，无论是回答问题的速度还是问题的答案都是我们想要的，而那些学困生和中下等的学生对于老师与优等生和中上等的学生在课堂上的"单打独斗"已经习以为常，所以慢慢地就习惯自己置身于课堂之外了。而现在学习共同体的课堂上，我们将座椅呈 U 型排列，让学生面对面地发言，彼此都能看见对方的表情和神态，而不是以往的"后脑勺"和"半侧脸"。U 型座位的排列扩大了师生和生生交往的范围，避免了老师只关注与优等生和中上等学生的"单打独斗"，而更多地去关注其他学生的学习，也可以更好地关注学困生了。

　　我们班的学困生可真不少，课上需要关注的人挺多。小 L 就是其中之一。他是一个特别内向的学困生，上学期期末在和以前班主任交接班的时候就听说他是一个特别不爱学习，不爱参与课堂互动的孩子，课上不是和"橡皮军团"嬉戏，就是和"铅笔部队"作战。其实这种孩子我也见过不少，心想：只要上课多提醒就行了。转眼间开学了，第一天的课上完了，小 L 就让我很受伤，课上不是抠手，就是玩东西，我刚开始只是边讲课边用手敲敲他的桌子，好了一分钟又开始玩儿上了，我不得不停下来制止他，并提醒他认真听老师讲，听同学的发言。他放下手里的东西拿着书看，我便又开始讲课，一会儿我转眼看他，他竟在对着书发呆。一节课40分钟，停了三四次，不但我很生气，其他的学生也没有学好。

随着共同体的开展与推进，第一个变革就是U型座位的改变。我把原先放在前两排的学困生，分布到教室的每一个角落，旁边安排的同桌也都是比他们稍微强一些的孩子，并且我为学生讲了学习共同体的含义，希望他们能在学习的过程中互相帮助、互相学习、互相理解，成为一个真正意义上的共同体，孩子们欣然答应。就这样，共同体的第一节课《爱的奇迹》开始了。上完之后，让我非常欣喜，班上竟然有百分之八十的孩子都举手发言了，这其中就包括让我很受伤的小L，我至今还依稀记得他说的是"因为小比利之前浪费了水，被妈妈批评了，所以给小鹿喂水的时候不敢告诉妈妈"。看，他说得多么准确。课下，我连忙找到小L，首先表扬了他的发言，鼓励他继续努力，随后就让他说说这节课的感受。他说："自从昨天放学的时候您给我们换了座位，我就很高兴，因为我终于不用再坐在第一排当坏学生了。"听了这话，我感到万分羞愧，是我伤了小L的自尊心，我不但不知道还一而再再而三地给他的伤口上撒盐，我是一个多么不称职的老师啊！我接着问："那你今天回答的那个问题是你自己想出来的吗？"他说："一开始我有点儿犹豫，不知道对错，后来同桌小Q让我说说想法，我就说了，没想到他说我说得对，他也同意我的观点。我一听他说我说得对，就马上想说出我的想法。"看，小L说的不正是我们共同体变革中的第一步U型座位变革的优势与好处吗？

二、U型座位的优势

从空间上看，U型座位的排列不但扩大了师生和生生交往的范围，而且从心理因素上减少了学困生的恐惧和老师在前面"至高无上"的定位给学生们带来的压迫感。U型座位的分布，使学生感觉到老师在编排座位的时候没有前后主次之分，使每个学生都能平等地参与到课堂活动中来。U型座位的排列，使老师更便于走到学生身边倾听学生之间的交流，增强了老师与学生的亲密度。那一个个协同学习的小组，在共同体的学习中，为了完成一个共同的目标，同桌两个人会通力合作，互相启发，你不会的我教你，我不会的你教我，使各自的观点进行整合，使各自的思维进行碰撞。

走在共同体变革的大道上，我还会遇到许多问题，但是我想只要沿途的风景是美好的，我愿意选择边解决问题边欣赏风景。

因"忧"而U，因U而"悠"

何亚辉

古有范仲淹"先天下之忧而忧，后天下之乐而乐"，今有我"因座位忧而U，因座位U而悠"。

一、因"忧"而U

上学期，我以常年的班主任经验，结合学生身高编排座位，在一个小组中，将不同个头的学生搭配适当，让个矮的学生排在前面，个高的学生排在后面，并且时常给学生灌输这样的思想：我是大个子我要照顾小个子，我应该在后面。同时，我还考虑到学生的性格、视力，以及个性等因素，让个别"特殊"的学生在座位编排上感受到心理上的尊重。我以公平之心对待每个学生，照顾到每一个学生的需求，给学生搭配适合的小伙伴，为保护学生的视力每两周进行一次座位调整，为全班学生创造健康、和谐的学习和生长环境，但还有多名家长因为孩子座位离黑板较远或不愿孩子受同桌干扰等原因，给我打电话要求我进行个别的座位调整，这件事让我整日忧心忡忡，很是郁闷。

本学期一开学，给学生们排座位又成了我的一大难题。偌大的教室里，学生座位该怎么排既能让学生高兴，又能让家长满意呢？于是，我大胆尝试模仿林莘校长的做法改变教室座位，变秧田式为U型座位，让自己变被动为主动，并深入学习佐藤学的《静悄悄的革命》和《学习的快乐——走向对话》，努力让学生静下来，打造静悄悄的润泽课堂。认识到创建"润泽课堂"的第一步，也是关键的一步，是为学生创设舒适的课堂物质环境——U型座位。于是，我告诉学生和家长们，"我们的学习共同体构建首先从改变座位开始，让课堂上形成生生、师生多向互动的网状结构，让学生有机会看到更多的同伴，降低小组讨论音量，方便同伴倾听，照顾到了每个学生的身高、视力等需求，营造安静环境，为师生之间的相互学习、相互倾听和回应提供了良好的物质环境"。全班欣然接受了这次座位大变革。

在 U 型座位排列之后，与之相对应的是解决同桌两两搭配的问题。为建立伙伴关系，我 9、10 月是让女生抽签决定男生伙伴的方式，有利于提高共同体成员协同学习的积极性与有效性，让学习自觉、遵守纪律的女生影响、带动男生共同进步。但也有一定的弊端提出：应该自愿选择同桌，男生和男生同桌，女生和女生同桌。针对学生提出的建议，我反复思量后，又在 11 月份进行了第二次 U 型座位排列，这次我让学生自由组合，自主选择伙伴，学生们兴致勃勃，大多数选择了自己志同道合的好朋友，伙伴关系轻松建立。自此，学生们心里变得"润泽"了，课堂也随之润泽了，变化之后的"利"大于弊。

张宇彤：自从换了座位以后，我们同桌之间的讨论变得更加活跃，自己的想法比以前的要好很多，以前讨论因想法不同，都不愿讨论，只等别人发言。现在这样，自己讨论变得更加活跃了。

陈紫逸：自从换了同桌以后，心情一下子愉悦了许多！同桌之间的纠纷少了，学习的积极性也提高了。课堂上同桌两人都很和谐，共同学习、讨论时效率也提高了，课间的气氛更是轻松了不少。

李芳菲：我和我的同桌上课时心有灵犀，讨论问题时，只用一句话就能使对方明白。在我们起立发言反驳他人意见时，也做到面面俱到，一个人发言，一个人补充，将原本有些不是很成熟的意见，补充得理由充分，我们会成为班里的最佳搭档。

彭楚侨：以前因为同桌不太爱发言，也使我不发言，放弃了很多在课堂上发言的机会，但是自从和罗莉媛坐同桌之后，我勇于举手发言了。我很感谢我的同桌。

杜佳音：我的同桌总能给我莫名的动力，有时我心情不好时，她的一抹微笑总能像太阳一样穿透我心中的乌云，让我心中感到平静，给我动力。

学生们说："同桌是自己的好朋友，交流范围扩大，增加共同学习兴趣，'一对一'辅助学习效果提高。学习伙伴交流学习普遍提高，大家都有了伙伴意识。这是有史以来最快乐的一次换座位。"

这次自由组合换座位，让孩子们内心幸福了，教室里也变得更加润泽了，U 型座位为我的悠然教学提供了良好的物质基础。

二、因 U 而"悠"

我常听说共同体学习的 U 型座位催生了"等距离的爱"。现在我走下高高的讲台，站在学生中间，在平等的交流中，真正走近了学生。这次自主选伙伴，让我真切感受到了我与学生心灵中"等距离的爱"，学生们在心中想的是：老师尊重我们的想法，老师理解我们的心情与感受，爱就在我们身边。这样的变化让学生感受到的是我对他们"等距离的爱"，我们之间良好的师生关系催生了共同体学习的润泽课堂。

共同体学习的 U 型座位排列还增强了课堂的交往性。从空间特性上看，U 型的座位排列扩大了师生、生生交往的范围；从心理因素来看，教师来到学生中间，有助于消除教师"至高无上"的定位给学生带来的"压迫感"，形成平等、民主的新型师生关系，提高了师生的交往密度。所以，在共同体学习中，我们可以看到每个学生都参与了学习过程，为了完成同一个目标，同伴之间全力合作，努力争当班中的"最强搭档"：你不会的，我教你，我不会的，你教我。实现了资源共享和思维碰撞。

教育心理学家对人的交往活动进行研究发现：在人的各种交往方式中，听占 45%，说占 30%，读占 16%，写占 9%。课堂教学中，倾听的有效性直接关系到每个学生的听课质量和教学效果。U 型座位的排列让学生面面相对，教师在 U 型通道的中间。每个学生都能近距离地观察老师，看到发言的同伴。在同伴发言时，面对面的位置也使学生不但能听清发言者的声音，还能通过"察言观色"获取更多信息。直视发言者，也更利于让注意力容易分散的学生培养良好的倾听习惯，提高学习效率。在安心的倾听氛围中，学生的发言会慢慢地被触发："听了他的发言，我也发现……""我认为他的发言不够完整……""原来我还以为……现在我知道了……"教师则通过倾听和串联变得优哉游哉！共同体学习的精彩之处恰在于此。

总之，我在真实的教学实践中感受到：座位的排列绝不只是外在形式的改变，它契合了"学习共同体"的内在需求，是共同体学习的必要载体。课堂上任何一种座位编排方式，都暗含着教育思想，暗含了教师所期望的课堂交往方式。共同体学习的 U 型排列，表面上看起来只是座位的调整，实际上是课堂教学形态的变化，是课堂教学改革的一种显性表现。翻转 U 型课堂、实现共同体学习，从忧变悠。

因为刚好遇见你，我们成了共同体

吴　娟

一眨眼的工夫，又一届孩子要毕业了。

教毕业班很多年，和往届毕业生相比，我对这届毕业生有种特别的不舍，因为我们与"共同体"相遇了。我和孩子们因"共同体"更加相亲、相爱、相互吸引，我们探讨、谈心、相濡以沫。

我与"学习共同体"初识在2016年福州教育学院附属第四小学，一见倾心，一种清新自然的课堂理念便根植于我的内心了。虽然不是特别了解它，但福州四小老师们浓浓的教育教学热情，让我发自内心地想要走近它。因为每个老师都想让自己的学生们拥有强大的学习力，所以从福州回到学校，我克服心中的畏惧，大胆地将班中的座位调整为U型。孩子们你看看我，我看看你，一脸懵懂。就这样，我们班的"学习共同体"启航了。

座位的改变给我们带来了不少"麻烦"，各学科要做自测练习，老师为了验收真实的成绩，总要将座位调整为单行单列。为了保证各科教学的顺利进行，我们利用午休时间开展了座位模式调整的"训练"。经过孩子们自主实战总结，最终确定了调整方案。如今，孩子们已经能够根据下一节课的学习内容，像变形金刚一样，不费吹灰之力在各种模式间切换了。每当走进教室，看到他们在座位方面的准备，我心中都会特别感动，感动于孩子们的懂事。不过，孩子们最喜欢的还是U型座位模式。毕业检测在即，练习次数增多，他们还是不厌其烦地变换着座位模式，抓紧一切时间享受面对面亲近的乐趣。

说到座位，令人感动的事情还真不少。为了让孩子们在毕业前有更多的机会向班中每个同学学习，我们班"学习共同体"小组组成方法多样。每两周一次的座位调整，既是孩子们最期待的，也是最担心的。期待是因为盼望和自己的好朋友坐一起，担心是因为害怕和自己不太熟悉的同学坐一起。座位调整好后，可谓几家欢乐几家愁。为此，我常常用古训"三人行必有我师焉，择其善者而从之"激励大家勇于挑战自己，和不太熟悉的同学交流，发现他身上的优点并向他学习。耐心的引导带来了可喜的效果。有一次，我在学生的周记中无意看到这样一段文字：我的新同桌是小张，我们平时不怎么说话，但跟她聊了两句之后，我发现我们两个还挺聊得来，这让我们之间有了更多的沟通。在进行第一次小组讨论时，我还发现我们班学习最好的在小组讨论时都是那种想得多，说得少的人，而且他们每说一点都是经典，就像小张。我觉得每换一个同桌，都是又了解了一个人，又交了一个新的学习伙伴，所以我喜欢换座位。孩子发自内心的感悟，再次打动了我。长此以往，班集体一定更加和谐，大家都是朋友了，何愁班级管理？"共同体"在班中悄悄地萌芽了。

为了让新组成的学习小组更快适应同伴，每次更换座位后，我都会给孩子们设计一个两周完成的小任务。记得刚入春时的一次小组任务是水培萝卜苗，两周后做成美食分享。孩子们真是厉害，有的组带来的水培器皿十分专业，培育的小苗天天向上。组际之间展开了无声的竞争，几天后，专业器皿就多了起来。课间，四人轮流喷水换水，忙得不亦乐乎。有时候四个人看着小苗一课间，也不说话，脸上满满幸福感。社团时间，孩子们要求我代管小苗，担心其他班同学因好奇心弄坏。我当然要支持孩子们，一口答应。有孩子在周记中这样写道：下周五，该涂梦真把小苗带回家了，我有些不放心。但是这毕竟是小组的种植，其他组员也想照顾小苗呀！可我真的不放心。我担心他们忘了浇水，担心他们把小苗放在太阳下晒蔫了，担心……我担心的事太多太多了。还有孩子这样写道：抱着大家对我的信任，我将萝卜苗带回了家。我把萝卜苗放在阳台上，想让它吸收太阳的光芒，好好成长。谁知一阵妖风将可怜的萝卜苗连根拔起，所有苗奄奄一息地躺下了。大家对我的信任就这么灭了？我连忙浇上水，静静地看着它。第二天，它终于起死回生了。太神奇！我保住了信任。再担心也要分享种植之乐，再粗心也要认真对待信任，孩子们不断地感悟着小小四人共同体的真正意义。

孩子们的感情不断融合，生活共同体逐渐成熟，有效推进了课堂上的"学习共同体"。

谈起上语文课，那可是我和孩子们乐此不疲的事情了。无须我饱含深情地朗诵、精彩的导语，孩子们的反刍串联照样可以带我们体悟到失去一条腿的刘老师对生活乃至生命的追求与热爱，并且是那样记忆犹新；无须我喋喋不休的思想教育，走神的孩子照样可以被同伴吸引到充满神奇色彩的课堂，学有所得，并且是那样自主卷入……

课堂上，我总会被孩子们的学习力震撼着、激动着，也正是这一节又一节语文课，激励着我不断研究"学习共同体"，不断思考"学习"究竟是怎么一回事。

其实，每节语文课后，我将课上发现的问题与孩子们分享时，才是我和孩子们最贴近时。我将课上记录下来的精彩发言再次呈现，得到肯定的孩子信心倍增；帮助发言稍有失误的孩子，再次回到课堂，引导他如何发言更有实效，并激励其说出答案，他也会重拾信心。当然，教学相长，孩子们也会对我的表现评论一番，有时说我不够耐心，再等一等他就能说出答案；有时说我听得还不够认真，没有理解他们小组的意思；有时对我的认真倾听和点头赞同表示赞美。总之，我和孩子们在相互磨合中，逐步走向更加深远的学习。

时至今日，孩子们已经深深地恋上了"学习共同体"的语文课堂。就在前不久后的一次习作中，孩子们这样写道："我敢说，吴老师是在课堂上思考最认真的人，因为她要把所有人的思想融合在一起，看我们问题出在哪里，然后一步一步把我们引向答案，让我们每一个人都去思考，一点一点地让我们进步。""她上课总会先让我们自己批注，一点儿都不急，等我们学透了，她会以小组为单位开始进行讨论，让我们在自己学习的基础上吸取别人的学习方法，互相帮助对方。在我们讨论时，她也会走进我们认真聆听，等讨论完了，她会给我们充分的时间发挥，让我们畅谈自己的想法。课堂上，她几乎不说话，把时间留给我们思考、交流，当我们偏离路线，她便会带我们回来，指引我们走向新的学习道路，让我们更上一层楼。""我记得清楚极了，倘若课堂进行得顺利，她便静静地立在教室一侧，睁大眼睛，仔细地瞧着我们，细细地听，仿佛在看一场电影。还会在合适的时候满意地说：好。接着给我们补充知识养分，使我们学得更加透彻。倘若进行得不顺利，她便耐心细致地给我们引导，这花费的不只是经历，还有时间。我不知她如何做到如此耐心细致地引导，恐怕得等长大后当上老师才能理解吧！"

　　看到"学习共同体"在孩子们心中留下的美丽足迹，回想一年多与"学习共同体"的美丽邂逅，体悟"学习共同体"给我和孩子们带来的情感冲击，我不禁感叹：做老师真好！

倾听胜于表达

静悄悄的课堂

——从学会倾听开始

刘彦彦

佐藤学教授曾这样说过："儿童是世界的倾听者，认真聆听真的很重要。"有人认为教学是说话的艺术，其实不然，甚至刚好相反，教学其实是倾听，教师要放慢语调，放低声音，只有这样才能倾听到每个孩子的声音，倾听到他们对求知的渴望。在"共同体"的课堂上，我常常被孩子们专注的眼神、投入的神态、融洽的交流所感动和温暖。

一、学会倾听，从营造宁静的学习氛围做起

静能生慧，静里能嗅到时光的香味，生命的芬芳。共同体的课堂都是在一种宁静的氛围中进行的，老师说话很轻柔，学生回答问题音量适中，同伴相互交流也是轻声细语的。那种安静从容，那种和谐默契是令人感动的。这样安静的课堂里，学生的学习却是实实在在地发生着。它不是少数优秀学生在自我表现，而是每个学生都很投入地学习。同伴间轻声讨论、认真倾听、相互学习，成为一种很自然的状态。

为了营造宁静的学习氛围，我和学生之间形成了默契的约定：

（1）每天自觉早读；（2）安静地做事情；（3）教师柔和的语言和态度；（4）教师正面引导，鼓励表扬；（5）不心心念碎碎念；（6）不鼓励狂热的发表；（7）轻声细语地交流讨论；（8）安静整洁的教室和文雅的仪态。

二、学会倾听，先从教师做起

佐藤学认为，在儿童中培养相互倾听关系的第一要件就是教师自身悉心倾听每一个儿童的心声。这就需要教师谦逊地俯下身去，仔细地观察学生，从微妙的表情变化中，从喃喃的低语中，从细微的动作中读取学生对学习内容的兴趣、对学习的参与程度、对学习的理解程度等信息，并且根据学生的各种身心反应不断地调整自己的教学活动，而不是沿着自己预设的路线毫无顾忌地走下去。这就让我想到了我执教《解决问题》一课时的一个环节。我让学生通过画图独立去解决问题，但通过试讲，发现在不同的班级中，孩子们理解这道题的程度是不同的。所以，教学时，我根据孩子现场的解答情况设计了两套方案：如学生完成顺利，就尝试一次；如学生独立完成不顺利，就尝试第二次。课上，我说："同学们，先停一下。我看有些同学皱着眉头、迟迟没有动笔，是不是遇到什么困难了？有困难没关系说出来，老师和同学们都可以帮助你。"我通过观察孩子细微的表情变化，聆听到孩子内心的声音——孩子独立解决这个问题是有困难的。所以，我及时调整了自己的设计，给予学生适当的帮助，让大家在共同的讨论中去解决问题。

善于倾听的教师在教学时从不会拖泥带水，相反，他们的话语经过高度的提炼和雕琢，没有一句无关紧要的话，他们把自己的作用发挥到极致的同时，将更多的时间和空间留给希望表达的学生们。这些教师不仅语言简练，而且音调较低，让学生们感到一种柔和和润泽的氛围。听王昊老师的课，感觉整节课老师的话很少，但每句话都说在关键处。其实，这绝离不开王老师对教材的深入理解，对核心概念的准确把握，对每个环节的目标都做到心中有数。这是每个老师应该具有的内功，需要不断修炼。

三、学会倾听，从教给学生倾听的方法做起

（一）关注细节，落实方法

"倾听"也是需要培养的。我常和学生说："听比说更重要。"平时，我会教给学生倾听的方法。第一，眼看。别人在说话时，眼睛要看着说话的人，手里不能有小动作。我会说："小转椅、转转转、快快转向前面来。"第二，耳听。

耳朵要认真倾听说话者的每一句话，其间不能举手和插话。第三，心想。边听边思考。他说得对吗？还有其他的方法吗？他说得不完全对，还有哪些地方需要补充？他说得不对，我应该怎样说呢？第四，口说。在表达观点时，要做到两人同时起立。交流时，先表明观点再说明理由。在评价时，由开始时教给孩子怎样说，到现在具体的评价，启发学生思考：他的想法好在哪里？什么地方值得学习？有什么建议？通过生生之间的追问，让学生反思自己错在哪儿，做到知其然还要知其所以然。

为了更好地培养孩子的倾听能力，我还创编了儿歌，学生在边读边做的过程中，倾听能力也在逐渐形成。

快乐学习小儿歌

身坐直、脚放平、手空空、眼看他、不插话

明其意、手判断、明观点、说理由、有串联

悄悄说、耐心听、敢挑战、乐求助、互补充

长知识、学方法、能运用、悦他人、共提升

（二）过程引导，时刻关注

教师对每一位学生的信任与倾听营造了润泽、融合而安全的学习环境，也在无意中培养了学生之间的互相信赖和倾听的关系。学生们不再拘泥于自己的观点，而是认真听取、思考和反刍别人的观点，并平等地参与交流与探究，能从同伴的观点中获取营养成分，滋养和丰富自己。倾听习惯的培养还要关注：（1）时刻营造倾听的文化氛围，让每一个孩子明白：有一种尊重叫倾听，有一种学习叫倾听。（2）时刻关注孩子们专注的神情，或表扬，或激励。

四、学会倾听，从老师的精心设计做起

孩子们注意力集中的时间是有限的，要想让他们在 40 分钟的课堂上，做到专注地倾听，离不开老师精心的教学设计。

（一）重视前测，善用错误资源，让倾听真实地发生

"教什么比怎么教"更为重要。因为每个孩子在学习新知识之前，都不是一张白纸，所以，通过前测能够清楚地了解孩子们已有的学习基础、学习经验和学习困惑，从而准确地把握这节课该教什么，该怎样教。

我在执教《等量代换》一课时，把例1作为前测的题目。我对孩子们的错例进行了收集，并进行了个别访谈，了解了孩子们的真实想法。我还将前测中同学们好的做法进行了收集。课堂上，借助错例让孩子们反思错误的原因，将课前错误的做法和课上正确的做法进行对比，帮助孩子们纠正理解的误区。并让想法独特新颖的孩子，说说自己的想法，给大家以启发和学习。

就像吴正宪老师说的："做着做着就错了，错着错着就对了。"犯错是正常的，弄明白为什么犯错，怎样少犯错或不犯错，在错误中积累经验，这才是最重要的，这也正是错误的价值所在。

（二）善用大问题、对比迁移，让倾听真实地发生

在共同体的研讨中，我们的教学模式也在悄悄发生着变化，从"面向所有学生的大一统、碎片化"的教学向"核心问题引发下的关注每一个个体间互学互惠的板块式"教学转移，如在我执教《等量代换》一课时，我始终引导学生围绕着"谁和谁是等量？哪两个等量可以代换？它们是怎样代换的？"这些核心问题去启发学生不断思考，并将思考不断走向深入。在执教《解决问题》一课时，我让孩子们始终与问题对话，与自己已有的学习经验对话。课堂上多处用到了对比迁移的方法：（1）把孩子们画的正确和错误的图进行比较。（2）不同解题方法的比较。（3）不同问题之间的比较。我不是让孩子就题论题，而是通过一道题，学会一类题，掌握数学学习的方法，领悟数学的思想。

我会用我的大手拉起学生的小手，一直行走在"共同体"的幸福之路中，细心倾听孩子内心的声音，和孩子们一起走向更远的远方，欣赏别样的风景，遇到更好的自己。

打造宁静的课堂，从培养倾听习惯开始

李 蕾

静心学习了共同体的相关资料及《教师的挑战》一书，我们认识到：有效的课堂教学从"倾听"开始，那么让低年级孩子"学会倾听"就显得尤为重要。好习惯的养成不是一朝一夕的事情，我们将倾听习惯的培养渗透到了每一堂课中，针对学生年龄特点，教孩子如何静心倾听。

一、静心倾听的基础是"学会听"

有效倾听，不仅是耳朵听，还应与眼睛、大脑协同起来，把感观、情感和智力综合起来。要想低年级学生会听，老师就要结合学生的年龄特点研究低年级学生"听"的要求，给学生具体、可操作的倾听要求，并做好教师的示范，逐步让孩子学会倾听。

（一）教师以身作则，进行示范

优秀的教师无一例外都是耐心的倾听者。教师有效地倾听，可以帮助学生倾诉自己的感受，使学生得到表达的机会，享受表达的愉悦。教师有效地倾听，能让学生觉得自己得到了老师的认可和尊重，能激起学生的发言欲望，提高发言质量。更为重要的是，教师这种认真倾听学生说话的习惯，给学生养成倾听习惯树立了榜样。

老师们弯下腰，与孩子平等交流，给孩子做听的示范。老师们看到同桌两人交流不认真时，就会走到同学中扮演其中一个同学，认真听同桌说话，教孩子如何互相学习。老师发现同桌两人倾听有问题了，还会叫停，重现同桌二人的情景，让其他同学们想一想怎样做更好，说一说谁的做法对，从而引导孩子们明确什么是正确的同桌交流。老师们在平时的课堂上，同伴的交流过程中都会适时地听一听，听出问题停一停，指导一下。老师听到学生没有讨论完，会再等一等，就是这样每节课的示范，使学生慢慢会两两交流，使学生能静下心来倾听伙伴的想法，从而提高学习效率，强化倾听效果。

张珵老师在讲《画鸡》一课时提出："读了这首诗，你读懂了哪些？还有哪些没读懂，用问号标记出来。哪些是通过同桌讨论解决了的问题，可以擦掉。"课上，观察到一个小组讨论是这样一个过程：一个男生在"平生不敢轻言语"这句话的边上画了个"？"，在小组讨论的时候，他的同伴给他讲了这句话的意思，男孩很认真地倾听同伴的意见，并听明白了这句话的意思，于是他就把先前的"？"擦掉了。这个过程很短，但两个人学得很认真，学的目的性很强。这是需要老师每节课的练习指导，才能够做到的。

（二）提出细化要求，养成习惯

首先，老师们规定了课堂上学生说话、交流的四号声音：

```
0 号声音——自己思考时——静悄悄
1 号声音——自己读书时——声音轻
2 号声音——同伴交流时——两人听得见
3 号声音——汇报回答时——声音响亮
```

形象的四号声音规则贴在黑板的醒目位置，每节课上学生自读时、两两交流时老师都会用语言或手势提醒学生注意音量。学生很快适应了静悄悄地交流，课堂上，再也听不到一年级孩子叽叽喳喳吵不停的声音了，孩子们逐渐形成了静声思考、悄声交流的好习惯。

其次，老师们结合低年级学生的特点及课堂 U 字型座位的特点，还自编了小儿歌。老师说："小转椅，转转转。"学生接："转到前面，认真看！"当学生需要面向黑板的时候，老师一声令下，学生边说边转向黑板，全班同学步调一致，成了一年级课堂上的一道风景线。老师们在自己的课堂上也发现：有时孩子精神涣散，有时学生操作学具没完没了地动，根据这些低年级孩子容易出现的问题，老师们结合不同的情境编出了很多对口令，如"大眼睛——看黑板"以提醒同学们注意看黑板；当老师发现孩子们听得不够认真时，便会提示"小耳朵——认真听"，从而集中学生的注意力，让孩子进行有效的倾听；当用完学具、文具时，老师会说"快快送铅笔回到家"的口令。这些口令、儿歌是低年级课堂中组织教学的有效方法，在课堂上可以有效地提示学生要进行认真的倾听。

课堂有了秩序，有了发言时交流的音量要求，老师又细化了学生倾听的要求，教孩子养成好习惯。

认真倾听同学发言或老师讲解 —— 要停下一切活动，目光注视讲话者，认真听。

认真倾听与同桌交流的过程 —— 要听清同伴说了什么，并把自己的想法或疑问与同桌进行交流，如有错误及时指出。

认真倾听其他组同学发言 —— 要动脑思考：他人的发言与自己的答案相同的是什么？不同的又是什么？

当同意其他组发言时 —— 竖大拇指点赞或做出"对钩"手势表示同意。

当不同意其他组观点或补充发言时 —— 等伙伴说完，再举手发表自己的意见。

发言人结束发言时 —— 要询问同学：你们听懂了吗，或你们同意吗？

评价伙伴的发言时同意时可以说 —— 我同意你的看法或我和你想得一样；不同意或补充发言时可以说 —— 我不同意你的说法，我来说说我的想法；我同意你的想法，但我给你补充；等等。

看似简单的要求对于中高年级的孩子来说提一遍两遍就能记住，可对于一年级的孩子来说，老师在课堂上要不断地提示，不厌其烦地教孩子说明白，老师们每节课上都在下功夫培养学生养成认真倾听的好习惯。

低年级的课堂，没有太多的交锋与辩论，更多是学生认真倾听同伴的协同学习。协同学习可以通过同伴的交流示范，使学习者反省自己，修正自己的言行，改变自己的想法，从而不断地重新构建自我。殷老师的《落叶》一课，在识字环节让同桌互相检查课后词语是否都读对了。作为观察员的我，发现学生在竖耳倾听的同时，手中的笔也忙碌着在读对的词语上打钩。读到"当作（dāng zuò）"这个词时，女孩在词上打了"×"，并凑近同桌的耳旁告诉男孩应该读"当作（dàng zuò）"，男孩点点头欣然接受，又重读了一遍。多么和谐的一幕呀！孩子们在同桌交流时读错了不怕，同桌会帮着你改正；女声都读对了，男孩给女生一个大大的赞。看似很小的一个环节，但同桌在读词的实践中，经历着互相帮助学习、共同进步的过程。通过学生的"共同体"互相纠错、互相示范，确保了每个学生都能将本课字词读正确、读流利。

二、静心倾听的关键是"愿意听"

我们都知道低年级的学生注意力容易涣散，一味地讲、一味地说孩子是坐不住、听不进的，所以低年级的课堂还是要"动静"结合的。

低年级共同体的课堂中要有一定的游戏化，趣味性，以保证学生"愿意听"。另外，老师也要坚持采取一些灵活多样的教学形式，以吸引学生全神贯注地听。只有把注意力不易集中的低龄孩子吸引到课堂中来，学习内容上来，孩子才可能愿意听。

（一）精心设计有趣的课堂环节吸引学生愿意倾听

江老师在执教《认识图形》一课时，为学生准备了充分的立体图形学具。一上课，老师让孩子搭积木玩，玩是孩子的天性，一听可以搭积木，孩子来了兴趣，你搭一个城堡，我搭一辆车……老师夸奖道："你们搭得各式各样，真好看！这节课，我们就一起来研究研究这些积木。"老师把孩子带入学习立体图形的知识上来。随后，老师让孩子把手中的积木分分类，并说明你分类的理由。孩子分得可认真了，有分2份的，有分3份的，还有分4份的，孩子们说得也有理有据。在分类的基础上，孩子对立体图形有了更深入的认识。老师还设计了"神奇的魔袋游戏"，吸引了学生的注意力。老师让一个孩子上来摸一摸"魔袋"中的立体图形，用语言描绘出来，让其他同学猜一猜你摸到的是什么立体图形。上来摸的同学兴奋不已，下面听的同学们也都竖起小耳朵听得可仔细了，生怕漏掉一个字，漏掉一个关键的信息。生动的游戏可以带动学生的情绪，使学生始终处于积极主动的倾听状态中，有利于学生持续地学习。

张老师在执教《画鸡》一课时，在认读字词的环节设计了"孵小鸡"的识字游戏，谁读对了鸡蛋上的生字词，就能成功孵出一只小鸡。孩子们积极举手来读词。在同学们的努力下，12只小鸡都孵了出来，孩子们高兴极了！

（二）认真设计挑战的问题吸引学生愿意倾听

挑战性的问题，带有一定的难度，需要孩子跳一跳才能摘到苹果。为了让孩子带着一份热情去挑战、去学习，问题的设计尤为关键。低年级的老师们在课上积极创造安全场，给孩子们一个安全的空间、时间，让孩子们大胆地质疑，这些疑问可能不是本堂课中的重点、难点，但孩子的问题是真实存在的，老师们是不能置之不理，忽略不计的。所以，老师们就要更精心地备课、备学生、备各种可能的情况及预设，要有能力将孩子提出的千奇百怪的问题归纳、整合成直指本节课的核心的问题，带领学生一起有兴趣地解决问题。

在蒋老师上的《平移和旋转》一课中，当老师出示课题"平移"后，这样问道：对于平移你们有没有什么不懂的问题？老师为学生们创设了一个安全的提问空间，学生们畅所欲言都愿意提出自己不懂的问题："什么是平移？""滑雪是平移吗？""怎样就算平移呢？""荡秋千是平移吗？"……老师一一记录下学生们的问题。此时，我们听到了每个学生的真实声音，接下来，老师就要敏锐地捕捉问题间的联系，并针对学生提出的这些问题找到直指核心问题的"真声音"。蒋老师非常机智地追问：要想解决滑雪、荡秋千等现象是不是平移，你们觉得要先解决哪个问题呢？孩子听明白了老师的问题，一下子就找到了关键问题："到底什么才是平移？"带着这个核心问题，便顺理成章地切入主题。之后的事就不用说了，孩子们提出的真问题，他们都巴不得赶快解决，一个个都积极地投入学习中，在小组交流后全班进行汇报交流、孩子们的思想得到碰撞，没有弄懂的问题，再次交流讨论，就这样周而复始直到最终将自己的问题解决。这个活动进度虽然有些迟缓，但真切有效，课堂氛围暖暖的，学生们享受了学习的过程，老师从中适时地将知识串联起来，使课堂上有了浓浓的学习氛围，有了课堂的温度，尤其是当学生遇到难题时，在同伴的帮助下解决问题的那一刻，孩子的脸上露出了灿烂的微笑。

（三）精心设计有趣的课堂练习吸引学生愿意倾听

一味地讲孩子不能很好地吸收，课堂上要做好讲练结合。练习可以很好地检验孩子当堂课的学习成果，但练习的形式要多样、灵活，这样才能激起学生的兴趣。徐红岩老师讲的《认识钟表》一课，没有如平时一样，让孩子拿出练习纸，画出钟面时针分针的位置就结束练习环节了，而是换了一种伙伴两两协作完成任务的方式——"我来说，你来画"。也就是请一个学生说一个整时或半时，另一个同学在钟面上画出这个时间。两个同学交换出题，待两人都画完之后，再相互说一说钟面上的时间。孩子们有序地你说一句，我画一下，高兴地交流着，没有争吵、没有闲来无事，这样美好的情景，是我们追寻的，需要老师不断地努力下功夫。

打造低年级的宁静课堂，我们从培养学生的倾听习惯开始。唯有将这件事做深入、做细致才会成功，我们的路在脚下，不忘初心，方得始终。

学做一名好听众
—— 一年级学生数学课堂倾听习惯培养策略

徐红岩

一、现状描述

对于低年级的小学生特别是新生，我们常常看到这样的镜头：

（1）发言的学生在津津有味地说出自己的想法时，有的学生却旁若无人地干着自己的事，或做小动作，或东张西望，师生课堂交流的内容完全不知道，更不用说质疑和补充了。

（2）教师指定一位学生作答时，其余没被叫起的同学都唉声叹气，垂头丧气。

（3）当发言的学生回答断断续续或回答稍有迟疑时，其他已经知道答案的学生就马上插嘴抢说。

（4）当教师提出问题或学生回答有误时，有的学生就高高地举起小手大声嚷嚷说："老师，叫我，我会……"

（5）有的学生把教师讲课、师生交流当耳旁风，看似略有所思，其实心不在焉。

（6）当协作学习讨论时，还未听清教师的要求，就迫不及待地展开讨论……

我们的课堂现在普遍呈现出的现象就是："热热闹闹"爱说话、爱表达的学生多。但在学习共同体的课堂中，学生仅有表达是不够的，最重要的还是要学会倾听。倾听是获得知识的一种手段，倾听别人的思考也是一种重要的学习技能。

二、剖析原因

（一）学生自身方面

（1）一年级学生注意力持续时间比较短，良好学习习惯还没有养成，且课堂上喜欢表现自己，过多关注自己，对于别人的发言不善于倾听。

（2）现在大多数的孩子都是独生子女，他们大多以自我为中心，很少考虑、顾及别人，不懂得尊重理解他人，也不会吸纳梳理别人的意见，与他人合作交往的能力较弱。

（二）教师方面

（1）很多教师在课堂上过多重视学生表达和个性发展，对倾听的培养重视度不够，对学生倾听的要求和做法缺少细化的指导。

（2）常态课教学手段较为单一，倾听吸引力不足。

三、培养倾听能力的策略

佐藤学教授提倡宁静的革命——建立以倾听和对话为基础的学习共同体。他说：互相倾听是相互学习的基础，构筑"相互倾听"关系是至关重要的。师生间相互倾听的课堂才是一种互动的有生命力的课堂。那么在一年级的数学课堂中怎样培养学生的倾听习惯呢？

（一）以情动人，明确听的重要性

倾听的重要性不是一句两句就能让孩子明白的，需要老师长期耐心地坚持和引导，且适时抓住教育契机，让学生明白倾听不仅是尊重别人的表现，也是很重要的学习方式。在课堂上，当老师因为学生不倾听而感到愤怒时，要停下来，真诚和坦率地说出自己的感受，以朋友的身份示弱，告诉孩子们因为他们的什么行为带来了什么样的后果，让老师感到很痛心。当其他孩子发言别人不倾听时，也让发言的孩子说说自己的感受，通过这种同理心的角色互换，师生之间就会有一种亲切感，而不是强制压抑下假象的安静的课堂，孩子也会在这种以情动人中了解到倾听别人是很重要的事。

（二）讨论梳理，细化听的要求

课堂上究竟怎样去认真听，对一年级学生来说比较模糊。一般孩子理解的

"上课要认真听讲，不做小动作"之类就是听，具体怎样认真听教师讲和同学讲的方法则没有明确提出。所以我认为教师应该给学生一个具体的、可操作性的、细化的倾听要求，让孩子明白什么才是真正的倾听。

（1）目光必须注视发言的老师或伙伴，专心听清发言者的每一句话，停下自己的活动，不东张西望，不与他人交谈，以示对他人的尊重。

（2）发言者要与伙伴互动：发言结束时要询问：我说清楚了吗？大家明白了吗？

（3）倾听伙伴发言要动脑，听取别人的发言要有耐心，要学会等待。当同意伙伴发言时：可以向发言者点头、微笑、竖大拇指点赞等以示赞同；当不同意或补充伙伴发言时，不随便打断发言、不随便插嘴，有意见或看法要等伙伴说完再举手发表自己的意见。

（4）学会正面评价伙伴的发言。当同意伙伴发言时，可以说："我非常同意你的看法，我和你想的一样。""我喜欢你的发言，你回答得太完美了，妙极了，棒极了！"当不同意或补充伙伴发言时可以说："我不太赞成你的看法，下面我来谈谈我的想法。""你的发言很勇敢，我也想说说我的思考。""你的发言很精彩，我还想给你补充。"

在学生倾听时，教师还要鼓励引导孩子学会虚心听取他人建议，但是也要会思考，要有自己的主见，做到"说""听""思"并重，相互促进。

（三）形式灵活，调动听的兴趣

由于一年级儿童的年龄特点，要想使学生在课堂上的每一分钟都聚精会神是很困难的。教师应采取灵活多样的教学形式，增强课堂的魅力吸引学生全神贯注地听。在上课时可以不失时机地多引导学生动口讲一讲、动手摆一摆、动笔练一练，并穿插一些轻松活泼的游戏，让学生多参与，使他们始终处于积极主动的学习状态中。当学生处于一种轻松、愉快的学习氛围中时，其有意注意的时间会自然延长。江玥老师在《认识图形》一课中，选用积木让孩子摆一摆，拼一拼，收集了很多生活用品让孩子找一找，还有神奇的魔袋游戏让孩子摸一摸，说一说，用游戏活动将整节课串联，将生活用品和数学知识串联，学生的注意力很自然地被延长了。但是对于常态课，我们应该怎样灵活多变地使用教学手段深入地延长学生的倾听兴趣还是我尚在思考的问题。

（四）不折不扣地接纳，增进听的乐趣

在教师的挑战中，滨野老师不是拘泥于好的发言，而是对所有儿童的发言

都寄予信赖与期待，诚实地面对每一个儿童，尊重每一个儿童的尊严，给每个发言的儿童以获得成功的满足感。

在蒋磊老师的《平移和旋转》一课中，有个"淘气包"上课因为坚持自己的看法和伙伴辩论起来，蒋老师并没有打断孩子们的讨论，而是静静等待，不折不扣地接纳了这个孩子的霸道，几个小组都被这个孩子的气势调动 PK 起来，强者与强者之间展开激烈的辩论，沉默者的表达欲望也被点燃；就是在这种思维的碰撞和智慧的火花中，听的兴趣在老师的接纳中被拉长了。

（五）巧用学习单，强化倾听效果

低段学生最喜欢的活动方式是在游戏中学习，如李郝静老师的《认识钟表》画时针分针的游戏中，伙伴两两协作，学生只有认真倾听，才能画对时针分针的指向，才能判断指针的指向是否正确。这样的学习单，不仅激发了学生参与活动的热情，还能使学生静下心来倾听，提高了学习效率，强化了倾听效果。

学生倾听的习惯不是一朝一夕养成的，它是一个长期的过程，对于一年级的小朋友，尤其需要老师经常的提醒、督促和长期的指导。在平时的教学中，教师要善于挖掘教学资源，创新教学手段，还要善于捕捉教育契机，唤起学生倾听的兴趣，养成良好的倾听习惯，学会做一名好听众！

倾听——教师活动的核心

李　侠

现在的课堂学生的活动多了，讨论多了，发言多了，可是认真"倾听"的少了。倾听可以增进沟通，促进理解。倾听是一种等待，在倾听中交流，在倾听中沟通，最终实现教学相长。倾听以积极的心态应对别人的发言，是一种基本素养，是学生成功学习的最重要行为。在这一点上教师首先要学会倾听，成为学生认真倾听的典范，引领学生学会倾听。

"倾听"是教师活动的核心。

一、倾听学生发言是前提

课堂教学不是为了教师的表演和个人魅力的展示（尽管不露痕迹的个人魅力的展示有着重要的教育价值），而是为了促进学生的发展。为此，教师应努力为学生的成长与发展提供机会，要创设氛围与情境，为学生提供表达自己观点的机会，无论说对了还是说错了，教师都应专注地倾听。

例如：《井》一课，初读完课文你有什么问题？

……

生3：课文写的是作者家的井，为什么题目是《井》？井哪儿都有呀？

师：我没太明白你的意思，同学生们有听懂的吗？

生无语。

生3：（再解释）……

……

第二课时有不少孩子选择了这个问题，进行学习。

交流时，孩子们说出了以下心得。

生1：吃水不忘挖井人。

生2：这里的井不仅仅是作者要描写的井，而是想通过自家的井来告诉我们，每一个挖井人都很了不起，所以我们才能喝上"清、凉、甜"的井水，才会有那么多的欢乐。

生3：我觉得不只是"挖井人"，所有的劳动者都是这样的，像建筑工人、铁路工人……

……

我惊讶于学生的反馈学习，而这一切，都源自我们一起认真倾听了一个孩子的问题。

二、倾听学生发言是对学生人格的尊重

教师真诚地倾听，可以使学生觉得自己受到重视，价值得到肯定，即使教师没给学生什么指点和帮助，但有了耐心的倾听，也会让学生感受到心灵的满足，它的意义要远远超过仅仅给了学生一个表达的机会。从更深层次上看，它带给了学生人格尊严，铸就的是价值与信念的追求。学生也会从教师身上读懂倾听的态度、倾听的习惯并在潜移默化中受到影响。对于学生的每一次回答问题，教师始终能微笑着面对，带着赏识的目光看着他们，耐心地听他们表达，无疑是对正在表达的同学的莫大信任和鼓励。对于孩子来说，被人欣赏，特别是被老师欣赏，这是一种幸福，真正从心底涌起的幸福。

三、"静中求活"成为课堂教学中的一种意境

教师对学生的发言不加辨析，盲目鼓励，看似是对学生发言的尊重，实则是一种极大的不尊重。这种基于交往、对话的教学更是要求置身其间的每一个学生能主动地融入学习的情境，积极地参与学习。

教学中教师既要教学生学会倾听，自己也要学会倾听，只有教师俯下身子，认真倾听学生的心声才能真正体现"以人为本"，才能促进教学相长。我们力求达到一种灵敏中的寂静状态，让"静中求活"成为课堂教学中的一种意境，在这种意境中，孩子们真切地学会倾听，学会尊重，少一些自大，多一份思考。

四、倾听小策略

（一）用"心"倾听，建立和谐的师生关系

一要专心，要精神集中，神情专注。为表示自己正注意倾听，要多与学生进行目光交流，并适时地点头表示肯定或赞许，不能随意打断学生幼稚的想法，要善于接纳。二要尊重学生的观点，特别是学生还没有充分地把自己的意思表达清楚的时候，不要轻易表态，也不要挑剔批评，要体现出海纳百川的广阔胸怀。三要有耐心，对学生的不同想法，对学生激烈的争论，要耐心倾听。由于小学生的口头表达能力还未达到熟练、精确的地步，更要有耐心，要热情地鼓励他们，使他们真正意识到他们思想的价值。只要教师情感投入，用"心"倾听，就能实现心灵的应答，听到学生发自心灵深处的声音。

（二）用"脑"倾听，捕捉闪现的教学亮点

捕捉教学过程中稍纵即逝的、极有利用价值的、动态生成的教学资源，并对其进行串联，及时调整，以提升课堂教学的时效性与针对性，从而走进学生的心灵，增强教学的效果。

倾听学生的发问之音。小学生正处于求知的重要阶段，他们对世界充满了好奇，心中有着无数个为什么。在教学中，尊重学生的求知欲，鼓励学生发问，并善于倾听他们的问题，针对问题，师生共同参与解决，这种教学活动使学生在民主和谐的气氛中发挥潜能，在自主探究中获取新知。

倾听学生的争论之音。全班四十名学生各有差异，各具个性，对于一些学习问题，他们都有着自己的见解。因而在课堂中，要让学生畅所欲言，发表不同见解。学生的想法是丰富的、多彩的，当学生争论时，教师始终认真地倾听着，并及时地捕捉学生富有创意的回答，在这样的过程中，不但激活了学生的思维，发展了学生的思维，还提升了学生的智慧。

倾听学生的意外之音。注意倾听，善于发现，及时抓住一闪即逝的教学亮点，并加以运用，有时会对教学起一定的推动作用，课堂会演绎得更加精彩。有时学生的精彩发言，像股热流涌动心扉，让我们情不自禁为之喝彩，为之赞叹，为之祝贺。

（三）用"眼"倾听，点燃智慧的创新火花

作为教师，仅仅"听"是完全不够的，有时因为表达能力的差异或种种

顾虑，学生可能会有意或无意地漏掉或掩盖部分内容和某些实质性的细节。因此，教师在倾听时要细致入微地观察学生的一个皱眉、一串表情，要细心揣摩和分析学生表达的实质，判断学生的未尽之意，要把学生所讲的内容、感觉和意思用"眼"看明白，用"心"听清楚。这样才能真正理解学生的意图，才能在充满智慧的课堂里张扬学生的个性，尽显课堂的魅力。用学生的眼睛看课堂，与学生共学习、共成长，才能点燃学生思维的火花，发展学生的思维能力。

倾听，让深度学习真正发生

赵晨芳

佐藤学先生认为，善于学习的学生，通常都是善于倾听的儿童，只爱自己说话，而不倾听别人说话的儿童是不可能学得好的。的确，倾听对于学习来说太重要了。回顾我们的传统课堂，一个个高高举起的小手，一张张急切盼望的面孔，有的同学甚至已经半站半坐唯恐老师看不到自己，老师亦沉浸其中，头脑中勾画着自己的下一个教学环节。在这样的学习中，每个人都急于表达而忽略了倾听。而正是这个往往被我们忽略的倾听却是佐藤学反复强调的重点。倾听是一种品质，是一种基本素养，也是一种重要的学习方式。没有倾听的课堂，就只是表面的喧嚣和热闹；没有倾听的课堂，交流、对话也变得缺乏深度；没有倾听的课堂，思维被割裂成孤岛，而无桥梁连接，学习最终流于表面而不能深入。

"学习是从身心向他人敞开，接纳异质的未知的东西开始的，是靠'被动的能动行为'来实现的行为。"佐藤学如是说，"倾听这一行为正是让学习成为学习的最重要的行为。"倾听的能力培养起来之后，教室才会变得安静、润泽，深度的学习才会真正发生。

《教师的挑战》中说："学习是与物相遇，与他者相遇，与自己相遇的经验，通过与物对话，与他人对话，与自己对话，展开从已知世界到未知世界的旅程。"学习是一段美好的相遇，是一个美妙的旅程，而开启这段美好相遇旅程的正是倾听。倾听文本，与物对话，开启认识客观世界之旅；倾听他者，与同伴对话，开启认识他人之旅；倾听心灵，与自己对话，开始自我认知之旅。倾听，让这三段对话不断开展，这三种相遇交织进行，从而开始了我们深度学习的无限旅程。

一、倾听文本的声音，与物相遇，开启读文之旅

跳动文字是作者心灵的音符，文本是作者心灵的篇章。静静阅读，独立思考是与文本的邂逅，是与作者心灵的对话。

（一）利用多种形式，引导学生倾听文本

语文学习中，学生独立研读文本、倾听文本就是学习的开始。在每课文章学习之初，教师应注重运用多样化形式，培养学生自主预习的习惯。出声朗读、精批详注、思维导图、自主学习单等形式，都可以带动学生深入文本，品读文章，与作者对话，倾听文字的声音。

（1）多样的思维导图绘制，帮助学生梳理思路，从整体上把握文本。

思维导图的绘制是对文章进行全方位和系统的描述与分析，非常有助于学生对文本进行深刻和富有创造性的思考，从而透过文字，倾听作者的心声。

（2）简易学习单，引导学生开展自主阅读，引发学生深入思考。

《顶碗少年》自主学习单

与世界对话	顶碗表演	描写顶碗过程的词句	少年表现	观众反应
	第一次			
	第二次			
	第三次			
	总体评价			
	启迪			
	我的思考			

（3）精批详注，培养学生不动笔墨不读书的习惯，督促学生边读书边思考。

阅读时的精批详注，可以引发学生的阅读兴趣，唤醒学生精心阅读文本的主观意识，并与文本展开深入对话，形成自己对文本的个性化认识和理解。

（二）开展深入研读，帮助教师倾听教材

陶行知先生认为"以教人者教己"，这就要求教师要先将所教材料"弄得格外明白"，先做好学生。而教师倾听文本开展的深入研读，正是教师弄懂材料的方法。

对文本的研读，是教师倾听文本的过程，亦是教师倾听编者意图的过程。只有教师对文本进行了深入的研读，理解了词句、文体、写法，体会了作者的情感、思想和智慧，才能深入地理解教材；只有教师在研读文本时心有所动，灵魂有了回应，才能带着教材走向课堂、走向学生；只有教师倾听了教材，才会出现教师、学生与文本的互动，才能引领着学生倾听文字的声音。

二、倾听他人的声音，与他人相遇，开启对话之旅

鲜活的话语是他人心灵的乐谱，倾听是心与心的融汇，是心灵间的启迪。倾听他人的发言，将其汇入自己的思想之中，迸发出的朵朵火花就是思维的一次次升华。倾听他人的发言，在交流对话中感受到情感的共鸣，让我们拥有更美妙的相遇和路程。

（一）给足时间来倾听，让同伴思维真碰撞

在《顶碗少年》一课，同伴两人独立思考完成协同学习单。

【1号同学的学习单】

	少年的成功公式
与同伴对话	独立学习：少年的成功 = 坚持 + 信心 + 技术高超 + 不轻易放弃
	协作学习：

【2号同学的学习单】

	少年的成功公式
与同伴对话	独立学习：少年的成功 = 鼓励 + 恢复信心 + 技巧
	协作学习：

协同学习的时间是十分钟，在两人的交流过程中，发生了两次争论。

第一次争论关于有没有老者的鼓励：

2号同学：少年的成功有老者的鼓励，你同意吗？

1号同学：我不同意你的意见，我觉得少年的成功是少年自己的行为，而老者的鼓励是别人的行为，怎么能是少年的成功因素呢？

2号同学：可是没有老者的鼓励，少年可能就不会成功了啊，那就要有这个因素。

1号同学：我还是不同意，那是少年的坚持，因为少年第一次失误了，

第二次又失误了，第三次坚持就成功了啊！要是不坚持，我两次失败就不干了，那就没有第三次成功啊，是坚持。

2号同学：我同意坚持啊，但是前两次都失败了，第三次没有老者的鼓励就不能成功了啊，那就应该有老者的鼓励。

1号同学：那这样坚持和老者的鼓励都应该有啊。

2号同学：你终于开窍了，同意了。

第二次争论关于技艺高超：

2号同学：哪有技艺高超，就没有，文中哪写到了？我觉得是坚持加鼓励加恢复信心，这个技艺高超根本什么都体现不出来。

1号同学：有啊，怎么没有，课文第二段"忽而卧倒，忽而跃起……"这不就是吗？

2号同学：哪里是技艺高超，你练久了也能很轻松，就知道怎么控制了。

争论到这里，协同学习的时间就到了。

从以上的案例中可以看出，第一个问题争论得比较充分，同伴两人的意见很快达成了一致，但在第二个问题争论时，由于时间的限制，让争论戛然而止，问题没有辩论明白，学习就被突然中断了。其实在协同的学习阶段，因为是同伴之间的讨论，倾听就成了自然而然、水到渠成的事情。在同伴的对话和倾听中，交流的两位同学的想法不断碰撞，智慧不断生成，思维越来越清晰。如果教师再根据题目的难易程度和学生的特点进行时间的重新分配，给足同伴间的对话时间，那么同伴间的学习将会得到更深入的开展。因此，教师在教学过程中，要充分考虑学生的思维状况，不吝惜时间的给予，让学生通过"同伙伴的切磋来提高自身的阅读"，让学习在同伴间的对话和倾听中得到深化。

（二）适当反刍促倾听，让全班思想真汇集

学习共同体一起探究的冲刺挑战性的问题，对于大多数学生来说是需要"跳一跳"，才能"摘到桃子"的。在全班交流时有的同学弹跳能力强，就离桃子比较近，而有的同学弹跳能力弱，使劲跳也够不到桃子。在这种情况下，思考受阻，当大多数同学都陷入了思维困境时，认真倾听就变得比较困难了。一部分同学就会因为反复跳跃产生了疲惫的心理，而另一部分同学会因为距离桃子很远而放弃了。这时，倾听停滞，学习进程也会停滞。教师遇到这种情况就要及时引导学生进行反刍，反刍回文本，反刍回同伴的交流。

在学习《顶碗少年》时，我们也遇到了同样的问题。

甲同学：少年成功的因素有失败。文中，少年两次失败后才成功了。

乙同学：我不认同甲同学的观点，失败不等于成功啊，失败怎么是成功？

丙同学：我同意甲同学的观点，失败是成功之母啊！

丁同学：那甲同学的成功公式是：少年的成功＝失败，这说不通啊！我觉得应该是吸收失败的经验后成功的，应该是少年的成功＝失败的经验。

争论在一部分学生间展开了。

当大家在被失败还是失败的经验搅得有些茫然，甚至有的同学思维有些游离时，教师及时叫停了全班的交流，要求大家带着这个问题再次返回文本，返回到和同伴交流阶段，提炼自己的观点，并在文中找出依据。学生们静下来，再次回到文本，很快在文中找到了线索，并和同伴达成了一致意见。重新开始的全班交流，思想慢慢汇集，秩序井然，目的明确，问题很快得到了解决。

适当反刍是思路再梳理的过程，是学生学习更自主的过程，使全班的倾听更专注，学习更深入。因此，教师在教学中，不要急于求成，直接给出问题的答案，而是充分发挥倾听的"被动的能动性"作用，适当反刍，再次回到文本和同伴交流，让学习真正地在学生身上深入开展。

（三）巧妙串联引倾听，让个体思路更明晰

这种倾听不是声音简单地从耳旁掠过，是发言的内容深入心中再碰撞迸发出的新思考。倾听后的发言是建立在同学发言的基础上的，是别人发言内容的延伸。当每个人的发言都建立在倾听他人发言的基础上时，全班的交流就如同珍珠一样被串联在一起了。教师就要做这条珍珠项链的穿线人，在倾听学生发言内容的同时，还要注意这位学生发言同其他同学发言内容上的关联，以及同他自己之前发言的关联。

在教授《顶碗少年》一课时，同学们争论少年成功的因素是不是失败时，老师巧妙的发言将几位同学的发言进行了串联。

教师说："同学们，关于少年的成功因素，有的同学认为是失败，有的同学认为是失败的经验，有的同学认为是失败后的尝试，大家再回到文本，好好地思考，到底少年成功的公式应该怎样写上这一项呢？"

教师巧妙地将几位同学的观点串联在了一起，让全体学生对争论的问题

有了更清晰的认识。因此，教师在教学时，也要做一位善于倾听的老师，能捕捉到学生争论的核心问题，并进行巧妙的串联，使问题聚焦于一处，让倾听的学生思路更清晰。同时，教师串联的关键性话语，引发了学生们的继续协作探究，让学习向纵深方向发展。

三、倾听自我的内心，与自己相遇，开启读心之旅

深深地思索是自己心灵的音响，与自己的相遇，是最美好的相遇。回头看看来时的自己，我们都在倾听中悄然成长。

（一）学生倾听自我的内心，收获成长

深入学习的开展，缺少不了自我的反思和总结。在学习过程中，我的收获是什么，我从哪里得到了帮助，我在哪些方面得到了成长，这样的反思过程本身就是成长的一部分。

下面是《顶碗少年》学习单的第三部分：

	我的成功公式
与自己对话	
	我的收获

（二）教师倾听学生的成长，反思课堂

纵观整个课堂，教师就是一位特殊的观察员，观察学生的每一个细微的动作，倾听学生的每一个细碎的声音，从中生发出自己的思考，反思自己的课堂：教师有没有创建一个安全、安静的学习环境，教师有没有尊重、平等对待每一位学生，教师有没有耐心倾听学生的心声……

一位具有倾听意识和习惯的老师，一定能培育起学生间的相互倾听关系；一位具有倾听意识和习惯的教师，一定能发现谬误中蕴含的新奇，荒诞中包含的合理；一位具有倾听意识和习惯的老师，一定能同孩子们一起成长，静静聆听"花开的声音"。

跳动的文字是作者心灵的音符；鲜活的话语是同伴心灵的曲谱；深深地思索是自己心灵的音响，所有的声音组成了美妙的乐章。让我们静静聆听吧！

在一个安静、润泽、洒满阳光的教室里，教室和学生一起静静倾听，倾听文本的声音、他人的声音、内心的声音。倾听，打开了我们深度学习的大门。

参考文献：

1.〔日〕佐藤学著，李季湄译.静悄悄的革命：课堂改变，学校就会改变 [M].北京：教育科学出版社，2014.

2.〔日〕佐藤学著，钟启泉、陈静静译.教师的挑战　宁静的课堂革命 [M].上海：华东师范大学出版社，2012.

3.中华人民共和国教育部.义务教育语文课程标准：2011 年版 [M].北京：北京师范大学出版社，2012.

让学生间发生真正的倾听

商海芳

"学习共同体"的课堂不是一家独秀，不是得到知识的答案，也不是部分学生的思维提升，而是师生协同，生生协同，所有学生自己或认知或表达或思维的某方面或是所有方面的提高。佐藤学先生认为，善于学习的学生，通常都是善于倾听的儿童，只爱自己说话，而不倾听别人说话的儿童是不可能学得好的。的确，倾听对于学习来说太重要了。

回顾我们以前的课堂，教师倾听学生的发言，总是能抓住教师自己最需要的内容，顺学而导，步步引导，层层深入。

这是单向的交流。致使学生之间的倾听差强人意，有的各抒己见孤芳自赏，有的天马行空自说自话，有的剑走偏锋脱离文本核心。所以，教师就要发挥主导作用，协助建立良好的倾听关系。教师结合北京版语文教材第十一册第九课《顶碗少年》为例，介绍针对课堂上学生出现的情况，做了这样的引导。《顶碗少年》写的是作者在二十多年前观看杂技表演时，一个英俊少年在表演顶碗时两次失败都没有气馁，最后获得成功的故事。文章告诉我们做什么事不管遇到多少困难和挫折，都不要退却，有时候成功就在于再坚持一下。此故事看似与学生生活较远，但是学生的生活已经经历过成功的喜悦，失败的颓丧，是有感情基础的，因此，学生在学习中就会出现如下情况。

情况一：剑走偏锋

情景再现：

《顶碗少年》一课中有这样的内容，少年第二次失败后"不知所措"，一位老者从后台走出，抚摩着少年的肩胛，轻轻摇撼了一下，低声说了些什么，使得少年又重拾信心。学生交流的核心问题是："顶碗少年为什么会成功？"细读不难理解正是老者的鼓励使得少年重拾信心，再次面对失败勇于拼搏。在交流中，有的学生会纠结在"少年成功"是指自己成功的做法，老者不是少年。于是出现了这样的情景：

甲：我觉得少年成功的原因有老者的鼓励。少年第一次失败后能"歉疚地微笑着，不失风度地向观众鞠了一躬"，而第二次失败后却是"不知所措了"，足见他失去信心，正是由于老者的鼓励，他才镇定下来，才会有第三次的成功。

乙：我不同意你的观点，少年第二次失败后呆呆地站着，满脸都是汗珠，只是"有些不知所措了"，说明他并没有完全丧失信心。怎么能说是老者的鼓励使得少年重拾信心呢？

甲：假如说你失败了两次，你还会很自信吗？

乙：那要分情况。

甲：你看少年第一次失败后"歉疚地微笑着，不失风度地向观众鞠了一躬"，他这时有自信吧。第二次失败后，经过老者鼓励，"少年镇静下来，手捧着新碗，又深深地向观众鞠了一躬"，少年又恢复了自信，少年的成功就是源于自信。

……

这是课堂上经常出现的问题，因为学生在没有刻意的控制下，意识是发散的。教师在课上的核心问题应该有很明确的方向性，问题设计应该具体化。

课堂上，教师要把大家研究的问题进行板书，呈现在学生面前，同伴学习时用不同颜色的笔或是相同的标记，分别标画。教师及时介入，可以问问两位学生"你们在交流什么问题？"看似简单的一问，一下就把学生重新拉了回来。但这个过程可能快，可能慢，这取决于学生自身的认知水平。这时，教师就要练就一身"忍"功，忍住不着急，不批评，不插话。

情况二：天马行空

这种情况主要表现在交流发言时，既不结合文章内容，又不抓住具体描写，只是就某一主题，谈自己的感受。分析其原因，有的是对文章不熟悉，只是支离破碎地记住一些片段；有的是没有掌握阅读文章的方法。面对这样的同伴，一招足以，那就是："你是从哪儿读出来的？"

情况三：各抒己见

相对于前两种，第三种是常见的。

情景再现：课堂上，一位同学阐述自己的观点：少年的成功，源于他的坚持不懈，少年第一次失败后，并没有丧失信心，而是"歉疚地微笑着，不失风度地向观众鞠了一躬"。第二次失败后，"少年呆呆地站着，脸上全是汗珠，有些不知所措了"，但是他很快"镇静下来，手捧着新碗，又深深地向观众鞠了一躬"。第二位同学发言时，却谈了自己另外的观点，他认为少年的成功源于他高超的技术。这就是明显的没有倾听前面一个同学的发言，他急于想把自己的观点与理由表达出来。我这里把第一个同学称为 A 同学，第二个发言的称为 B 同学。

A、B 两位同学有相似之处，这种学生多半是课堂发言的主力，属于爱思考、爱表达的学生，他们在课堂上得到的成功多于失败。这种学生之所以不会倾听，是因为不知道听什么，究其原因有强烈的自我中心意识，受家庭环境的影响，现在的小学普遍有比较强烈的自我意识。这种自我意识在课堂中主要表现为：表现欲望强，总认为自己想的是对的，别人说的都是错的，希望课堂成为他独自展示自我的舞台，于是，在别人发言时积极举手的大有人在，并且不断地用语言提醒老师注意自己。这样的孩子还会在别的同学回答问题时不断"插嘴"，所以导致只顾表现自己却没能听清同学的发言，致使课堂效率低下。

教师听出了学生之间的表达毫无联系，首要做的就是让他们听进去。所以当他们没有联系前一个同学发言时，教师要慢下来，问一问，你是想针对他的问题与他进行交流吗？每到这个时候这些学生先是会愣一愣，就是这愣一愣的表现，说明他在思考自己的表达与前一个同学表达的联系。起初，各抒己见的学生无所适从，因为他们没仔细听前面同学的发言。教师要耐下心来，请前一个学生再说一遍。这时学生就会有意识地去倾听，来判断自己与他人发言的关系。

（一）你有来言我有去语，促倾听

所谓交流：你有来言，我有去语，如此反复，连绵不断，才能正常交流，学生的思维才有可能呈螺旋式上升。我们要引导学生站在巨人的肩膀上看风景。教师要指导首先发言的学生，说出自己的想法后，明确表达自己想和大家交流的是具体观点，还是理由。

（二）给出句式，能倾听

从心理学的角度说，喜欢重复自己的话的人是渴望别人认同自己的说法。当别人重复自己的话时，给说者的心理暗示表明自己的观点得到认可，而重复别人语言的学生，在自己头脑中潜意识建立与前一个同学的联系。这是初步的交流形式。因为人都是从模仿中开始学会创新，继而创造更深刻的思维。

因此，我给孩子的交流句式："我觉得你的'××××'这个观点，我同意（不同意）。""你结合课文中'×××××××'的句子来说明观点，我觉得很好（不准确）。"

（三）复述表达，会倾听

学生还会出现伪倾听，前面重复着同伴的语言，后面自己的发言与前一个同学毫无关系。

这种情况屡见不鲜，面对这样的情况，教师就要让学生停下来，把前一个同学的发言内容变成自己的话复述一遍，以此来验证倾听效果。复述的过程，是培养学生归纳、表达的过程，更是学生接纳融合提升的过程。

（四）适时评价，成习惯

课堂上的"倾听"习惯需要有意识地培养，课堂评价在这里起着非常关键的作用。《静悄悄的革命》一书中指出："倾听"正是教学中教师活动的核心，"倾听"儿童的发言意味着如下三个关系之中的接纳发言：一是认识该发言是文中的哪些话语所接触的；二是认识该发言是其他儿童的哪些发言所接触的；三是认识该发言同该儿童自身先前的发言有着怎样的关联。教师一旦在这三个关系中倾听每个儿童的发言，那么就能以课文为媒介把每个发言如同植物一样编织起来。

回顾我们以前的课堂，是师生间的单向交流。然而学生间的基层学习集体的各种学习资源很少甚至没有相互影响、相互促进，我们认为要是学生间的资源形成互惠，教师一定要介入。这就给教师提出了更高的要求。所以教师在倾听学生的表达时，要精确把握表达要点、言简意赅的语言、迅速肯定值得大家学习思考的内容。为学生真正发生协同学习，或点明方法，或指明研读内容，或提供思维的碰撞点。

以《顶碗少年》一课为例,学生围绕"顶碗少年成功的原因是什么?"这个问题共同学习,当有学生说到少年第一次失败"歉疚地微笑着,不失风度地向观众鞠了一躬",教师就要点明抓住少年表现的方法;当有的学生对少年第二次失败前后的表现产生质疑时,教师就要大加鼓励"他的问题很有思考价值,我们不妨也来一起读读这个内容"。教师有效的倾听点拨,是为了促进学生倾听,培养学生的"倾听"习惯。我惊喜地发现学生在教师有效的倾听交流方法的指导下,学习同伴间相互得到了认可,学生交流中思想得到了碰撞,认知得到了完善,思维得到了提升。

协同不是合作

小组中协同学习的真发生

芦东华

随着学习共同体研究的不断深入，我们以课堂观察为依据，发现协同学习在课堂实践当中发挥了提高学习品质的关键性作用，因为学生的学习不仅仅是通过与老师的交流，更多的是通过学生之间的相互学习而展开的。正是基于这样的认识，老师们努力构建以相互倾听为基础的小组协同学习。学生通过在小组中的分享与互学，实现了与文本对话、与小伙伴对话、与自己对话，使协同学习真正发生。下面把我们的研究做一简单梳理。

一、分享

分享是协同学习的一种最基本的方式。在实践过程中，我们发现学生在分享时，可以对自己的作品和创作过程进行说明和阐述（这里所说的作品是广义的，即学生学习过程中的所得，可以是一幅画、一个算式、一个批注、一个观点、一个发现等），学生通过分享使学习伙伴理解自己的作品所包含的意思，以及背后折射出来的思维过程。通过这样的分享，可以构建良好的同伴关系与倾听氛围，这是协同学习的基础。因此分享在小组协同学习中被广泛应用，教师如何能让学生分享起来呢？

（一）从教师层面来说我们可以从以下几点入手

1. 提的问题要清楚：学生知道说什么

自学提示：
结合课文插图，轻声自由读课文第3—5自然段，
边读边思：
① 小壁虎都找谁借过尾？结果怎么样？
② 请你圈一圈，画一画。
③ 最后与同伴轻声交流。

（1）

轻声自由读课文，边读边想：
① 小伙伴把荷叶当成了什么，
用"———"画出来。
② 这些小伙伴做了什么，
用"~~~~"画出来。
③ 圈出表示他们动作的词语。

（2）

我们以低年级的语文教学为例，对比这两个学习提示，我们不难发现，（2）这个学习提示要求明确，不同的要求让学生用不同的符号圈画出来，这样做的优势是学生在自学批画的时候目标是非常清楚的，不同的圈画符号把目标内容进行了分类，而全班统一的圈画要求，使学生在分享时知道自己在说什么，小伙伴也知道对方在说什么，这样分享就会更加方便顺畅。

2. 与生活实际相连：学生有话可说

以高年级的数学课为例，教师创设了这样的生活问题情境："学校要举行篮球比赛了，六（2）班的篮球队员还差一人，甲、乙、丙三名同学都想加入，你要选择谁呢？为什么？"

这个问题就是发生在学生身边的事件，学生可以依据自己的想法有不同的选择，但是既然是推荐选手参加比赛，事关班级比赛的输赢，于是同学们在选择的时候减少了随意性，这就凸显出数据分析的价值。通过这个问题的设置，使学生学会依据数据解决生活中的问题，还渗透推理判断要有依据的数学思想。源于生活的问题学生愿意去分享，有话可说，有据可依。

3. 与旧知相互联系：学生能够说

以四年级的"植树问题"为例，学生在自主探究解决问题时，设计了不同的植树方案并进行解答，通过前测我们了解到学生的矛盾点在于8除以2得4，这个4到底是4段，还是4棵。为什么明明求出来的4段怎么就变成4棵树了。针对这个问题，教师利用学生已有的学习经验，采用数形结合的方式突破难点，让学生通过协同探究发现"间隔数"与"棵数"之间"一一对应"的关系，并抽取出数学模型。学生的协同探究是以原有认知为基础而展开的，学生可以借助画的图解释算式的意义，因此学生能够说清楚，这样的分享可以引起

大家的共鸣，形成课堂的交响。

（二）从学生层面来说，我们注重培养学生在协同学习过程中的良好习惯，制定了分享的规则

（1）说清楚：组织好自己的语言，说得条理清楚。

（2）听明白：仔细听同伴的发言，听懂话中意思。

（3）问疑惑：与我想法有何异同，大胆表述出来。

二、互学

通过课堂实践我们发现，在小组协同学习的过程中，如果我们的协同学习只是停留在分享的层面，就无法实现高品质的学习。因此，我们说协同学习中最具核心价值的就是互学。作为一个独立的学习个体，当面对文本进行对话时，每一个人的发现都是精彩而独特的，通过互学，学生可以从伙伴身上汲取更多的信息，激发更深的思考，触发更加广泛的关联与对话。

（一）在互学中实现多方面的关联

我们以语文课《奇异的琥珀》为例，老师让学生通过琥珀的样子感受科学家推测的合理性，在学生汇报完自己的批画感受后，教师问："你们能不能把同学们的这些发言串联起来，形成一个完整的推理思维链条？"这个问题是在分享的基础上，引发学生深入思考的挑战性问题，目的是激发学生互学的需求，毕竟每个学生的认知和理解是有限的，通过互学才能使这些认知和理解精彩地关联和发展起来。学生在互学中，通过倾听从同伴那里获得启发，把自己的发言与别人的发言关联起来，完善自己的观点；学生在互学中，厘清文本脉络，再次把自己的感悟与文本关联起来，回归到文本中寻找依据，形成合理的推理链条；最后再用这样的方法推理想象黄河象的故事，并写下来，完成了阅读与写作的有机关联。通过观察我们发现，学生在互学中收获的不仅仅是对文本的理解，还收获了更加丰富的学习体验。在互学中挑战性问题的出现，实现了多方面的关联，使学生感受到了课堂是有生命力的学习共同体。

（二）在互学中实现多层面的对话

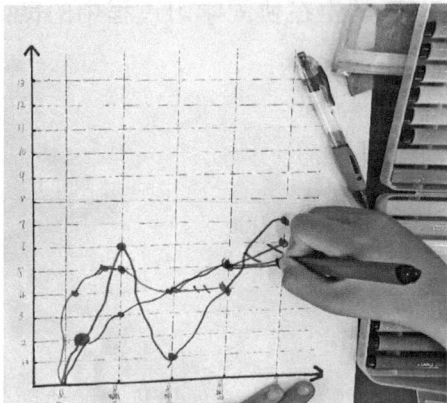

图1

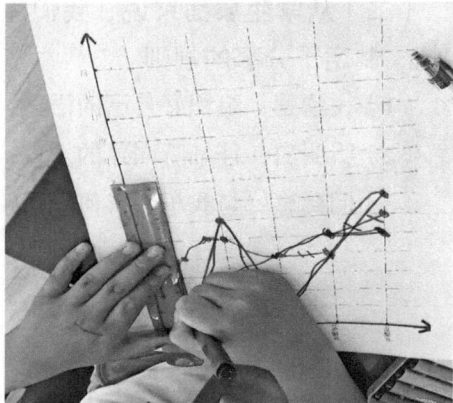

图2

我们认为互学是学生的一种自身需求，不是老师要求我去互学我就去互学，它一定伴随着"我有问题需要解决"而发生，这个问题可能是教师提出的挑战性问题，也有可能是学生在学习中生成的，正是基于这样的需求，学生才能在互学中，通过辨析与整合，不断地回归对文本再认识，通过对比与接纳，对自我再认识，使学习真正地发生。我们以五年级的"折线统计图"为例，老师请同学将统计表中这些零零散散的数据，记录在图表中，根据图像进一步分析数据，看看有没有新的认识。学生在尝试画图时，就出现了图1的画法，甲同学画出的线都是弯弯曲曲的。等到我再次观察到他时，他在把弯弯曲曲的线描直，最后他又向老师要了一张空白的图表，把自己的想法重新完整地表现出来。通过观察甲同学的学习，我们不难发现，在互学的过程中，这位同学经历了从不会到会的过程，图1是学生基于已有认知与学习任务的初次对话，学生在此层面呈现出来的就是学生原初的想法。我们也可以从其他学生身上看到学习的差异，有的孩子完全不知道从何入手，"先画什么呢？""横轴、纵轴上标什么数合适呢？""画一幅图还是三幅图呢？"因为有了这样那样的问题，互学需求随即产生，孩子们自发地互学起来。图2是在互学过程中，甲同学受到同伴的启发，进行了自我修正，我想这个调整和修正是他与同伴对话的结果，通过比较，发现了自己的问题，并接纳同伴的建议，最后生成了自己的理解，再次回归到与自我的对话中。在互学中这些多层面对话促使学生的学习呈现螺旋上升的状态，实现了每一个孩子都能学有所得。

此外，学生之间良好的互动是互学真正发生的保障。我们关注学生在互学过程中的细节，并制定了互学的规则。

（1）不随意打断别人的发言，耐心听完。

（2）不急于下结论，给别人说明观点的机会。

（3）不强求别人认同自己的想法。

（4）不放弃自己的同伴，关注他们的需要。

总之，学习共同体的研究我们还将进一步深入开展，让我们的课堂真正成为学生的精彩天地、幸福摇篮。

合理的小组搭配提高协同学习的实效性

隗浩然

在《教师的挑战》一书中，佐藤学曾提及几乎令所有老师都着迷的教学是在娴雅的关系中相互倾听彼此的心声，每一个人的细腻思考得到细致的交流的教学。而这一学期中，我们也针对这样的教学进行了追逐、探究与思考。下面结合两个案例来谈一谈我对协同学习以及小组学习的认识与思考。

现在班级的座位是 U 型，为了孩子们的视力考虑，同时也是为了班内孩子能够和更多的小伙伴们学习交流与合作，我对班内的座位采取了两周大轮换、单周小轮换的策略。每两周就会换一下合作伙伴，带给孩子们的是新鲜感和对不同学生学习方式之间的包容和接纳，有的学生可能理解能力较弱一些，但是他们能够直言自己的不懂；有的孩子可能思维敏捷，但是他们不能够面面俱到。所以在两周大轮换中我会亲自指定座位，是弱弱搭配还是强强联手，抑或是随机组合，大家一起学习，但协同学习的伙伴却是由"缘分"决定的。

一、弱弱搭配留一手

在 11 月 27 日的观察学习中，我们共同学习了解决问题这一单元的例 1。在讲题之前我首先给孩子们做了前测卷，发现孩子们对这种类型的题目大多数已经掌握，并且能够先列出分步算式再列综合算式，但是孩子们对四则运算的运算顺序掌握得还是不够扎实。另外，有两个学生对此内容处于完全不会的状态。

针对这样的学情，我首先给孩子们练习了一些脱式运算题作为导入内容，然后呈现出例题，给出规范解决问题的一些必要步骤。孩子们针对"例 1 中有哪些数学信息，根据你找到的数学信息，你有哪些有价值的发现呢？"这一问题展开思考，并进行小组沟通学习。在独立学习中，我看到有些学生能够很快很准地找到相关信息并在题目中做出标记，还有的学生能够针对这些信息列出综合算式来。

3分钟的自我学习时间结束后，孩子们迫不及待地进行了交流。这天我观察的小组是刚刚调整好的小组，小组成员为支妍琪、田笑、崔迅、刘沫含。这一小组除了刘沫含，其他人都是班里比较有特色的孩子。崔迅，脑子不笨，但是懒惰，在前几周的小组学习中基本上作为一个倾听者没有发表任何意见。支妍琪，班里个子最高，最会玩的孩子，对学习不感兴趣。田笑，聪明淘气，表达不清楚。我原以为这一小组会以刘沫含为主导，但是在观察中我发现，田笑第一个发言，立即找出了相关信息，并且有针对性地进行了分析，阐述了他认为自己找到的内容有价值的原因。而崔迅竟然能够主动去给田笑补充，说："图片中有三个小人儿，这三个人每个人都推走了18包书，这也是数学信息，通过这个信息就能知道推走了多少。"刘沫含成为最后的总结发言者，她把小组内同学的发言进行了总结。但是学习并未结束，支妍琪对他们的发言进行了大胆提问："你们说得都很有道理，但是我还是不太清楚为什么要列成130-18×3。"支妍琪针对自己的不理解进行了提问，直言自己的不懂。正是这样一个问题引出了四则运算的运算顺序，以及如何将分算式列成综合算式。小组同学不断地给她解答，各位帮助支妍琪的同学也在给她讲解的同时对知识的掌握更进一步，加以升华。

通过这一小组的学习，我发现有的时候让一些有特点的学生坐在一起可能也会有比较有意思的故事发生，就像这一组内的田笑、崔迅、支妍琪一样，他们虽然都是在学习上有些不太开窍的学生，但在小组学习中起到了推进作用。

二、随机分配自由行

有的时候在不同的课堂上，我也会针对课堂内容或相应学情随机分配小组，打破原有的组别，临时成立小组。

12月7日我给学生们布置了预习《古诗二首（二）》的任务，学生们已经能够正确朗读，有的同学已经能够背诵，并且在前期的小组交流中，学生们能够针对诗句内容进行讲解叙述诗意以及手法等思想感情方面的探究。所以我在给学生讲《古诗二首》的时候进行了大胆的尝试——画中学！

首先，创设孩子们和我一起穿越回唐朝的情境，在时空机里，因为种种原因，我们和自己原来的同伴走散了，现场组合 4 人小组。随机建组后，孩子们带着对小组的新鲜感进行了小组学习。孩子们先对本篇古诗的内容展开想象，对《鹿柴》这一首诗进行讨论，学生们把自己在家预习的成果进行小组交流。

交流过程中，孩子们有的说的是诗句意思，有的说的是诗人王维写这首诗时的心理，并且能够找出诗歌内容进行情感分析。很简单的一首古诗，在孩子们的交流中变得丰富多彩。陌生的小组成员并未影响孩子们的学习，相反，孩子们对学习更加充满激情了。交流结束后，孩子们对古诗内容的理解更加深刻了，这时我把王维的画展示出来，并且问孩子们，你们想不想和王维一样成为一个多才多艺的人呢？孩子们都表示非常愿意，也想将自己在唐朝的见闻绘制成一幅《鹿柴》图。

在绘制《鹿柴》图之前，我先是让学生们对自己想绘制的内容进行了设想与释义。在小组内充分交流后，孩子们拿出课前准备好的 A4 纸，对诗文意思的理解以及自己的想象制作出图文并茂的小报，孩子们大显身手，纷纷行动起来，有的学生逐字逐句地去绘画，有的学生把四句诗放在了一起制作出一幅

画。等孩子们制作完小报后，我让他们再次互相讨论交流，说明自己绘制此内容的依据与想法，使学生再次回归课本学习，并在小组交流后进行简要展示。

在这节课中，学生们对古诗学习的兴趣更加强烈了，同时在小组的交流与分享中，孩子们对古诗文的理解也更加深入了。特别是班里的钱一文同学，平时不善言辞的他，今天上讲台讲解自己的画与诗句内容的联系，滔滔不绝，和自己本节课的小组同学配合得十分默契。

小组成员的搭配在有些课堂上往往会影响学生的学习效率，但是未来的学习中孩子们协同学习不可能只是这样一个或几个伙伴，他们将要面对的是更多的人、更复杂的事，所以我们能够带给学生的是一种方法，一种学习的态度。随机分配临时组建小组可能在前几次的学习中会有一定的影响，出现效率较低的情况，但是随着孩子们对这种交流与合作方式的适应，学习效率会比平时提高很多。在这一过程中，他们会更加欣赏同伴，发现同伴的优点，真正去聆听同伴的发言，真正地学会交流与合作，班级氛围也会随之得以升华。

在协同学习环境中，让学习更有意义

张红燕

协同学习是一种通过小组或团队的形式组织学生进行学习的策略。学生可以将其在学习过程中探索、发现的信息和学习材料与小组中的其他成员共享，还可以同其他组或全班同学分享。本学期共同体研究，我注重学生协同学习，通过学生两两协同或者四人协同共同研究核心问题，在美术课中实现真学习，让学习更有意义。具体实践如下。

一、在协同学习环境中，让学习更有兴趣

（一）加入游戏，让学习更有兴趣

美国心理学家加维说过："游戏是由内驱力所策动的一种快乐活动。"课堂中融入游戏化教学，不仅大大激发了学生的学习兴趣，而且提高了学生的动手能力，锻炼了学生的思维能力，培养了学生的创新意识。让学生们大胆体验，放手去想，在层层的游戏中，产生了诸多的想象，使得作品具有个性化的魅力。在一年级美术《小花垫》一课，我们设计"挑战小勇士"闯关游戏环节。

第一关：动动小手，试着将泥条搓得又长又均匀。除了书中为我们提供的三种装饰图形，你可以试着盘一盘。如果这三个图形你都会盘，也可以盘出不一样的图形，看谁能够争得小冠军。学生跃跃欲试，彩泥在小手中快速地滚动起来，看得出孩子们都想争当小冠军。学生边搓边发现问题，并及时修改，努力向着标准看齐。有的孩子盘出了红艳艳的桃心形，有的孩子盘出了金灿灿的菱形。这个挑战环节将一般问题与挑战性的问题相结合，针对不同学生的学习水平，巧妙地进行了分层探究，有助于激发学生的创新思维，同时也尊重了每

一个学生发展的需要。第二关：我来探究。在学生初步学会了搓泥条和盘花样的方法后，学生自主研究：小花垫是怎样制作出来的呢？学生从书中找答案，观察制作步骤，两人小组低声交流研究结果，深入思考，将泥塑基本技法进行综合运用，变为创新生活、美化生活的综合技能。在游戏中小组协同，使学习更有趣了。

（二）创设问题情境，让学习更有兴趣

在二年级下册《公交车站》一课中，我们结合了学生课前搜集的资料，让学生课前亲身体验和拍照，增加情境的真实性，课中引导学生分小组进行情境重现，2—4个学生分别做出不同动态等车的动作，加入"当你们站在公交车站时看到的公共设施有什么？人物与车站是什么样的关系？"等表演情境，使学生发现遮挡关系、前后关系。学生在研究问题的情境中学会观察，发散了思维，从更多的角度观察公交车站的场景，更直观地观察遮挡关系、人物动态等，通过小组协同学习创设问题情境，学习变得有趣了。

（三）增加图片数量，让学习更有兴趣

在五年级下册《设计急救包》一课中，我们结合了学生平时喜欢讨论的话题和兴趣点，增加了许多他们熟悉的急救包图片，孩子们一眼便认出图片中的内容，展开了激烈的讨论，如急救包的用途、功能等问题。孩子们在小组协同学习中，通过大量的图片对比分析、研究，解决了设计重点，极大地调动了孩子们的积极性。增加图片数量，让小组研究更深入，学习更有趣了。

二、在协同学习环境中，让学习更有价值

（一）从名家作品中悟出画面表现的方法

黄永玉被称为"荷痴"，不单是源于他画的荷花多，还在于他画的荷花独树一帜，神韵盎然。四年级的《我们身边的植物》一课，教学难点是：会用线表现植物的前后关系并懂得取舍，使画面具有美感。我们引导学生通过小组协同学习，分析研究核心问题："画家黄永玉是怎么做到让作品十分生动的？"孩子们通过协同学习分析画家黄永玉的作品，了解到画家作品中的荷叶有正面卷边的，侧面的，反转的，背面的。荷花有正面的、侧面的、花瓣有伸展的也有卷曲的。画家画荷花荷叶时抓住了植物叶和花的特点，姿态也十分生动。接着小组分析画家作品得出，如果使画面生动还要注意画面疏密、前后遮挡的关

系。在观察真实的池塘和画中的池塘，小组成员通过对比总结出：使画面生动的最重要的一点，是要做"适当取舍"。画家画的池塘和真实的池塘相比，做了适当的取舍，美的地方留下来，不美的地方舍去了。孩子们通过小组协同学习把画植物的真谛都感悟出来了。他们总结得出，如果想画出生动的植物要注意抓住植物的特点，处理好画面的疏密、前后关系，并做适当取舍。学生通过协同学习从名家作品中悟出画面表现的方法，让学习更有价值了。

（二）从名家作品中悟出画面构图的方法

四年级美术《运动场上》教学重点是：了解并尝试运用不同的构图形式进行创作。构图一般是指主要形象在画面中占有的位置和空间所形成的画面分割形式。在课中通过学生小组协同学习研究核心问题"书中名家作品中有几种构图形式？"孩子们在小组协同学习中提炼总结出构图的方法。研究了画家徐启雄的《决战之前》和画家黄胄的《打马球》，孩子们得出《决战之前》运用的是圆形构图，可以表现出中国女排团结的力量，采用圆形构图比较适合要表现的主题；《打马球》采用的是弧线构图，画面主体呈上扬的弧线，可以表现出上升的动势，给人以灵动之感。画面中富于变化的动态线描绘了竞球的瞬间马匹和人物的动感，使表现的主题更加突出。因此，创作不同的主题运用不同的构图形式，可以使画面更生动，更符合主题。学生通过小组协同学习从名家作品中悟出画面构图的方法，让学习更有价值了。

决战之前（中国画）1984 徐启雄　　　　　打马球（中国画）1953 黄胄

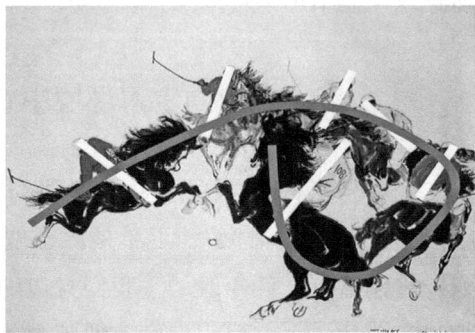

（三）从名家作品中悟出色彩表现的方法

四年级美术《向日葵》是一节色彩课，教学难点是运用同类色和邻近色知识，表现多种向日葵姿态的美感。课中学生小组协同学习研究核心问题"书中名家作品中怎样表现了色彩变化？"小组成员细致地分析出荷兰画家梵高《向日葵》作品中的色彩变化。他们发现，一朵向日葵的花心是黄绿色的，花瓣是橙色与橙红色相间，花托深绿色。瓶花中花朵与花朵之间的色彩表现，既有邻近色的运用，又有同类色的深浅差别。另外，画面主体的向日葵既有丰富的色彩变化，又与背景明亮的黄色形成了色彩的深浅对比，作品在色调上保持统一的同时，色彩搭配非常和谐。孩子们在研究中还发现花头朝向右上方。以橘色线条表现花瓣姿态，再填涂上黄色，花头朝向下方，用墨绿色大笔涂出花托形态，用更深的绿色线条勾画出花萼的姿态。孩子们在小组协同学习中，了解了用有深浅变化的同类色和邻近色，可以表现出生动的向日葵，从名家作品中悟出色彩表现的方法，让学习更有价值了。

三、在协同学习环境中，提升学生美术素养

美术核心素养中的文化理解是指从文化角度来分析、诠释和理解不同国家、民族的文化艺术特点，学会尊重并理解不同国家和民族的文化内涵与含义。

（一）赏名著经典，促传统文化素养提升

在讲"动漫画——孙悟空"一课时，设计了核心大问题："说说书中的孙悟空为什么会成为经典？"小组协同学习研究总结出：脸谱是为了凸显民族特色；黄色软帽表现出孙悟空活泼好动的性格特点；虎皮裙表现出孙悟空威猛勇敢的特点；黑色的薄底靴表现出他身手敏捷。整体形象以红黄为主，运用了中国传统色彩，黑色起到平衡色彩的作用。通过研究经典形象，使学生对中国传统文化理解得更加深入，促进了学生美术素养的提升。

（二）绘传统节日，促民俗素养提升

在乍暖还寒的初春，我们进行了"踏春节"传统节日的研究。学生在课中针对核心问题"表现踏春节这个传统节日，都可以表现什么内容呢？"在组内协同研究得出：可以表现春天的树，柳树发芽了；可以表现春天的花：迎春、桃花、杏花、樱花、玉兰、水仙、梅花等。虽然有些花（梅花）春天里开，但并不能象征着春天……这就要留心观察生活，做好生活经验和艺术表现的区分。可以表现的内容还有放风筝、公园野餐、骑行、郊游、赏花等，也都符合主题。学生通过研究传统节日、绘制传统节日，民俗素养也得到了进一步的提升。

　　总之，通过学生两两协同或者四人协同，共同研究核心问题，在美术课中实现真学习，让学习更有意义。在协同学习环境中，学生的学习兴趣、学习价值、学习素养都得到了提升。下学期我们要继续研究美术学科本质、美术核心素养，使共同体研究更进一步。

参考文献：

1.白彬华.美术教学参考用书　四年级下册[M].北京：人民美术出版社，2014.

2.美术课程标准[M].北京：北京师范大学出版社，2011.

串联、反刍助推学生思维

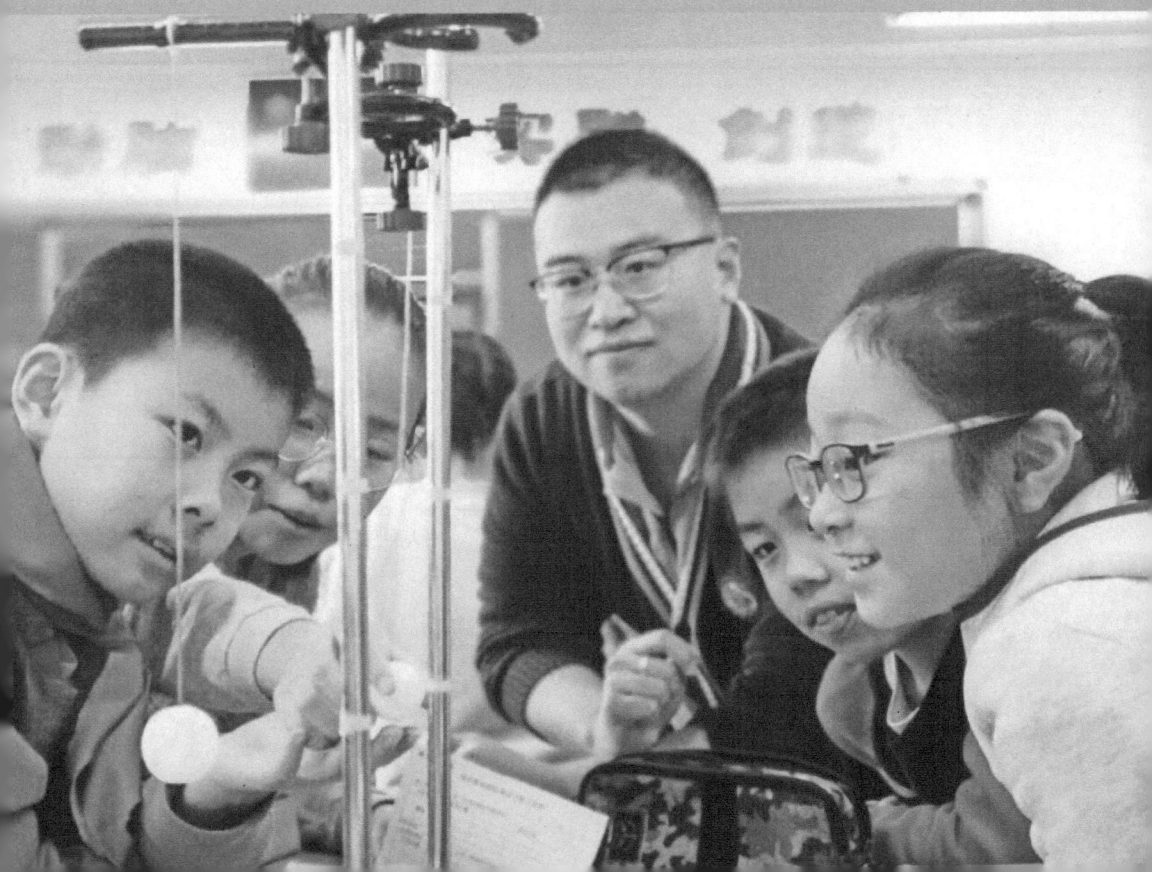

巧"串"妙"联"，让思维通透

——数学共同体教学中关于串联的思考

周爱萍

在共同体研究的教学实践中，我们不难看出，教师工作的中心在于倾听、串联与反刍。而我个人认为串联更是教学的核心，因为只有高水平的串联才能提升学生的思维，更能体现教师在课堂中的意义和价值。在共同体的课堂中，孩子们都能在安静思考后自主地发表自己的意见，你一言我一语，一方说罢一方登场，如果教师能将孩子们的发言巧"串"妙"联"，发展思维，提升认识，那这节课将是非常精彩的。下面我就谈谈自己对数学共同体教学中教师串联的一些思考。

一、巧妙串联的前提

（一）认真倾听

教师要相信，孩子们的每一份思考都闪烁着光芒，所以，无论是那些所谓的好的发言，还是那些看似偏离话题不搭边的发言，或是比较奇趣的发言，教师都要认真倾听，边听边思考：这个发言是由谁的哪一句发言触发的，这个发言同已知的学习内容有什么关联，甚至这个发言同该儿童的内在品性有什么关联。只有这样，教师才能自然地发挥穿针引线的作用。

（二）专业素养

教师课前必须要深钻教材，把学科本质、核心概念、学生学习的重难点了然于心，并且在设计教案时应预设几种可能会生成的情况，提前想好应对的策略，只有做好充分的专业上的准备，才能胸有成竹地应对学生说到的各种问题，并进行有效串联。

二、巧妙串联的方式

（一）把前后同学的发言串联——引发反思

在学生的思维受阻时，教师可以把前后学生的发言串联起来，引发反思，从而对知识有更深刻的认识。

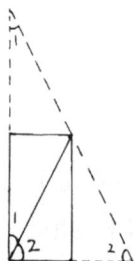 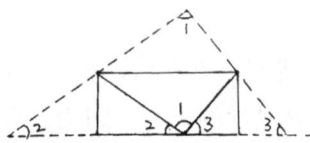 

图1　　　　　　　　　　图2　　　　　　　　　　图3

如在上"三角形内角和"时，有学生用折的方式证明是180度（图1），她说，我用一个直角三角形，把它对折，再把另外一个角折过去，正好两个锐角凑成90度，加上下面的直角，一共是180度。在这个学生汇报时，其他同学都认可，教师也没有介入。这时第二个学生汇报说（图2），我用的是钝角三角形，对折之后，把三个角凑到一起，拼成一个平角，也是180度。此时有学生质疑道，我也是对折的，可是没拼成180度（图3），这是为什么？同学们困惑不解。这时，我把前后发言的两个同学的三角形放到了一起，说："刚才这两位同学都用折的方法拼成了180度，你们观察一下，他们到底是怎么折的？"学生观察，最后得出，无论是直角三角形，还是钝角三角形，都是沿着中位线折的，只有这样才能拼成一个平角，这样反思过后，对折的方法认识就更深刻了。

（二）把解题策略的异同串联——突破重点

在解决实际问题的课上，不同的问题会用不同的方法解答，但有些学生就是混淆不清，为此，老师需要引导学生对解题策略进行对比，从而突破重难点。如在《解决实际问题——分数乘除法应用题》一课中，教师出示以下条件：

水果店运来一批水果：

（1）运来苹果的质量比香蕉的质量多 25%

（2）180 千克

根据以上条件和数据，补充适当的条件和问题，并画图分析解答。

学生补充了 11 种不一样的条件，也就编成了 11 种不一样的实际问题，在学生全部讲解清楚之后，教师说：这么多方法太多了，我们学知识是要将知识由厚变薄，你能将它们适当地归归类吗？经学生讨论过后，将 11 种方法归为两类：一类是单位"1"已知用乘法；一类是单位"1"未知用除法。学生一目了然，对这两种题型理解得更加深刻。

（三）把知识的核心思想串联——引向深入

有个著名的数学教师说过，"数学是有深度和厚度的，要想真正教会学生学习数学，教师不仅要丰富他们的数学知识，更要深刻其数学思维；不仅要改变他们的课堂行为，还要学会帮助他们建立数学思想"。课标也明确要求，教师要让学生真正理解和掌握基本的数学思想和方法，因此教师在教学中要极力渗透数学思想，把数学思想植入学生头脑，力图使数学思想成为学生的核心数学素养。不管是在三角形的面积、圆的面积，还是在梯形的面积、三角形的内角和中，学生汇报完多种方法后，最后老师都是有意识地对学生所用的方法进行了串联，引导学生观察、反思、总结，指出他们的共同点都是用了"转化"的数学思想，以后在研究未知的知识时都可以转化成我们熟知的知识进行解决，从而让学生对知识的理解更加深入。

（四）与以前的学习方法串联——升华认识

"授人以鱼不如授人以渔"，教师要教给学生学习方法，这是学生终身学习的必备条件。因此，教师可以在教学中将以前的、现在的乃至将来的学习方法进行串联，从而升华学生对知识的认知。如在《三角形的面积》一课中，学生交流完各种推导三角形面积的方法后，教师让学生再次回顾：这节课研究三角形面积的过程和以前研究平行四边形、梯形的面积的过程有什么共同点吗？学生反思之后得出：都是按照"转化图形—构建联系—推导公式"这样的三部曲进行的。教师问：那以后我们在研究圆的面积时，是不是也可以这样研究呢？从而让学生感知到所有几何图形的面积都可以采用这样的方法进行研究，以点带面，培养了学生的整体思维。

（五）与相应的数学文化串联——延伸拓展

在数学课堂中，注重将相应的数学文化渗透其中，能在一定程度上很好地培养学生的思维能力，在学习方法上也有一定的指导作用；而且让学生在学到数学知识的同时，能体会数学发展过程中的多姿多彩，感受数学文化所具有的独特魅力。如在研究《圆的面积》时，学生提到把圆割成正方形，再割成正八边形的方法时，教师可以引导，说：古代的刘徽也曾用这种方法研究圆的面积，这种方法叫"割圆术"，感兴趣的同学课下可以继续研究；在研究《三角形的内角和》时，学生讲到将一个长方形沿对角线剪开得到两个直角三角形，其中一个三角形的内角和就是 360 度 ÷2=180 度时，教师可以及时渗透："你的想法和法国著名数学家帕斯卡一样，真是厉害哦，下面我们可以看一看帕斯卡的研究过程。"这样与数学文化的串联，学生很感兴趣，不但拓宽了知识面，而且对知识的理解更深刻。

三、有效串联的效果

我们不难看到，在老师的巧串妙联之后，那些孤立的、分散的、无序的、看似一盘散沙的发言、见解，被串成了线，连成了片，结成了网，纵横交叉，形成了条理化、系统化的知识网络，使学生的思维更加严谨、周密。

总之，在共同体的数学课堂中，教师除了努力提供大量的时间空间让学生充分地交流、对话、思辨外，最重要的就是要认真倾听，在合适的时机用合适的方式，将学生的想法做法巧妙串联，推进着浅层学习向深度理解的进程，直抵思维的"通透"。

调整姿势　重新出发

——试论语文课堂中的反刍艺术

赵晨芳

　　佐藤学认为，在教学中教师工作的中心在于"倾听""串联""反刍"。其中，反刍就是"教师适时地把话题返回原点，儿童不能理解的时候做再次阐述。一旦'反刍'（追忆、回味）之后，又会将儿童的思考引向深入。然后再'倾听'，再'串联'，再'反刍'，如此循环往复"，"倾听、串联和反刍"就实现了课堂里的对话性学习。在学生的学习中，不断地反刍回文本，反刍回已有的知识和经验，反刍回与同伴的交流，可以引发学生的深度学习，提高教学的实效性。"反刍"是思路再梳理的过程，更是自主学习深入开展的过程。教师在课堂上适当地进行反刍活动可以让学生内化和反思之前的学习内容，并建构新的认知，从而引发学生继续深入地思索、探究。

一、反刍是换个姿势后的重新出发

　　学习是从已知到未知的过程。在探索未知的道路上，不断地咀嚼初始问题，回顾已有知识和经验，可以使我们更好地到达未知的彼岸。而在探索学习的过程中遇到种种阻碍和问题时，慢慢停下探索未知世界的脚步，跳将出来，回顾以往，从已知中寻找灵感，换个姿势、调整节奏，就可以重新出发。

　　学习共同体课堂上，师生一起探究的问题往往是冲刺挑战性问题，对于大多数学生来说是需要"跳一跳"，才能"摘到桃子"的。在全班交流时有的同学弹跳能力强，就离桃子比较近，而有的同学弹跳能力弱，使劲跳也够不到桃子，这就出现了一部分同学因为反复的跳跃产生了疲惫的心理，而另一部分同学因为距离桃子很远而放弃了。当学生的思考受阻，大多数同学都陷入思维困境而不得其解时，学习的进程就会发生停滞。这种情况表现在课堂上，要么是思维停滞的一片沉默，要么是陷入胶着状态的争执不休，要么是偏离方向的滔滔不绝，要么是一两个学生的一枝独秀。

当课堂出现这些情况时，教师尽量不要急于求成，直接给出答案，而是要放缓课堂进程、放慢教学节奏，充分发挥学习的"被动的能动性"作用，适当地引导学生进行学习的反刍，障碍和问题往往都会得到处理和解决。教师要相信学生的力量，真正做到以学生为中心，把学生学习的过程还给学生，让学习真正地深入发生和开展。

在日常教学时，我们常常会遇到上面的情况：

（语文课第二课时继续学习了《为学》一课，课上同学们一起探讨："文章要告诉他的子侄们什么道理？"）

生1：我们组认为只要有明确的目标和肯付出努力就能取得成功。

生2：我们组从文中贫者"吾欲之南海"可以看出他有明确的目标，从"一瓶一钵足矣"可以看出他肯付出努力，最后成功了。

生3：我同意你们的观点，但我们组认为你们只关注到文章写蜀鄙二僧的第三自然段，没有谈到第二段的愚笨聪敏的人，所以我觉得应该加上愚笨聪敏。

生2：我同意，那我们修改为"做人不管愚笨聪敏，只要有明确的目标和肯付出努力就能取得成功"。

生4：我觉得愚笨聪敏太啰嗦，换成不管天资如何更好。大家觉得呢？（同学们纷纷点头）

生1：我们同意修改为："做人不管天资如何，只要有明确的目标和肯付出努力就能取得成功"。大家同意吗？同学们沉默。

师：还有同学有其他想法，可能想法还不成熟，没有举手说，那我们再读课文，独立思考后，和同学再交流，看看你有没有新的想法。

（同学再读书，再交流）之后学生们又探讨了其中的坚定的目标、肯付出努力、关联词语，探讨了是做人还是做学问等几个问题，用了将近两节课，不断修改才最终得到了一致意见。

两节课明确一个道理，说实话我在一旁真是有些着急了，但看到同学们一点点地完善着他们的看法，我又不忍心去打断。之后我就问同学们：

"两节课咱们讨论明白了这样一个道理，你们说两节课的时间咱们花得有价值、有意义吗？"

同学们回答：两节课我们收获很多，比如思考问题要全面，概括总结语言要简练，用词要准确，课上要认真倾听，勇敢地表达自己的意见，集体的智慧是无穷的，等等。

果然，学习和成长就在这一点一点的探索、一点一点的调整、一点一点的质疑和答疑中完成的。我想课堂真的可以呈现出学生们学习的过程，呈现学生成长的精彩。试想如果学生在讨论第一个回合之后，在不能再继续下去的地方，老师即给出准确的答案，学生会不会停止思考？反刍活动结束后又一次开始的全班交流，思想慢慢汇集，问题很快得到了解决。反刍活动中探究问题的暂停并不是学生学习的倒退或终止，而是学生调整自己的学习状态和思维方式，通过唤起深层记忆、回顾旧知、返回文本，重新积蓄力量的过程。

教师在学生学习遇到困难的时候，引导学生重新品读文本、再次明确问题，放手将学习的过程还给学生，并引导学生用已有的知识、经验为自己的学习注入新的思考的动力。通过重新审视问题和文本的动作，让学生继续思考的行为，从而使学习深入地发生。课堂中的反刍活动，就是教师的放手和不代劳，让学生在细致的品读和反复的探究中，锻炼和提高自我的语文能力。反刍不是倒退，是换个姿势的重新出发。

二、反刍是停下脚步时的积蓄力量

前行的道路上，风景太多，走得太快的我们往往会错过太多美妙的风景，有时停下奔跑的脚步、细细欣赏，反而会收获更多的美好。在我们语文课堂的学习中亦是如此。大容量的知识需要内化沉淀，经典的段落语句需要反复欣赏品味，教学中的反刍活动就是可以让学习变得更加从容，让知识更加融会贯通。

学习《母亲的纯净水》一课时我就预留了大约五分钟的时间让学生进行课文的反刍、总结和知识的吸收、内化。课堂上我们共同探究"为什么她认为没有任何一种饮料比得上母亲的纯净水"。在这个大问题的引领下，经过同学们的交流讨论协同学习，我们明确了母亲的爱是一种细致入微的爱，对"穷"是奋发进取的动力有了新的认识，也对母亲的纯净水是一语双关地表现母亲对小女孩进行的思想教育有了新的理解。语文课上，交流讨论、发表展示，智慧迸发、碰撞，学生们都有了很大的收获。但表达和写作毕竟是不同的，相对于写作来说表达往往有些片段化、零散化，有时也是闪现式的。而写作就需要更缜密的语言和更系统的思考。于是，问题探讨结束之后的剩余时间里，就通过"评价母亲这一人物"的写作片段的方式开展了学习的反刍活动。人物评价的写作过程可以让孩子们的形成解释、作出评价、语言运用等多方面的能力都得到相应的锻炼。在评价母亲的写作中，学生对课文进行了全面的回顾把握，对课上学习进行了知识体系的重新建构，并对母亲这一人物形象进行了再次咀嚼和品析，从而对文章的理解逐渐丰满和深入。

学生的写作片段1：

母亲是一个有着对女儿细腻的爱的母亲。从母亲用凉白开冒充纯净水，看出了母亲怕"我"喝到假纯净水闹肚子，说明母亲对"我"细腻的爱。从母亲用凉白开来冒充纯净水的谎言，看出母亲对"我"教育的良苦用心。从母亲说："一年就100多块钱"，看出母亲是个勤俭持家的人。从母亲给"我"讲的道理，看出母亲人穷志不穷。母亲言传身教，让女儿在细微处感受到母亲的关爱。

学生的写作片段2：

母亲是一个细致入微、用心良苦、勤俭持家、人穷志不穷、乐观积极、教导有方、给孩子深远影响的人。母亲为了省不必要的钱用凉白开充当纯净水，可以看出她勤俭持家、用心良苦。母亲在下岗之后仍不放弃工作，可以看出她人穷志不穷。母亲教育孩子穷并不可怕，穷也许是促进人奋发进取的动力，可以看出她细致入微、用心良苦、人穷志不穷、乐观积极。母亲的教导让孩子从自卑、虚荣变得自信、能正视贫穷，可以看出她教导有方。孩子在长大工作后仍然只喝母亲的"纯净水"，可以看出她给孩子的影响深远。我们应该向她学习。

三、多样的反刍是对旖旎风光的别样领略

在学习前行的道路上，风光无限，色彩斑斓，多角度的欣赏品味会得到不同的感悟。语文课堂上，各种形式的反刍活动，是在学习路途上对旖旎风光的多角度的、别样领略！

（一）多样的形式让反刍活动缤纷美妙

课前知识的回顾、课上重点段落语句的反复品读、学法迁移的自主学习、学习单的整理、思维导图的完善、课堂拓展延伸阅读、写作片段小练笔、课堂口头收获的讲述……都是在进行反刍式的学习。多样的形式让学生不断地回头眺望，回顾来路，反复回味旧知。

（二）精当的内容让反刍活动意义非凡

在我们的语文教学中，我们可以对初始问题、已学知识和已有经验、课文文本等进行不断的反刍。

1. 对初始问题进行反刍

学生在探究学习的过程中，教师可以适时地指引学生回顾初始问题。"再来一起回顾一下我们探究的问题是什么？""再看问题你又有了什么新的发现？""再明确一下问题的要求是什么？"使用这样串联式话语进行反刍，可以不断地加深对初始问题的题目要求和指向的分析，可以帮助学生在交流思考中不断回整思维，梳理思路，明确方向，从而避免了偏离问题的夸夸其谈，以达到提高课堂效率的目的。

2. 对已学知识和已有经验进行反刍

学习是从使用已有知识来探究未知的过程。当学生对要学习交流的内容没有头绪，不知该如何去思考时，教师可以适当地带领学生对已学知识和方法进行复习。"同学们可以回忆一下我们之前学习的课文""上学期我们好像也学习过类似的文章"，这样通过回忆，让学生在头脑中快速温习旧知识，并将已知知识迁移到即将学习的内容上，温故知新，从而对未知问题产生新的思路和认识。

3. 对课文文本进行反刍

文本是探究问题的源头，只有紧抓对文本的分析，问题的探究才会更有意义。语文课堂上不乏学生联系生活实际的思考，也不缺学生充满想象的假设，而解决问题的根本的文本却往往被学生们忽略，因而教师在课堂上引导学生对文本进行反刍就显得非常重要了。"同学们，再读一读课文，看看你有什么新的发现""课文的这一部分，还需要我们再认真读读啊"，课堂上不断地返回到文本，返回到探究问题的基础，学生们会生发出更多的思考和理解。

语文课堂上的反刍活动让全体师生再次返回到问题的原点，带着之前学习的收获再次回到起点，重新看待问题，对文章进行反复欣赏品味和知识体系的建构。反刍活动可以促进每一个学生主动参与课堂，让游离于学习过程之外的学生重新回归，让知识和能力在反复咀嚼和品味的过程中得以沉淀和提升。在语文课堂的反刍活动，通过组织多种形式的个体之间的相互切磋，可以实现学生的深度学习和个体的提升，真正实现以学生为中心，让学生有真学习、真收获、真提升！

共同体课堂中抓住"反刍"时机，深化课堂沟通

米 烁

在协同学习中，学生必然会产生一些解决不了的问题，比如两方争执不下，思维进入平台期，对课程中的核心知识一句带过，这时老师就要发挥作用，有效的"反刍"可以将教师的显性教学行为寓于隐性导学行为中，将学生的思维引入更深层次，深入文本再次理解，提高学习的有效性。

在恰当的时机进行反刍可以发散学生思维，加深理解，引导学生吃透文本，提升感悟。在研讨的过程中，我体会到反刍时机的重要性。

一、"反刍"在学生平原期踏步

协同学习的过程中也会遇到学生思维的"平台期"，如小组发言内容类似，缺乏进一步深入思考，这时教师需要抓住时机进行反刍，引发学生深入思考与质疑，激发学生创造性思维，加深思维的深度。

例如，我观察《它们怎样睡觉》一课时，发现教师引导学生读课文说一说自己的收获与问题时，几组同学发言都在解释课文内容，比如学生说道："我知道马是站着睡觉的，蝙蝠是倒挂着睡觉的，等等。"此时，学生的认知浮于文本表层，难以推进。教师抓住时机，立刻引导学生进行反刍，请大家再读读课文，说说你的发现，提出你的问题。学生回到文本，在之前的基础上再次研读课文。协同学习继续，学生立刻有了更加深入的认识，一位同学说道："我通过读课文发现狗是耳朵贴地，趴着睡觉的。"除此之外，他还能结合自己的生活实际介绍到"小狗睡觉耳朵贴地是因为它要随时听着外面的动静，提高警惕，保护自己"。学生经过反刍后的发言明显比之前有深度。还有的同学这样回答

"马是站着睡觉的，但也不是所有的马都站着睡觉，因为课文中有'常常'这个词语，表明站着睡觉是它们长久以来的习惯，马这种动物经过多年的进化养成了站着睡觉的习惯，以此保护自己不受猎食动物的侵害。"学生在思维上的进步令我震惊，原来我们教师只要耐心等一等，将问题像踢皮球一样再还给学生，回归文本，孩子们真的能更深入地思考。

再如，我教授古诗《风》一课时，学生围绕读过之后的收获进行协同学习。连续几组同学的理解都停留在解释古诗意思层面。学生的思维在平面打转儿，我找准这个思维平台期的时机，立刻"反刍"，请大家再读书，再讨论，看看还有什么发现。再次交流时，有的小组就提到从"过江千尺浪"一句中的"千"字体现出了风力很大。其他同学立刻受到启发，一下关注到了古诗中的数字，举一反三，"入竹万竿斜"中的"万"字也被同学们挖掘出来，说明这几句诗描写的是不同风力的风。"反刍"使学生立刻关注文本中的重点词语，并从重点词语中感受到了大自然的包罗万象。这些重点词语吸引着学生反复研读古诗，更增加了学生对于传统文化博大精深的探究兴趣。

学生在教师的等待和一次次的反刍中收获思维能力的成长，在反刍后，学生逐步学会联系旧知，联系生活经验、课外阅读内容，从而丰富对文本内容、观点或问题解决方法的认知，实现跳跃性学习，形成新思维能力。

二、"反刍"在思维出现冲突的地方

课堂中学生之间的焦灼争辩是教师们期待看到的环节，因为这代表着课堂氛围的安全，学生思辨思维的活跃和对核心知识的兴趣浓厚。但是，在学生争执不下时，我们教师应该做些什么呢？二年级《奇妙的歌手》一课做了很好的示范。

课堂中两位同学围绕冲刺挑战性问题"到底是奇怪的歌手好还是奇妙的歌手好？"展开辩论，二人争辩得面红耳赤，不相上下。此时，老师这样引导学生："到底是奇妙还是奇怪呢？让我们再回到课文读一读，说说你的想法。"学生回到文本开始细读，再交流时，很快有同学注意到了重点词。有的说"因为蟋蟀的歌声像悦耳的琴声，所以是奇妙的歌手"，有的同学说"因为它们都不用嗓子发声，所以是奇怪的歌手"，还有的同学说"这些歌手不用嗓子还能发出那么好听的歌声，所以是又奇怪又美妙的歌手"。反刍之后，学生自己就完成了"串联"提升的学习步骤，自主将发声器官的奇特与嗓音的美妙结合起来，充实核心概念。我想，这就是学习共同体的奇妙之处，返回文本，教师等待学生的自我完善。"反刍"的作用在此也发挥得淋漓尽致，学生在与同伴交流的基础上协同学习，思维能力节节提高。

三、"反刍"在核心基础知识

以往的课堂是优等生展示才华的天地，他们思维活跃，能言善辩，知识广博，总是求新求异，对于课堂中的基础知识甚至不屑一顾，一带而过。这些现象令我反思，整节课虽华丽精彩，但在这样的课堂中，全体同学在协同互学环节都真正在学习吗？所有学生的思维水平都有所提高吗？这样的课堂安全吗？这些曾经令我困惑的问题在共同体研究中找到了解决办法。

佐藤学教授在《教师的挑战》一书中提到儿童们在课题研究中遭遇困难时，就可以"反刍"前段，重新出发，或是借助小组活动中的"反刍"，促进每一个学生的参与，这样组织多样的个体之间的相互切磋，使实现高水准的学习成为可能。那么，在基础知识处进行"反刍"可以有效满足学优生和学困生两方面学生的需求，让学优生尽情地教，学困生尽情地问与学。这样一来，所有学生都在原有基础上获得提高，知识掌握得也会更加牢固。

例如我观察高年级数学《圆的面积》一课中，核心基础知识是将圆等分再拼成已经学过的图形然后求解面积。优等生对于这种基本方法一笔带过，纷纷求新求异。而我旁边的中等生只是将圆等分成若干三角形并拼摆成平行四边形，但迟迟不下笔计算求面积。我想，如果这时老师就让那些优等生介绍自己新奇的办法，那么这些同学一定是一头雾水，容易失去学习兴趣。此时，老师切合时机巧妙运用"反刍"，她在一组同学介绍了利用平行四边形求解圆的面积之后引导全班同学再研究这种方法，不理解或有问题的同学可以走到黑板前看一看，互相问问题，互相解决。此时，我旁边的一组同学马上上前探究，回到座位后开始动笔尝试计算，经过再次研讨，二人终于推导出了圆的面积公式。

这样的"反刍"填饱了不同层面学生的胃口，夯实了基础知识，学优生懂得耐心与包容，学困生收获了提问的勇气和探究的信心。我想，这样的课堂是润泽的，是所有学生真正需要的，至真的精彩在这里呈现。

再如在《圆的组合图形》一课中，学生对于先拼摆再计算的图形有共同的难点。教师在此抓住时机及时"反刍"，小组再研究。经过小组再次协同学习后汇报，同学们很快有了新的想法。一个小组把组合图形拆分，重组变成一个梯形和一个半圆，拆分重组之后，学生以往知识立刻被唤起，知识迁移，突破难点。本课中，虽然三角形内角和是 180 度是旧的基础知识，但学生在此遇到难点，含糊不清。所以，教师果断在此"反刍"，引导学生在协同学习时回忆旧有知识，以旧带新，突破难点。我认为此知识点是本课的基础知识，在基础处反刍会起到融会贯通的作用，把基础知识经过"反刍"再学习，学生对新知识中的拼摆和内角和的掌握就会更深入，此次反刍着实起到了"一通百通"的作用。

教师的"反刍"策略深化了课堂沟通。反刍是教师对于课堂生成的整体把控，是对学生创造性思维的训练，也是对教师倾听能力和共同体课堂驾驭能力的考验。所以，我下一阶段的目标就是在我的课堂中不断尝试和突破，给予足够的耐心和等待，不断锻炼自己找准最佳反刍时机，用这种手段不断提高学生思维水平，继续营造润泽的课堂。

找准反刍时机，课堂才能高效

王　秒

　　高效的课堂，是老师们所追求的，然而在实际的课堂中常常会出现阻碍高效的因素。记得在《教师的挑战》一书中经常会见到"倾听""串联""反刍"这样的语汇，借以描述作为教师教学行为的"三要素"。我想，倾听是老师们最容易关注到的，哪个学生没听讲马上就能纠正。学生在老师的引导下，能够将所学知识进行前后勾连，这也比较容易实现。真正不容易做到的，是第三点——反刍。

　　所谓反刍，是指教师通过引导并给予一定时间让学生内化和反思前面所学内容，以促进学生及时记忆知识、构建知识体系以及深入思考，从而提高学生思维能力和自学能力的教学方法。反刍充分体现了"以生为本"的教育思想，也是高效课堂的重要体现。所以，教师要潜心研究教材内容和学生的学习需求，力求使学生在交流中形成反刍意识，在问题中激发反刍动机，在练习中提高反刍能力，帮助学生正确而深刻地理解和掌握知识。更为重要的是，教师要在课堂教学中不断巩固反刍效果。

一、在交流中形成反刍意识

　　众所周知，课堂教学的中心是围绕重难点的突破而进行，教师在教学中要设计形式多样的教学活动，引导学生不仅要重视知识的获得，更要重视探索发现的过程，其中最重要的是要形成反刍意识。小组交流就显得尤为重要，通过相互交流，让那些学习上有困难的学生也参与到讨论中来，从而分享所思、所想，进而实现反刍能力的最大化，充分激发学生的学习潜能。

比如，学习《它们怎样睡觉》一课时，通过同桌两人交流蝙蝠的睡觉姿势为什么最奇特，学生最先找到蝙蝠是吊着睡觉的，他们之间相互补充，先后找到了吊着的姿势是头朝下、脚朝上，在不断阅读的交流碰撞中，又发现这是其他动物办不到的，就在你一言我一语中一点一点将蝙蝠睡觉姿势的奇特之处全部找了出来。

我们在课上进行"反刍"的最终目的是让学生学会学习，学会方法。因此，这样的反刍是有必要的，是值得花时间的，学生在各抒己见、探究辨析的过程中，促进学生对所学知识的深入认识和有效建构。

二、在问题中激发反刍动机

问题是反刍活动的开始，是进行创新活动的前提，培养学生的问题意识，是培养学生创新思维能力的首要环节和重要途径。而良好的问题情境能激起学生的强烈疑问，诱发学生的探究和思考。所以在教学中，教师要激起学生反刍的热情，在问题情境中激起疑问，给学生营造一个促进学生反刍的学习氛围，以激发学生的反刍动机。

学生对新课的认识不会一帆风顺，很有可能对知识理解有偏差，而这种偏差可能会不同，出现这样的现象，教师就可以直接出示在前测或预习中的不同结果，让学生在比较、辩论中去"反刍"，从而将结果不断引向正确。比如在数学课《倍的认识》一课中，通过前测发现学生在描述两种事物关系时，不会用倍去表述。为了让学生知道什么是倍，在上课开始时，让学生看例题去提问，学生很快就会找到"倍"这个名词，进而想去探讨什么是倍。通过这样的问题情境，让学生对照自己不会的知识展开反刍，并通过圈一圈、画一画找到两种事物之间倍的关系，促进了学生反刍能力的提高。

此时需要注意的是，教师的任务是"引导"，重在引与导，不要过多影响孩子们的表达。因为学生的表达可能不是那么顺畅或那么准确，老师总会不自觉地参与其中，帮他纠正，这时学生的反刍就不知不觉中回归到教师的讲解，让学生的再学习回到旧路上。过多干涉孩子，有时会扭曲孩子的意思。即使学生的表达不准确，也可以在同伴的共同反刍中趋向完善。反刍其实就是孩子内化的过程，要给予孩子足够的时间，进行充分的反刍，这样才能达到反刍的效果。

三、在练习中提高反刍能力

在我们平时的教学中，常常会出现一些知识老师已经教了，可是学生依然无法正常吸收的情况，那么这里就要求教师对于这一知识进行一定量的"反刍"教学。练习是课堂学习的一个重要环节，也是巩固课堂知识，提高理解，检验和运用所学知识能力的重要渠道，学生通过教师精心设计的练习进行反刍，题目涉及哪些知识点、解题方法是否正确……把反刍的重点放在对知识的巩固、理解、运用能力的检验上，寻找题意理解与解答方法的技巧、强化解决问题的思维过程，对同一个问题的多角度思考，从而学会举一反三。

每次练习，都要让学生对练习结果进行反刍，既要分析自己做对的练习，知道是怎么解答出来的，又要重点分析做错的练习，使自己明确为什么当时做错了，现在是否会做了。我在课上经常会让同桌两人到前面当小老师，给大家进行讲解。在这个过程中，允许其他学生进行提问，两个学生可以相互补充，实在讲不下去了还可以向下面坐着的学生进行求助，在你来我往的讲解互助中，良性的交流反刍氛围就形成了。

四、在倾听中深化反刍成果

反刍有助于学生从感性认识上升到理性认识，由经验上升到成长，从而达到事半功倍的效果。古希腊教育家曾经说过："头脑不是一个需要被填满的容器，而是一支需要被点燃的火把。"因此，教师不仅要教会学生如何学习、如何反刍，更要在教学中注意倾听，有意识地深化反刍成果，让学生的思维走向深入。

不管哪种反刍方式，都需要教师能及时分析，准确判断，找出学习的薄弱环节和缺漏之处，采取有针对性的补救和矫正措施，这就要求教师对所教内容一定要了然于胸，对核心知识掌握扎实，否则反刍过程就毫无意义。所以，我时刻提醒自己慢一点，遇到学生的疑惑、质疑、反问、错误答案的时候，停下来，往回走两步，认真倾听他们的学习情况并及时进行反刍。这样可以更好地环顾全班同学的整体学习情况，避免了个别学生举手回答问题所导致的课堂有几个领头羊牵着跑，其他小羊吃不饱、跑不动的情况。教师要努力寻求学生与知识之间的最佳衔接点，在课堂倾听中，积极创造和寻找可供学生反刍的机会，巩固深化反刍成果来调动学生参与课堂活动的热情，提高他们的反刍能力。

总之，教学不是为了学生获得结论，不是为了彰显老师讲了多少内容，不是为了进度而教学，而是为了学生在"发现"知识的过程中获得创造性解决问题的方法和形成探究问题的精神。只有这样，知识才能在"反刍"中鲜活，能力才能在"反刍"中提升。所以，"反刍"既是教学的必要流程，也是一种教学艺术，一堂流畅、高效的课堂不是高速的课堂，而是看似慢节奏，老师将教学急缓有致地进行，让学生细嚼慢咽、从容不迫地学，让所有学生都能参与这个各有所得的课堂。

为学生搭建展现思维的路径

构建数学问题支架，促进学生深度学习

潘 丽

课堂学习中我们常常看到学生在原有的学习层面徘徊，这就需要老师从数学问题支架构建中引出一条通向深度学习之路。通过问题支架使学生真实学习留下"痕迹"。

一、引发学生兴趣的问题支架，保持学习热度

数学深度学习需要学生保持学习的热度，不能深入的主要原因是没有有兴趣的问题，或者问题本身不具有挑战性，没有引发学生探究的兴趣。课堂学习的过程中，尤其是学习的后半程，往往会出现学生游离于学习之外，学习不能够继续深入的情况，此时的学习往往会陷入学习的"僵尸区"，因此学习要不断深入，就要有恰当的新问题引出。

《认识分数》一课，在学生通过探究认识分数之后，要能够继续深入学习，就要进一步引发学生的学习兴趣。一个有意义有意思的问题情境，引发了学生的兴趣并引导学生对分数的认识走向深入。学习活动设计了"用分数讲故事"，出示《龟兔赛跑》的四幅数学连环画（见图1）。"通过观察，你能用分数讲故事吗？"老师的话音刚落，学生的兴趣一下子被激发起来。《龟兔赛跑》这个故事孩子们耳熟能详，结合数学连环画讲这个故事倒是新鲜。

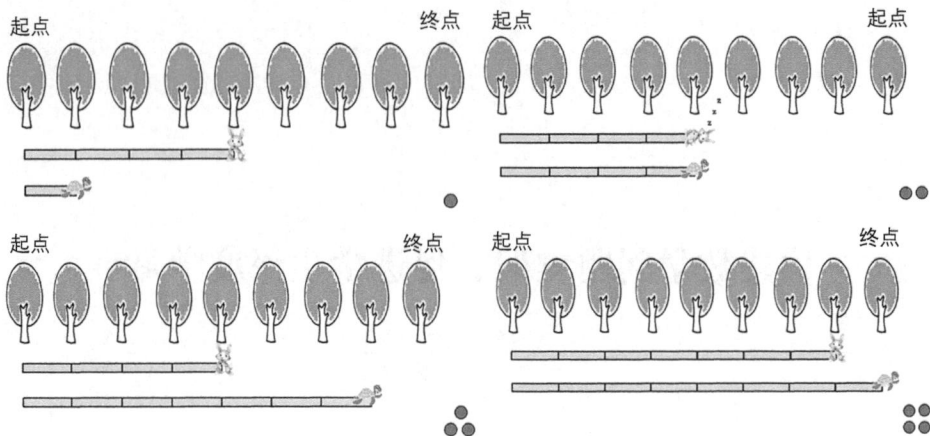

图 1

学生通过小组学习，在讲故事的过程中，动物王国跑步比赛，小乌龟和小兔子来参加。比赛开始了，小兔子跑得快，一直领先。现在小兔子已经跑了全程的 1/2，同时有很多小朋友在这里还发现是 4/8，初步感知了 1/2 和 4/8 是一样多的。小乌龟才爬了全程的 1/8。小兔子觉得小乌龟跑得慢，于是睡起了大觉。小乌龟可没停下，一直坚持。同学们都给小乌龟加油呢！就在这时，小乌龟已经追上了小兔子，也到了全程的 1/2。接下来又发生了什么呢？于是 7/8、8/8 这些分数在这个小故事中不断地被学生发现。

通过创设有意思的问题情境，不仅引发了学生研究的兴趣，同时通过支架对于几分之一、几分之几的学习不断深入。结合连环画的直观图，借助数形结合的方式，初步对线段图所表示的分数有了认识。

在学习《放大与缩小》一课时，我们设计了给变大的爱丽丝设计小床的问题情境（见图 2）。这里不仅仅是激发学生的兴趣，更是对图形的放大与缩小的学习，直观清晰地突破了学习的难点。当学生发现在扩大的过程中，有些按比例扩大的"小床"（见图 3）大号的爱丽丝睡不了。这时抛出有趣的问题："为什么这些扩大的小床不适合变大后的爱丽丝，什么样的小床才合适？"有趣的问题激发了学生深入研究的热度，进一步探究发现了图形放大缩小的核心——"对应边按比例放大"。

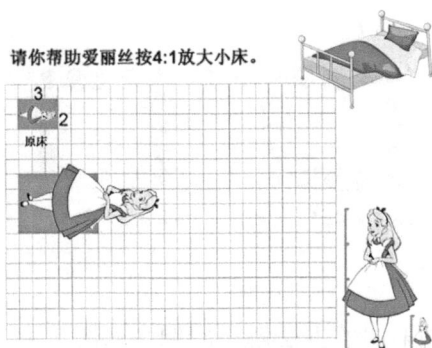

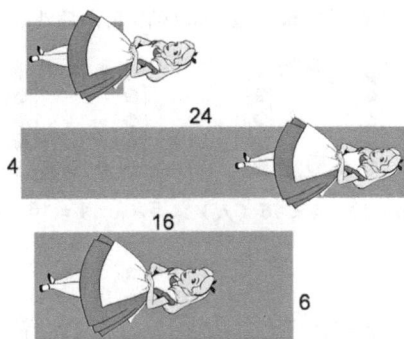

图2   图3

有意思的问题支架对学生研究是一个支持，能够在学生陷入学习困难及僵局的时候得以突破和直指核心。

二、引导学生观察的问题支架，扩展学习角度

数学深度学习需要学生扩展学习的角度。课堂学习中，多角度思考是学生思维发展的重要渠道。我们要通过问题的引领引导学生观察，从不同的角度发现，从不同的维度思考。

在学习《长方体、正方体的认识》一课中，我们在设计问题时要引导学生从不同的角度观察和思考，提出"最少给你几个面可以确定一个长方体的大小？"学生通过思考能够发现相邻的两个面可以确定一个长方体的大小（如图4），相邻的两个面可以确定这个长方体的长、宽、高。如果问题换一换，"最少给你几条棱可以确定一个长方体的大小？要把长方体换成正方体呢？"学生观察发现最少需要三条棱确定一个长方体的大小，这三条棱必须要引发于一点。通过螺旋式的问题支架搭建，引发学生思维的不断深入。

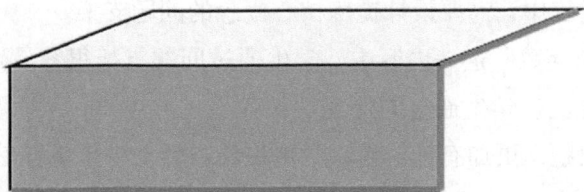

图4

一个方阵最外层每边站5人。最外层一共站多少人？

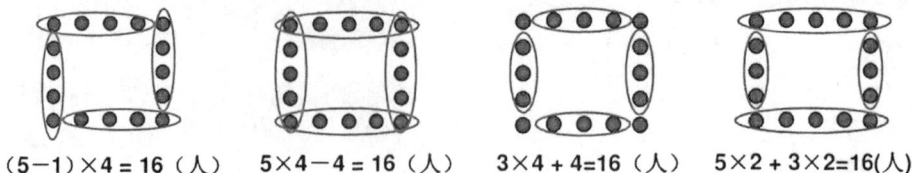

$(5-1)\times4=16$（人）　　$5\times4-4=16$（人）　　$3\times4+4=16$（人）　　$5\times2+3\times2=16$(人)

图5

学习《方阵问题》一课时，学生通过不同的方法解决问题（见图5）。在接下来引导学生观察的过程中，问题支架的设计尤为重要。提出什么问题能够引导学生观察解决问题不同方法及图示的异同，引导学生聚焦到问题的本质上呢？通过课堂实践与思考，我们发现学生在不同方法的比较过程中，能够很容易发现前三种方法都有"乘4"，与第四种方法不同，前三种再比较又发现，虽然都有"乘4"，但是有的是加4，有的是减4。通过系列对比，学生很容易通过图发现秘密所在，就是"四角"的点是核心，重复算了就要去掉，四角没算上就要加上，第二种、第三种方法一下子找到了问题所在。而在此我们又聚焦到第一种方法上，为什么第一种乘4后不用再加或再减，这时学生通过图一下子找到规律，因为4份都相等。通过第一种再提炼出方阵的"通法"（n-1）×4。融会贯通需要学生的真正理解。

引导观察的问题支架，更有助于拓展学生思维的角度。在课堂学习过程中通过观察来发现新问题，引起学生思考和展开新的学习。

三、提炼核心概念的问题支架，着力学习准度

数学深度学习需要学生有着力点，也是学生的生长点。在核心问题的学习上需要聚焦，不是面面俱到的"海问"，而是"牵一发而动全身"的核心问题。在设计问题的过程中，需要设计提炼核心概念的问题支架。

在"质数和合数"这一内容中，学生通过问题支架很容易聚焦到因数个数的多少这一概念上。学生通过同伴互学很容易找出规律，从而明确概念。结合核心概念设计问题，更加有针对性，学生在学习活动中也更容易聚焦。

教材的核心概念是"一个数的因数的个数是多少"是质数合数概念的本质属性。我们如何结合教材中的核心概念来设计问题呢？在课堂学习中学生的

学习活动要能够提炼出核心概念，通过实践我们发现学生不容易聚焦到因数的个数是多少这个问题上，而质数合数概念的区别就在于"一个数的因数的个数的多少"。我们通过设计学习活动和核心问题引导学生着力于学习的核心点上。根据核心活动及问题设计的分析，以及课堂的实践，学生能够结合核心问题聚焦到因数个数的多少是概念确定的本身。学生很容易找出规律，从而明确概念。

在六年级《百分数解决问题》一课中，综合解决实际问题"扩建足球场"（见图 6），学生在解决问题的过程中有四种主要方法，通过设计分类对比的核心问题，引导学生提炼百分数应用题的数量关系。

扩建足球场 宽占长 60%—70%

规定 8 人制足球比赛场地要求宽在 30 米倒 45 米之间。

方法一：
$30÷2.5=1.2$
$40×1.2=48$ 米
验证：$30÷48=0.625=62.5\%$

方法三：
解：设长为 x 米
$30÷x=62.5\%$
$30÷x=0.625$
$x=48$
$30÷62.5\%=48$（米）

方法二：
$30-25=5$ 米
增加宽度占原来宽度比例：
$5÷25=1/5$
长增加：$40×1/5=8$ 米
足球场新长：$40+8=48$ 米

方法四：
$30÷60\%=50$（米）
最长：$30÷60\%=50$（米）
最短：$30÷70\%≈43$（米）

图 6

通过观察发现前三种方法结果相同，都是 48 米。最后一种方法答案不唯一，是个取值范围。聚焦到给出的条件中是"宽占长的 60%—70% 这个区间"，因此结合实际不是一个数，而是一个范围。前三种方法所得到新的长方形与原来的长方形比较异同的过程中，发现形状一样，都是成比例地扩大。分类比较时发现方法二、方法三是利用分百应用题的方法解决的，顺势提炼数量关系。第一种方法是以往我们学习的倍数方法，也很容易理解。多种方法的分类比较的问题支架，从自我的方法扩展到同伴的方法，再扩展到全班的方法，引导学生的学习不断走向深入。

通过构建引发学生兴趣的问题支架，引发学生探究兴趣，从学习的僵局中逐步引向深入。通过构建引导学生观察的问题支架，通过不同维度的思考，扩展学生思维，从学习的表层逐步进入学习的深水区。通过构建提炼核心概念的问题支架，突破学生学习的障碍，促进学生深度学习。

"学习单"引领学生深度自主式学习

王　昊

从教十几年的我曾学过很多关于数学教学的理论，也尝试了不同的教学模式，通过学习和对比，个人感觉在较为传统的教学模式中，学生是在教师揭示课题开始才懵懵懂懂地知道这节课要研究的内容，并随着老师精心"设计"的问题一步步学习。有经验的一些教师可能会注重教学的前测，初步了解学生的学情，设计能够面向更多学生的教学环节。尽管这样，在我的实践中发现，在这样的课堂中，经常越到最后能跟上教师节奏的学生越少。有时班中可能近1/3的学生从上课开始就像一只无头的苍蝇一样乱飞乱撞，完全抓不住老师的重点。这时候，作为教师的我们是为了一些同学放慢脚步，还是为了进度只教会一些聪明的同学就可以结束本课呢？我们常常陷入两难。如何权衡，分层真的不容易做到。而接触了佐藤学教授的共同体理论的教学后，让学生的学习真正自主地发生是完全可能实现的。

佐藤学的共同体理论强调通过和事物对话、和他人对话、和自身对话的活动过程，创造一种活动的、合作的、反思的学习。这种学习是创造以相互倾听为基础的教室里的交流，是一种协同的学习方式。而笔者认为数学课堂中要实现这个目标，可以借助"学习单"这根魔法棒，用它的"魔力"让老师课前动起来、课上"悠闲"下来；让学生课前、课中、课后都动起来，让学生能吃上"自助"的数学大餐，有机会根据自己的能力挑战一些问题。

学习单是集教师的教案、学生的学案，以及教学评价于一身的多元化学生参与单，它的优劣关乎学生能否有效学习，真实参与。我以学生的视角从设计有趣的学习单开始，让学习成为像玩游戏一样，每个同学有权利根据自己的水平进行题型的选择，再配以后面会描述到的协同交流学习，让学生从开始就明确学习目标，逐步进入挑战性问题的解决。学习单的三个基本板块"课前预学""课中思考""课后拓展"囊括了教师授课思考的核心。

课前预学部分帮助教师摸清了孩子的情况，也有助于学生了解自己的学习目标。以组合图形一课为例，课前预学部分教师让学生自主就近结成小组，进行"你说我猜"的活动。活动材料为长方形、正方形、等腰梯形、三角形、直角梯形等五种基本图形（见图1）。游戏规则：一位同学将自己所见的图形（见图2）利用数学语言描述其特征，另一个同学猜图形。猜到后，可以举起手中组合后的图形卡片示意。

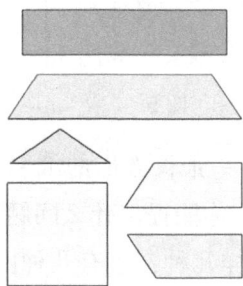

图1

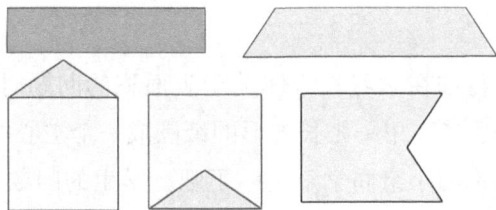

图2

这个活动注重以感官调动学生的思维。小学生的记忆和思维的提升主要是靠观察、操作等活动积累下来的。借助直观学具让学生在操作中激发学习兴趣，同时促进学生对所学知识的理解，并逐步建立逻辑思维能力，让学生自觉"卷入"教学环节中。

课中思考部分是一节课的核心，一个直击核心的大问题引领学生进行自主研究。这个核心的大问题可以引发学生自觉进行深入的思考，如在教学组合图形的时候，为了增强挑战性，教师创造性地使用教材，改变了教材中的一个核心图形——队旗（见图3）。按照图中给的数据我们可以发现，学生有了一种方法解决这个问题后就不再思考还能如何解决，因此多种策略解决问题成为老师的"硬性要求"。如何能让学生自主交流更多方法呢？我尝试做了第一点改变，去掉图中的数据，只交流方法（见图4）。我发现因为没有了数据，学生在倾听的时候会更加认真，而且这样的交流也能迫使学生厘清思路，从而培养良好的学习习惯。随着交流，我们通常需要同学们掌握的方法，如添补求差、分割求和、割补法等都有所体现了，但等积变形的方法对学生来说还是个"鸡肋"。

我转变以往直接启发告诉学生的策略，转为设计一个连续的挑战性问题，即改变图形（见图 5）。这个图形一出，学生们发现之前的方法可能不太适用，因为当缺口在正中间的时候是比较"均匀"的图形，可以比较容易地剪拼成规则图形，但改成图 5 后，很多之前用的方法都不能考虑了，"怎么办？"这是孩子们真实的声音。这样的改变会迫使学生再深入思考，挑战自己固有的想法。最终使等积变形这种方法成为一种必要。

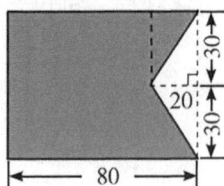 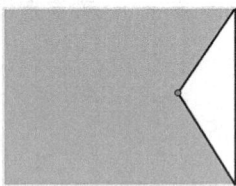 

图 3　　　　　　　　图 4　　　　　　　　图 5

再如在学习长方体关于表面积的问题时，教师以一张长方形的纸引发学生的思考。用一张长方形的纸围成一个空心的长方体，你能提出什么问题，一起与你的小组同学解决一下吧。学生的问题大概有这样几种：①有几种围法？②围成的长方体侧面积相等吗？③如果配上上下两个底面，怎样能使表面积最大？这三个问题分别为基础性问题、低阶挑战性问题和高阶挑战性问题，学生根据长和宽两种数据，小组进行交流、分享、启发后再交流、分享，最终解决了挑战性的难题。

课后拓展部分包含了学生的反思和对所研究问题的拓展，我们可以给学生感谢他人帮助的机会，也可以让学生分享自己的经验，还可以提出更具有挑战性的新问题……在这个环节中，有的同学曾感动地说道："真的感谢小涛同学，之前没有人愿意听我把粗浅的想法说完，但他鼓励我表达自己的想法，还帮助我修改一些错误的想法，让我有了进步。"尽管是简单朴实的几句话，但能让我们看到学习发生在每一个层次的学生身边。

崇尚素质教育的今天，我们把学生最终获得素质上的提升作为我们终极的追求，所以作为教师的我们无不向往学生能"自主"学习的课堂，也曾尝试很多种不同的教学模式，不断激励学生主动参与、尝试、体验、倾听、交流。我们期望学生能够"自助"式地"自主"研究，最终"自铸"一个能使自身素养得到提升的方法，获得终身的学习能力。

"学习单"——我的备课新思路

刘彦彦

作为一个工作多年的教师，已经形成了自己的备课模式。细看自己的教学设计，总感觉"老师怎么教"的步骤清晰可见，而"学生如何学"的痕迹就不那么凸显了。那怎样备课，能够让每个孩子都拥有学习的权利，真正地感受到自己就是课堂的主人呢？

记得有一位教育家曾说过："你若变成小孩子，你立刻觉得是和小孩子一般儿大，一块儿玩，谁也不觉得你是老师，你便成了真正的老师。"对啊！把自己当作小孩子，换个角度去备课，也许会有不一样的精彩。受到这样的启发，我的课堂"学习单"诞生了，它不仅成为引导学生课堂学习的素材，也成了我的备课新思路。

经过一个学期的摸索和尝试，我总结了"学习单"在实践过程中的一些做法。

一、课前知多少——让学习有备而来

学生在学习任何新知识之前，绝不是一张白纸，一定是"有备而来"的。通过此环节，让我了解了孩子们已有的学习基础和现有的困难，知道这节课我要教什么。如在学习《对称》一课时，我的"课前知多少"环节是这样设计的：

（1）你知道什么是对称吗？用相机拍下你找到的对称现象，上传到班级微信群中。

（2）下面这些图案或图形是对称的吗？对称的打"√"，不对称的打"×"。

（　）　　（　）　　（　）　　（　）　　（　）

我发现班级一半的学生认为◎不是对称的，孩子们认为只能从"左右、上下"这两个方向去观察对称，而忽视了"斜着"观察。课上，我利用这个"错误"引导学生，让孩子们在动手体验、交流分享中，加深了对"对称"的理解。

二、课上我探究——让学习真实地发生

"课上我探究"的环节是课堂教学的重头戏，也是备课的重要环节。我总认为低年级的孩子小，能力有限，心中常问自己："他们行吗？""我要是放手了，他们能学会吗？"

随着我校"学习共同体"课堂研究的深入，我的理念也在不断发生着变化。只有我们给予孩子们探究的机会，给足孩子们探究的时间，学习才会真实地发生，孩子们才会有真实的收获。

（一）独立探究，静心思考

"课上我探究"的环节，就是本课要解决的新问题。此环节我设计了要独立探究的大问题，写出清晰的探究步骤，让孩子们明确做什么，该怎样做。这个环节要给足孩子们充分的时间，静静地去思考，专心地去探究。我也坐在教室前面，和孩子们一起投入学习中，不过多走动，不影响孩子们的思路。如在执教有余数除法例1时，我让孩子们围绕"把这些梨平均分，可能有几种分法？"这个大问题独立探究，孩子们在清晰的探究步骤指引下，静静地去思考。也正是有了充分的个人思考，孩子们在班级汇报时，才有话可说。

（二）同伴交流，互学互提高

学生有了自己对新问题的理解后，我并不急于让孩子们进行公开发表，而是先让同桌的两名小同伴分享彼此的学习成果。由于低年级孩子小，老师要提出明确的交流要求和内容，保证交流有实效、有收获。

我的做法是：（1）同伴间交换学习单，看看你是否能看懂他的作品。（2）交流内容从两方面展开：如果你看懂他的做法，说说你们是怎么想的；如果你没看懂他的做法，可以问问他是怎么想的，从而解答你的困惑。（3）如果两个同伴都遇到了困难，可以主动求助后面的两人。由两人交流变成四人交流。

（三）教师观察，适时指导，积累素材

在同伴交流的过程中，老师也可以作为观察员，走到小组中。一听：听孩子是怎样交流的，当发现不善于交流或一人过于强势的小组，老师进行适时的引导和帮助。二听：听孩子的想法。听孩子会有哪些不同的方法，哪些同学的方法是错误的，老师可以有所选择，作为极好的错误资源。如在执教"有余数除法竖式"一课时，作为"观察员"的我，发现很多孩子的单位名称是错的。于是，我抓住这个"错误"，让孩子们结合自己的图说清算式的意思，孩子们在讲道理的过程中，明白了每个数字表示的意思，自然也就正确地写出了数字对应的单位名称，从而解决了这个学习的难点。

又如在执教"求连续比多比少的实际问题"一课时，我发现了小谷同学的这个错例（"高20厘米"标错位置了），当时我没有急于指出，而是充分利用这个"错误"，问："他的图，你们认为有道理吗？"同学们没有马上指出他的错误，而是引导他边看数学信息边看图，想想问题出在哪里。在大家的启发下，小谷同学恍然大悟，发现是"小丽比毛毛高20厘米"，而不是"毛毛比小雨高20厘米"。在交流中，孩子们感受到确定每一次比的标准很重要。一个小小的"错误"，使孩子们对正确的理解更深入了。

（四）对比勾连、抓住本质，加深理解

在执教"求一个数连续减去两个数"和"求连续比多比少"两节实际问题课时，虽然实际问题的类型不同，我的设计思路也不尽相同，但是在两节课上我都设计了这样一个紧抓核心概念、体现数学本质的问题："前后对比，找不同和相同"。学生在对比中发现：虽然我们解决同一问题的方法不同，但都是从整体中去掉一部分，得到另一部分。学生在对比中发现：虽然两道题比较的小朋友的身高不同，但都要先找到比较的标准。

三、课中我练习——让学习走向深入

在学习了新知识后，练习巩固是必不可少的环节。此环节练习题的设计应该是有层次的，有基础练习人人掌握，有挑战练习拓宽思维，还有走出课堂实

践体验，让课堂的学习延伸到课外，让学习走向深入。如在学习"对称"时，我让孩子们自己动手制作一幅对称的作品。学习"千克与克"时，我让孩子们去超市选购不同质量的商品。在学习"认识方向"时，我让学生绘制学校和自己家的方位平面图。在学习"解决问题"时，我鼓励同伴间互编题互做题。

四、课后乐分享——让学习在交流中提升

一节课的收获，不应仅仅停留在知识层面上，其实也有情感方面的。从孩子们的收获中，我看到了孩子们是不是喜欢这节课，喜欢什么样的学习方式；从孩子们的收获中，我看到了同伴间互帮互助的温暖画面，这些都成为我反思教学的极好素材。

"学习单"不仅是老师教学设计的精华体现，也是学生学习的素材；不仅记录了学生真实的学习过程，也成为老师第一手的反思资源。它让老师轻松教学，让学生学得快乐，让课堂精彩纷呈，它使课堂如一条不缓不急的河流，将学生带向更远的远方，收获真正的幸福。

巧搭学习支架，促学生深度学习

——"双减"背景下的"加减法"

葛 静

本学期在"双减"背景下，开展"基于精准目标与支架，构建增效课堂"的教学研究。研究中，以减负提质为最终目标，通过搭建有效支架，促进数学课堂中"加减法"的落实，真正做到让课堂"减负增效"，提升学生综合素养。

一、"双减"做"加法"，促学生深度学习

课堂是学校教育教学最基本的形式。聚焦教学目标，搭建有效支架，课堂中做好几个"加法"，可以更好地推动"双减"落地，提升师生素养，让课堂更饱满，更充实，更富有活力。

（一）增加趣味，巧搭支架，促学习真正发生

兴趣是最好的老师，它是学生获取知识，提高学习质量的动因。教学中，我们充分尊重学生的认知特点，将抽象难懂的数学概念融入游戏活动中，可以让学生学得好玩、有意思，促进思维得到发展。

1. 游戏支架，促学习有趣有效

心理学家皮亚杰说：儿童的思维是从动作开始的，切断动作与思维的联系，思维就不能得到发展。课堂上，我们关注学生的学习兴趣。通过开展一系列动手游戏，为学生搭建自主操作探究的空间，引导学生在游戏中感知，在游戏中发展。让每个学生的学习真正发生。

如在学习二年级"角的初步认识"中，借助找一找、描一描、指一指、画一画、量一量、比一比等游戏活动，不断激发学生探究的欲望，在"玩"中获

取新知。在认识角的环节中，学生通过直观看直尺，动手触顶点，用手摸两条边，从而感知角的顶点是尖尖的，两条边是直直的这一特点。在做角、比角的活动中，通过双手的开合游戏、比角游戏，促进学生感悟角的大小与边的长短无关，与角叉开的大小有关的道理。教学中，突出"以学生发展为本"，动手实践，自主探索，在有趣的游戏中促进深入学习。

2. 问题支架，促学习深度聚焦

"学起于思，思起于疑"，学生的思维往往从问题开始。恰当的具有挑战性的问题，是课堂教学成功的关键。在课堂教学中，问题设得好，设得巧，不仅能有效提高课堂教学质量，而且能点燃学生思维的火花，激发求知欲，促进思维发展。

如在学习"探索规律"这一内容时，引导学生探究：两个圆会有多少条对称轴呢？这一挑战性问题引发学生猜想：学生的答案有1条，2条，还有无数条的情况。猜想是否正确呢？学生通过摆一摆、画一画、贴一贴等活动验证自己的猜测，并在小组交流、对比发现、深度反思的过程中加深了认识。

又如：在探索五年级平行四边形面积这节课中，教师抛出问题：有什么方法能求出平行四边形的面积？问题提出后，学生借助手中的学具，采取画、剪、移、转、拼等方法进行探究。那么方法之间有什么联系呢？这一问题促进学生通过对比，体会图形转化前后在长度与面积上的对应联系，学习深度聚焦。

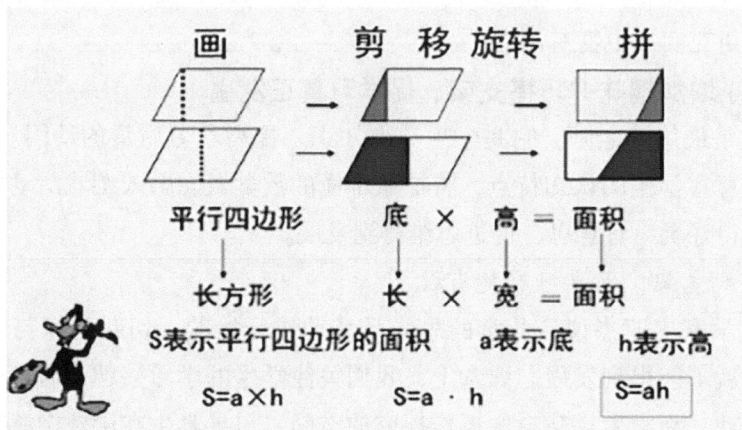

3. 直观支架，促学习目标达成

在小学数学教学过程中，为学生搭建"直观模型支架"，可以帮助学生将抽象的数学知识直观化、可视化，利于学生对知识的理解。

（1）借助直观学具，建立概念成表象。

直观教具可以为学生提供直观理解，帮助学生明确数学方法，厘清解题思路。教学中，多借助直观教具帮助学生思考，促进思维发展。

如在认识 11—20 的数中，建立"十进制"的概念，认识"十位"是教学的重难点。课上，带领孩子们摆小棒、拨计数器，借助数学学具，感受数学十进制的概念。在摆一摆、拨一拨中培养学生数感。

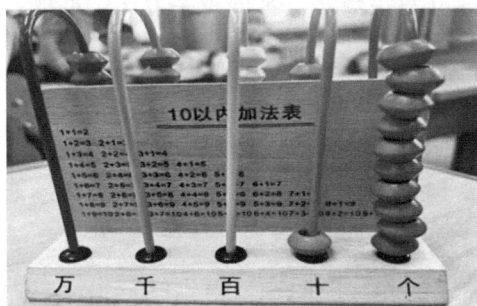

（2）借助直观教具，突破重点解难点。

由于一些学生的空间想象能力和逻辑思维能力还不够成熟。因此，需要一些直观学具来帮助理解抽象的、难理解的知识点，促进学生的学习真正发生。

在学习二年级"认识时间"一课时，由于钟面上呈现的时间是静止的，学生不易感受到时针和分针的联动效应，认读几时几分时遇到了困难，有些学生认为分针指向 1 就是 1 分。另外，学生对于几时 55 分这个时间也是个难点。

教学中，我根据学生实际情况，借助实物小钟表和直观课件引导学生清楚分针走一大格是 5 分、走一小格是 1 分的概念。再通过动手拨一拨、比一比以及直观演示等，感受分针从 9 时走到 10∶55 的过程，从而突破难点。

（3）借助直观模型，数形结合明方法。

数形结合是数学教学中常用的学习方法。著名数学家华罗庚曾说："数缺形时少直观，形少数时难入微。"将抽象思维与形象思维结合起来，可以使复杂问题简单化，抽象问题具体化，有利于学生把握数学问题的本质。

在教学"方阵问题"中，为了让学生掌握方阵问题，直观感受方阵问题的表象，借助数形结合，让学生独立思考最外围一共有多少盆，然后用圈一圈、画一画等方法把想法在图中表示出来，从而理解题意，感知方法的多样性。学生通过看图，对比几种思路，理解了方阵问题求最外层的解题方法。

方法1：6×4-4　　　方法2：(6-2)×4+4　　　方法3：(6-1)×4　　　方法4：6×2+4×2

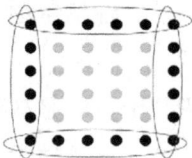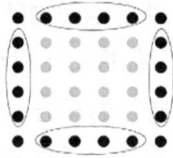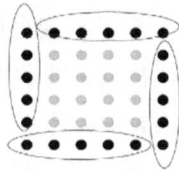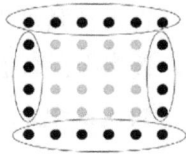

总之，借助直观支架，可以化抽象为具体，帮助学生理解了知识内容，在无形之中建立起模型的概念。这对学生建立数学概念，掌握数学方法，形成数学思想是很重要的。

（二）增加创新，巧搭支架，促思维得到发展

1. 画——增作业创作　有分层　有创新　促能力

我们重视课堂作业设计，充分调动学生主动参与有意思又有意义的数学活动，在画图创作中理解数学问题。

如一年级学生刚刚学完 10 以内的加减法和解决问题。学生结合生活实际进行情境图的创作，自制数学连环画，画出你发现的生活中的数学问题，巩固10 以内的加减法。

2. 说——增语言表达　重过程　重获得　促提升

语言是思维的外壳。如何将孩子们的作品应用到学习活动中，让孩子们乐于表达呢？

从画故事延续到"我是数学小讲师"。让学生在"看图说算式""看图讲故事""看图提问题"等活动中激发语言的表达，加深对知识的理解，促进思维的发展。

3. 评——增量规评价　有目标　有方向　促实效

（1）落细量化评价。各学科尝试使用评价量规，对学生课堂学习进行量化评价。借助"评价量规"来了解孩子实际掌握情况，让学、评联动，提升学生的学习品质和实际获得。采取学生自评、小组互评的方式，提高学生学习数学的积极性和课堂实效。

（2）后测落实巩固。通过学习后测单来了解学生的学习情况。通过后测准确掌握学生当天的学习情况，促进课堂实效。

（三）增加闯关，巧搭作业支架，促知识巩固与提升

课程标准指出："数学课堂教学，要紧密联系学生的生活实际。"依据学生的生活体验、成长特点和生活实际，以生活为源头，通过有目的的教学和活动，激发共鸣，是打开学生与文本对话的有效通道。

课堂上，每节课落实5—8分钟的作业设计，让教、学、练、评一体化，在提高教师课堂效率，练习设计上下功夫，确保学生在课堂上学会，学足，学好。

如在教学二年级人教版数学"认识时间"一课中，在初步认识"分"之后，我设计了一系列的闯关活动来巩固学生新知，在拓展练习中进一步清晰概念。

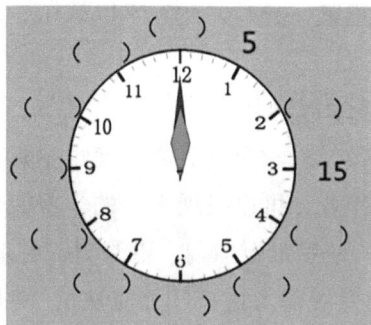

闯关（一）算一算　填一填　　　　闯关（二）说一说　写一写

练习设计关注趣味、意义，分层、实效。在提升学生兴趣的同时，关注学生解决生活实际问题的过程。

二、"双减"做好"减法"，让课堂减负瘦身

"双减"工作中，我们还要做好减法，减负增效，在作业的设计和练习上下功夫。作业设计要关注学生基础、关注学习兴趣、关注能力发展，聚焦教学目标，精准把握教材，发挥其价值与作用。

（一）减压力，讲创意，开放式作业活力无限

科学设计课堂开放式作业。巩固当日所学，同时又具有开放性、拓展性和应用性，对于不同能力水平的孩子具有选择性，这样不仅会减轻学生负担，还可以提高学生学习兴趣和自主学习动机。

如在进行一年级"数学解决问题"的单元教学中，让学生自主创编绘画来进行知识点的练习，可根据自身喜好和个人能力，自主选择要创作的数学绘画作品。

（二）减重复，跨单元，开放式活动知识整合

"双减"工作中，我们要善做"减法"，可以打破单元的界限，从单元角度上，从知识结构上，从类别上等对知识进行重整，去除重复的、复杂的没有价值的练习与作业，让课堂设计更加系统，有更多的空间去尝试。

将学习内容进行整合，让学生在玩中学，玩中悟，学会合理、有序、全面地思考问题，提高想象、推理等能力，从而发展数学思维能力。

如二年级学习了乘法，借助闯关游戏，小组合作，通过给算式找家、数形结合等形式，让学生合作完成对知识的重整，分类，达到学以致用、共同提升、因材施教的效果。

（三）减负担，阔思路，开放性实践学以致用

巩固提升实践性作业。为了使我们的数学教学更富魅力，使学生真正做到理解数学来之生活，用之生活，设计拓展作业，可以发展学生的学习能力、实践能力，让学生的数学素养得到持续发展，使思维更广阔、更深刻，更系统。

减负增效。我们在实践中尊重学生的发展需求进行"加减法"，满足不同学生的发展需要，拓宽学生的学习空间，通过多元的课堂设计，充分挖掘学生的潜能，向课堂教学要质量，培养学生的自主学习能力和创新思维，体会数学的有趣、有意义、有实效，让学生有真收获，真学习，让"双减"真落地。

以部编版教材为支架，建增效课堂，感悟革命情怀

贵　阳

在单元整体教学中，搭设不同的支架，以课文、课后要求、学习单、课后评价、课堂练笔等方式将单元内的课文有机地整合在一起，既能够提高教学的效率，又能够促进学生对课文的深入理解，从而实现单元的教学目标。

以部编版第十册第四单元教学为例。本单元以"苟利国家生死以，岂因祸福避趋之"为主题，让学生走进文本，和文章的主人公进行对话。《青山处处埋忠骨》感受毛主席在是否将毛岸英葬在朝鲜的决定上，选择国家大义，体现了伟人的胸怀;《军神》体现了刘伯承为了革命，决定动手术不用麻药，在手术中一声不吭的钢铁般的意志，体现了"军神"的形象;《清贫》将方志敏与国民党士兵的对话呈现出来，感受到方志敏的廉洁奉公。

走进几篇文章，设计不同的支架感受文章内容，走进人物内心的同时，让人物的形象更加立体和饱满，穿越时空，感受革命精神和爱国情怀。

一、搭设课前支架，拉近文本距离，实现与人物跨时空对话

在教学本单元之前，不仅要深入备课，挖掘语文要素和人文要素在单元中的关联，深挖教材内容，在备课上下足功夫，还要在了解学生的学习情况下，下足功夫。

（一）课前调查学情，掌握学生对文本理解起点

在一个单元的教学前，进行学生的调研是非常必要的。在部编版第十册第

四单元的教学前，我就进行了这样的学情调研。

"苟利国家生死以，岂因祸福避趋之"单元前测

1.你读懂了什么？

_____

_____

_____

2.你想进一步研究的是什么？

_____

_____

_____

3.你需要提供什么资料？

_____

_____

_____

_____

由于本单元围绕着语文要素"通过课文中的动作、语言、神态的描写，体会人物的内心"展开。

《青山处处埋忠骨》《军神》《清贫》分别从对人物的语言、动作、神态描写中，体会人物的内心，感受人物品质。不同的是，后两篇文章，运用了正面描写和侧面描写结合，衬托人物特点。"交流平台"对这一阅读方法进行了梳理和总结。文以载道，运用学到的方法完成习作。

导语以名言"苟利国家生死以，岂因祸福避趋之"总领，阅读任务都围绕着"责任"这一人文主题进行。

所以我主要从几个方面进行了调研，调研后发现学生在以下两个方面，存在困难。

1. 对人物的内心体会不深入

根据调查，学生能够读懂文章大致内容，但是对人物的心理体会不深刻，不能够从不同的描写中走进人物的内心世界，感受人物细腻的内心情感。

2. 对文章的写作背景不熟悉

根据调查，学生对几篇课文的背景了解得不多，课文内容离学生生活较远，所以，学生对人物内心的深度把握比较困难。

以上调研，既可以在课前，很好地准备教学，也可以在教学前，设计更加高效的学习支架，助力学生对文本的理解。

（二）课前设计学习单，助力学生走进时代背景

核心要素：通过课文中动作、语言、神态的描写，体会人物的内心。
尝试运用动作、语言、神态描写，表现人物内心。

10 青山处处埋忠骨

学习任务单

【挑战任务促发展】

请你阅读课文，结合下面资料，走进毛主席的内心世界。思考：毛主席那么爱毛岸英，为什么还将毛岸英葬在朝鲜？

资料1：毛主席和毛岸英

1922年10月，毛岸英在长沙出生。毛主席正在领导工人罢工运动。

1930年10月24日，毛岸英与母亲杨开慧一同被捕。毛主席在赣西领导红军反"围剿"。同年，杨开慧牺牲，毛岸英流落街头。毛主席在江西继续革命斗争。

1937年，毛岸英从巴黎来到莫斯科。毛主席已领导工农红军顺利完成长征，确定建立抗日民族统一战线。

1948年，毛岸英进入河北建屏中央机关保卫训练班学习。毛主席正在领导人民解放战争。

1950年10月，毛岸英参加抗美援朝战争，是彭德怀收下的第一个报名的入朝参战的志愿军战士。11月25日上午，毛岸英壮烈牺牲，时年28岁。

资料2：朝鲜战争背景

1950年9月15日，美军于朝鲜半岛南部西海岸仁川登陆，朝鲜人民军腹背受敌，损失严重，转入战略后退。9月30日，周恩来发表讲话，警告美国："中国人民决不能容忍外国的侵略，也不能听任帝国主义者对自己的邻人肆行侵略而置之不理。"美国不顾中国政府的多次警告，10月19日占领平壤，同时，美国飞机多次侵入中国领空。

1950年10月8日，朝鲜政府请求中国出兵援助。中国应朝鲜政府的请求，作出"抗美援朝、保家卫国"的决策，迅速组成中国人民志愿军入朝参战。

资料3：朝鲜战争伤亡情况

整个抗美援朝志愿军最大兵力为135万。在抗美援朝战争中，先后有240万人加入了中国人民志愿军。

根据中国人民革命军事博物馆"抗美援朝战争馆"志愿军烈士墙标明的数字，抗美援朝牺牲的人数为：183108人。

由于种种原因所限，只有很少一部分战士的遗骨运回祖国安葬。而这其中的绝大部分战士都长眠在了异国他乡的土地上。

【补白课文促表达】

决定签字的那一夜，毛主席经历了什么？请你联系上下文，写一段话，用上动作、语言、神态描写。

_____

_____

_____

根据调研结果，在教学前，设计了学习单，作为学生学习的支架，助力学生的理解走向深入。

在《青山处处埋忠骨》的教学中，设计了学习单，拓展了关于毛主席和毛岸英的故事，以及朝鲜战争背景的相关资料，结合文本，更好地理解文章。

在教学《军神》一课时，刘伯承为什么被称为常胜将军，以及刘伯承在治疗后参与的各大战役的资料。

以上资料的提供，是根据学生的课前调查、依据学生的需要提供的，结合文本，学生在课中的使用中，能够更好地走进文章中去，拉近与文本的距离，更好地体会人物形象。

二、搭设课中支架，促进与人物对话，人物形象更加饱满

课中搭设不同的支架，助力学生多方面能力的成长，加深对文本的理解，感悟人物形象。

（一）课后要求促学生走进文本

1. 以课后要求为抓手，深入理解文本

在教学《青山处处埋忠骨》一课时，课后要求是：从课文中找出描写毛主席动作、语言、神态的语句，体会他的内心世界，再有感情地朗读课文。根据这一课后要求，我设计了大问题：我们通过阅读，感受到毛主席的"痛"和"难"，但是文章第一部分没有一个"痛"字，第二部分没有一个"难"字，我们是怎么感受到毛主席的"痛"和"难"的呢？引导学生通过找到对毛主席动作、语言、神态的语句，体会他内心的"痛"和"难"，再有感情地朗读课文，在感悟人物形象的基础上，表达自己的感受。

在教学《军神》一课时，直接以课后要求：为什么称刘伯承为"军神"？这个问题为大问题，引导学生走进文本，理解文章。

课后要求的提出，让学生能够更加深入地理解文章的内容，关注文章的写法，以此为支架，开展教学，有利于学生对文本的理解。

2. 从课后要求入手，进行实践作业

语文学习最终是用于生活的，在教学《军神》一课后，布置了以下作业：

回顾创造性复述的方法。（以故事中人物的口吻；增加人物的内心独白；想象人物的动作神态；变换情节的顺序等。）

以课后要求为抓手，提高学生的能力，促进学生多方面发展。

（二）课文纸画批促学生联系文本

在教学中，用"课文纸"的方式呈现课文，不仅可以让学生更加直观地看到课文中的画批，还可以将相关联的内容联系起来，关联上下文，帮助学生深入理解文章。

在教学《青山处处埋忠骨》一课时，将第一部分的"痛"和第二部分的"难"并列呈现，让学生能够在学习中深入体会，有多么痛就有多么难。正是丧子的痛，才让毛主席在抉择是否把毛岸英葬在朝鲜的决定上感到难。体会毛主席的心理，能够更加深入体会毛主席为了国家大义，把毛岸英葬在朝鲜的决定，感受到伟人的博大胸怀。

将《青山处处埋忠骨》一课的学习方法迁移到《军神》一课的学习中来，学生能够通过课文纸，很快地发现沃克医生对刘伯承情感的变化，感受到刘伯承钢铁般的意志，军神的形象更加立体和饱满。

用课文纸的方式在黑板上呈现课文，让学生对课文的理解更加全面，建立上下文的衔接，人物的形象更加立体和饱满。

（三）课中练笔，学以致用，书写人物精神

课上习方法，课上用方法，既是对学习方法的运用，又是对学生学习情况的评价。

在《青山处处埋忠骨》的教学中，为课文补白：毛主席做出将毛岸英葬在朝鲜的决定后，一夜未眠，这一夜，毛主席心里在想什么，请你用动作、语言、神态描写，表达毛主席的内心世界。通过为课文补白，可以让学生表达自己的理解，真正走进毛主席的内心世界，书写他的内心感受。学生将自己的理解用语言文字表达出来，书写了自己对毛主席情感的体会，精神的感悟。

（四）课文支架，促单元整体学习，实践阅读

本单元《青山处处埋忠骨》和《军神》两篇文章，为《清贫》的学习提供了非常好的支架，通过迁移和运用这两课习得的阅读方法，能够很好地进行《清贫》的自主学习。

通过学习单的填写，能够对前两篇课文的学习方法进行实践和运用，也是对学生掌握阅读方法的评价。学生还能够通过自主阅读，感受方志敏的革命精神，体会更加深刻。

《清贫》学习任务单

一、学过《青山处处埋忠骨》和《军神》之后，你有什么收获？

1.＿＿＿＿＿＿＿＿＿＿＿＿＿＿＿＿＿＿＿
2.＿＿＿＿＿＿＿＿＿＿＿＿＿＿＿＿＿＿＿
3.＿＿＿＿＿＿＿＿＿＿＿＿＿＿＿＿＿＿＿
4.＿＿＿＿＿＿＿＿＿＿＿＿＿＿＿＿＿＿＿
5.＿＿＿＿＿＿＿＿＿＿＿＿＿＿＿＿＿＿＿

二、自主阅读《清贫》你有什么发现？

描写方法	方志敏的品质

三、有感情朗读课文，你有什么新的发现？

三、搭设课后支架，延展对人物精神的理解

单元学习之后，搭设课后支架，是对学生学习成果的反馈和拓展。通过搭设支架，让学生在生活中将所学的知识进行运用和实践，走出课堂，学有所用。

（一）课后实践作业，促学生思维发展

将课堂学习和课后作业相结合，布置综合实践作业，调动学生多方面的经验，发展学生的思维。

本单元的学习结束，恰逢建党一百周年，利用社会大课堂，鼓励学生通过实践作业，运用自己的知识，解决实际问题。

在《军神》一课的学习中，布置作业：恰逢中国共产党建党一百周年，如果你就是沃克医生，该怎样讲述这一令人震撼的故事呢？结合生活实际，运用所学知识进行复述，使学生对人物的认识更加饱满。

学习完这一单元，推荐学生用不同的方式查找革命先辈的资料，了解他们的事迹，受到爱国主义熏陶，深入体会"苟利国家生死以，岂因祸福避趋之"的意思的同时，感受英雄形象。

（二）课后评价，促教学评一体

课后，通过朗读、故事会、补白课文、完成习作、自主阅读等形式，对课上的学习进行反馈，促进教学评一体化。多种形式的反馈，也是学生对人物理解和精神体会的输出方式，能够更好地表达自己的感受，抒发自己对人物精神品质的理解。

在单元教学中，通过搭设不同的支架，从课前到课中，再到课后，建立课文之间的联系，让学生在单元主题的教学中，能够学习和运用语文要素，并在自主阅读中进行实践，逐渐深化阅读方法的掌握。并串联对文章情感的理解，使得人物形象更加立体、生动和饱满，深入理解主题"苟利国家生死以，岂因祸福避趋之"，感受革命情怀，受到爱国主义熏陶。

做好前测分析，提高英语阅读教学的实效性

宋红莉

小学英语课堂教学通常很难把握效果，如果没有符合学生学习需求的教学内容、吸引学生的教学方式、激发学生的学习愿望的活动，活泼好动、基础不同的学生很难坚持上好一节课。这就要求教师要做好每一份教学设计，使学生能够在课堂上积极思维，跃跃欲试，由此可以看出课堂前测是非常重要的。

一、明确前测分析概念，设计有目标的阅读课

首先我们要明确课堂前测、分析、教学设计这几个概念。

课堂前测是指在学校教学过程中，教师在上课前的一段时间内，通过不同的调查方式对学生进行相关知识预备和相关方法的预先测试，然后进行有针对性的设计教学活动，并提出相应的课堂教学策略。

分析就是将研究对象的整体分为各个部分，并分别加以考察的认识活动。分析的意义在于通过认识事物或现象的区别与联系，细致地寻找能够解决问题的主线，并以此解决问题。

教学设计是指在分析教学需求与问题的基础上，进一步确定解决教学问题的步骤和方案，通过评价和反馈来检验方案实施的效果，并修订完善方案，以优化教学的一种规划过程操作。

二、精心设计课堂前测，设计有思想的阅读课

（一）看教材，分析教学内容，落实课标要求

2022 年版《英语课程标准》对英语学科的总目标要求学生通过英语课程学习，能够"发展语言技能、培育文化意识、提升思维品质、提高学习能力"。新课标还对语篇学习提出了更高的要求，要求学生能够掌握"语篇中各要素之间存在的复杂关系，如句与句、段与段、标题与正文、文字与图表之间的关系"。

以北京版小学英语五年级下册 Story10 阅读课为例。

通过研读教材，我们发现这篇阅读文章是在提高学生阅读理解能力的同时渗透跨文化交际的意识，提高思辨能力和自主学习能力，并在此基础上加强对语篇中的逻辑关系、图片与文章和备选答案之间的关系的理解，掌握学习方法和阅读策略。在教学设计上要落实课标要求。

（二）定目标，确定教学目标，拟定重点难点

教学目标和教学重难点是教师实施教学活动的重要依据，目标的精准度直接影响教学效果，重难点的拟定也直接关系到是否解决学生的学习困难。本节课初步拟定的教学目标和重难点如下。

	前测之前拟定
教学目标	1. 能够读懂关于不同国家人们食用土豆方法的文章，理解大意 2. 能够完成书中的阅读检测题 3. 掌握一些基本的阅读和解题技巧 4. 了解不同国家人们的风俗习惯
重点	认识几种调味料和与国家相关的词汇；能概括文章段落大意
难点	借助动词理解句子大意

但这样的教学目标和重难点是否合适，还需要教师在进行前测之后再根据分析结果进行调整和完善。

（三）出题目，设计前测题型，直击教学目标

设计前测题型时，教师心中要明确设计题目的意图。

本节课的前测题一内容如下：

一、你认识这几面国旗吗？试着把上边的国家名称和下边这些国家的人与中间相应的国旗连线。

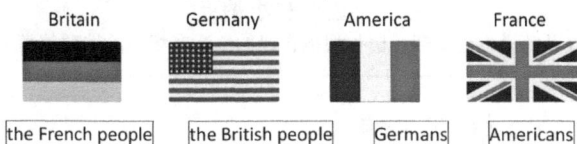

Britain　　　Germany　　　America　　　France

the French people　　the British people　　Germans　　Americans

设计意图：

（1）检测学生对已学的英、美、法的名称、国籍等词语和国旗图片的掌握情况；

（2）检测学生是否能够利用排除法认识德国国旗和相关词语；

（3）提前解决文章中的部分重点词汇，帮助学生形成词汇归类意识。

前测题二内容如下：

二、你知道这4种食品中加入了哪些调味料吗？连一连。

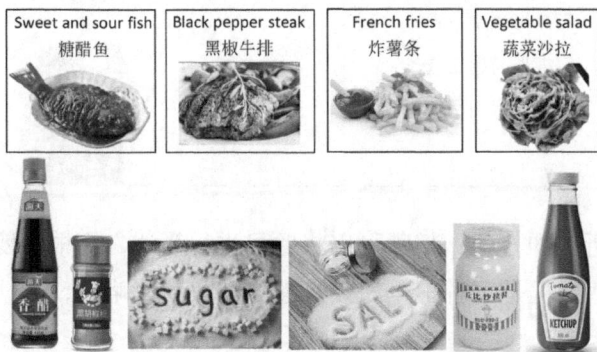

Sweet and sour fish 糖醋鱼　　Black pepper steak 黑椒牛排　　French fries 炸薯条　　Vegetable salad 蔬菜沙拉

设计意图：

（1）了解学生的生活经验中关于食物添加调味品的认知水平；

（2）为阅读材料的内容做好话题准备。

这两道前测题是紧紧围绕教学目标而设计的，既对学生已有知识和经验进行了检测和了解，又为将要学习的新知做了铺垫。

三、认真分析前测数据，设计有依据的阅读课

（一）对题目进行简述、归类

有了前测数据，还要对结果进行分析，才能真正了解和把握学生的真实情

况。本节课是阅读课，因此教师补充了关于阅读的小调查。

英语学科小调查

🎀跟老师说说心里话：请你根据自己的情况在相应的选项前画✓。

1. 你喜欢阅读绘本故事吗？

☐喜欢　　　　　☐一般　　　　　☐不喜欢

2. 你喜欢阅读书中或试卷中的小短文吗？

☐喜欢　　　　　☐一般　　　　　☐不喜欢

3. 当你遇到有不认识的单词时，你会怎么做？

☐百度或问别人　　☐猜测大意　　　☐跳过去不看

4. 你觉得完成哪类阅读题有困难？（可多选）

☐给图片排序

☐判断正误

☐完形填空三选一

☐根据问题三选一

☐根据问题回答问题

为了使分析更加直观，教师可以将题目进行简述，再根据题目检测的内容进行归类，有些数据是了解学生阅读兴趣、方法和策略的，有些数据是了解学生知识基础和生活经验的。

调查问卷数据：

	选项	喜欢		一般		不喜欢	
	数据	人数	百分比	人数	百分比	人数	百分比
阅读兴趣	绘本	19	76%	6	24%	0	0
	阅读题	15	60%	8	32%	2	8%

	选项	求助		猜测		跳读	
阅读方法	数据	人数	百分比	人数	百分比	人数	百分比
		13	52%	10	40%	2	8%

	选项	图片排序		判断正误		完形填空		三选一		回答问题	
阅读困难	数据	人数	百分比	人数	百分比	人数	百分比	人数	百分比	人数	百分比
		1	4%	6	24%	15	60%	4	16%	16	64%

前测题数据：

语言知识	选项	德国		美国		法国		英国	
	数据	人数	百分比	人数	百分比	人数	百分比	人数	百分比
		9	36%	23	92%	9	36%	22	88%
生活常识	此题为开放题，没有标准答案，所有学生至少能为菜品选 1 种常用的调料。								

（二）对题目进行归因、分析

1. 调查问卷数据分析

（1）阅读兴趣——绝大多数学生喜欢绘本故事，对阅读题兴趣比较低甚至不喜欢。

因为绘本故事中有图，而且往往没有做题的要求，学生可以借助图片理解文字意思且没有考查环节，没有压力。而阅读题往往缺少图片，学生无从获取更多文章信息，只能凭借已有的词汇量认读文字，读后还要做题，且平时试卷中的题目都会有难易比例，特别是判断题，有的答案看似模棱两可，即使优秀生读懂了每句话的意思，也很难根据自己的理解做出正确选择。

（2）阅读方法——多数学生选择求助和猜测，不善于使用阅读技巧。

遇到不认识的单词时多数学生选择求助，一方面说明有的学生具备主动学习、查阅资料的能力，另一方面也说明他们习惯直接获取答案，而缺少动脑思考、自我挑战的意识；部分学生选择猜测，说明具备一定挑战愿望和逻辑思维能力，善于独立思考；选择跳过去不看的学生有时是不认识直接放弃，有时是暂时跳读以免浪费时间，过后再返回此处联系上下文猜测，这是基本的阅读技巧。

（3）阅读困难——绝大多数学生可以借助图片和关键信息理解大意并解题，开放性问题存在困难。

学生认为"给图片排序"和"根据问题三选一"困难较小，因为有图或关键词，比较容易从文中获取信息。"判断正误"虽然只有 6 人选择，但实际考查时此类题目正确率偏低。选择"完形填空"和"根据问题回答问题"困难的学生都在半数以上，因为完形填空题是在阅读文章的过程中直接做题，无据可依，只能根据上下文猜测答案；而回答问题属于主观书写题，不论是文章理解不透彻还是语法或拼写错误都可能导致失分，学生普遍对这类开放题有恐惧心理。

2. 前测题数据分析

（1）语言知识——学生对英美国家相关知识掌握得较好，法国德国错误较多。

英美国家知识是五年级上册第五、六单元重点学习内容，学生都认识英国、美国和英国人、美国人词汇以及国旗；法国、法国人、法国国旗是课后补充知识，学生本来印象就不是很深，再加上德国知识没有学过，两国国旗又很相似，多数学生不能正确识别。

（2）生活常识——学生具备最基本的生活常识，至少能为菜品选1种常用的调料。

糖醋鱼是四年级上册学过的词汇，但有些学生不知道这道菜至少需要放糖、醋、盐这3种调料，多数只选了一种，有的选糖和醋，没想到盐是必备调料，有的认为需要加番茄酱。虽然是考查生活常识，但个别学生因为不认识sugar和salt（糖和盐），所以选择时产生困难。此题的目的是为学生打开思路，因为本节课阅读材料中将会谈到不同国家的人吃土豆时会添加不同的调味品，学生在前测时就应该大胆选择调料，按自己的口味去添加。这也是国际理解教育的途径之一。

（三）对教学目标、教学重难点进行调整

经过前测分析，可以看出原定的教学目标和重难点没有达到解决学生阅读问题的目的，因此教师可以对其进行调整。

	前测之前拟定	前测之后调整
教学目标	1. 能够读懂关于不同国家人们食用土豆方法的文章，理解大意 2. 能够完成书中的阅读检测题 3. 掌握一些基本的阅读和解题技巧 4. 了解不同国家人们的风俗习惯	1. 能够读懂关于不同国家人们食用土豆方法的文章，理解大意 2. 能够根据个人能力完成相应的阅读检测题 3. 掌握一些基本的阅读和解题技巧 4. 能够拓宽国际视野，包容、悦纳不同国家人们的风俗习惯，开展国际理解教育
重点	认识几种调味料与国家相关的词汇；能概括文章段落大意	认识几种调味料与国家相关的词汇；能概括文章段落大意
难点	借助动词理解句子大意	借助动词理解句子大意和借助指代关系词关注前后文的逻辑性

变化有三：

（1）教学目标中原定仅仅是完成书中的检测题"判断正误"，但调研后发现学生还有很多其他题型不会做或不得法，因此教师补充了4种题型，希望学生通过本节课学习掌握大部分阅读题型的解答方法。

（2）对于不同国家的风俗习惯仅"了解"是远远不够的，还要懂得包容和悦纳这些不同的习俗，才能达到课标中提出的"培育文化意识"的目的。

（3）学生在阅读策略方面存在一定的困难，只依赖动词理解句子大意只是一方面，要想解决不认识的单词或不理解的句子，还要为学生提供更好的方法。经过认真分析文本，教师会发现文中的指代关系词是学习的难点，要指导学生如何根据前后文的逻辑关系帮助自己理解文章。

（四）对学习任务进行再设计、再完善

上课前，教师再对学习任务进行调整，让每一个活动都能激发学生的学习兴趣，掌握一些好用的学习技巧，提高阅读课的实效性。

1. 根据学生的阅读兴趣点，补充课前回顾绘本故事的热身环节

五年级上册曾经读过关于不同国家用不同方式庆祝新年的绘本故事，学生印象深刻且颇感兴趣，因此上课前带学生回顾大意，降低阅读焦虑感，同时引出本节课关于不同国家的人吃土豆的方式不同的话题，为学生搭设支架。

2. 创编 4 个顺口溜作为阅读技巧小锦囊提供给学生

小学生并没有什么阅读技巧，通常依靠仅有的一点词汇量去阅读文章，但文中的生词让他们望而生畏，因此教师可以创编 4 个朗朗上口的顺口溜作为小锦囊：

❖ 先看图，再看题，不要急于去画批。

❖ 联系实际猜大意，动词是个好东西。

❖ 陌生单词跳过去，动词前后有关系。

❖ 句子之间有逻辑，"同义"词语来揭秘。

然后，再借助文本的动画逐一呈现难点部分的理解过程，帮助学生明白锦囊的含义。

学生可以边读边体会阅读技巧，并在阅读过程中使用这些方法，可以使阅读更高效。

3. 补充 4 道阅读题，帮助学生解决解题困难

书中原本只有 1 道阅读题，是 2 个句子判断正误，但学生平日遇到的阅读题型很丰富，难度不一。本节课旨在教会学生如何解题，因此我编了 4 道题，涉猎了平日常见的 4 种题型，指导学生找到解题方法。

英语学科共同体学习单

Unit 4 Review（阅读课）

班级_____ 姓名_____

阅读 **P77** 短文，试着完成以下题目：

一、根据短文内容给图片排序：

(   )   (   )

(   )   (   )

二、完形填空：

Without potatoes life would not be the 1._____ for many people. Potatoes are the 2._____ food for people in Europe and America. They are 3._____ like the rice and noodles we eat at each meal. People from different countries make different kinds of potato dishes.

(   ) 1. A. different   B. same   C. easy

(   ) 2. A. fast   B. unhealthy   C. main

(   ) 3. A. not   B. just   C. look

三、读问句，选择正确答案，将标号写在提前括号内：

(   ) 1. What is the main food for people in Europe and America?

     A. Tomatoes.   B. Potatoes.   C. Rice.

(   ) 2. British people eat potatoes with _____.

     A. ketchup   B. salt and vinegar   C. salt and pepper

四、读问句，回答问题：

What are the main food for people in China?

_____.

我的学习评价单

评价内容	评价指标	自我评价	同伴评价
阅读技巧	A. 我掌握了 3 个以上阅读技巧 B. 我掌握了 2 个阅读技巧 C. 这些阅读技巧对我来说没有什么用处		
解题能力	A. 我能正确完成 3 种以上阅读题型 B. 我能正确完成 2 种阅读题型 C. 我能基本完成 1 种阅读题型		
阅读兴趣	A. 我喜欢阅读，并能从文中找到很多有趣的细节 B. 我觉得阅读挺有意思 C. 我对阅读不太感兴趣		
教师评价			

4. 借助图片帮助学生理解不认识的词语

通过前测可以看出，部分学生不认识德国和法国的国旗和相关词汇，对调味品的词汇也掌握不多，因此教师补充了一些图片，并在板书中设计了在餐桌上摆放不同国家的人吃土豆的调味品的环节，帮助学生加深对词汇和文章内容的理解。

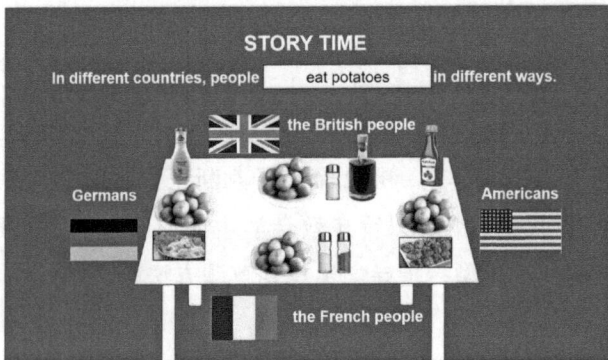

最后，教师还可以借助中西方餐桌的形状和用餐习惯的不同进行文化差异的比较，学生明白了西方人的餐桌是长方形的，每个人只吃自己面前的餐，放

自己喜欢的调料；而中国人的餐桌是圆形的，每个人都可以吃到桌上的每一道餐，大家共享美食，共叙佳话。名画欣赏《吃土豆的人》将荷兰后印象派画家梵高的作品带给学生，为学生打开视野又开了一扇艺术之窗。

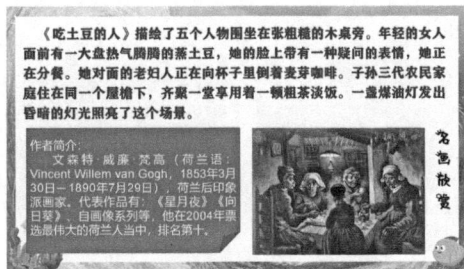

课堂前测让不同水平、不同兴趣爱好的学生共享的英语课堂焕发出异彩，让学生学有乐趣，学有所获。

参考文献：

1. 周霞娟. 基于学情前测的小学英语 Grammar time 板块的教学思考与实践 [J]. 科学大众，2019（5）.

2. 蔡雪飞. 基于学情前测的小学英语 Story time 板块的教学思考与实践 [J]. 江苏教育研究，2016（10B）.

3. 王月环. 从"测"到"策"——基于前测的小学英语教学 [J]. 教育艺术，2017（12）.

4. 卢月琴. 把握学情前测 提升教学实效 [J]. 数学教学通讯，2021（5）.

5. 汪毅. 以"课堂前测"为载体进行学情分析 [J]. 小学教学设计，2016（8）.

翻转数学课简约不简单

潘丽丽

瘦身、素颜这些当今时尚的名词，都代表了一种人们追求自然、真实、美好的心态和状态。我们的课堂学习也不断返璞归真，去掉浮华的装饰，留下学习最质朴的本真。简约的数学课堂就是我们所追求自然、真实、美好的课堂学习过程。

一、数学课堂环节大变样，翻转学习变简单

提到数学课堂的环节，我们过去在评课中最常说的是今天的数学课"环环相扣"。在过去这样的评价绝对属于课中精品。我们会让数学课上有很多个"跌宕起伏"，并且故意设置"包袱"和"陷阱"，这样的课堂凸显了我们老师的教育智慧，课堂变成了老师展示十八般武艺的舞台，而学生却成为我们课堂上的"群众演员"。

在共同体的课堂上，我们改变了教师是"名角"这一教学模式，而让每一个孩子都变成课堂真正的主人。这样的改变说起来容易，真正落实，却着实不简单。去除了浮华的课堂装饰，把时间、空间真正留给学生。我们尝试将课堂环节大变身，更确切地说是"大瘦身"。

以往我们的数学课堂
环节一：复习导入
环节二：提出猜想
环节三：合作探究
环节四：归纳总结
环节五：巩固练习
环节六：拓展提升
环节七：实践应用

→

现在我们的数学课堂
环节一：协同学习
环节二：串联反刍

以往我们课堂七八个环节的设置，把最最黄金思考时间进行复习导入，激发兴趣。有些时候我们在课堂的尾声才真正明白这节课的主题是什么，神秘地把课题板书到黑板上。学生整节课都在"迷雾"的课堂上学着"神秘"的知识。

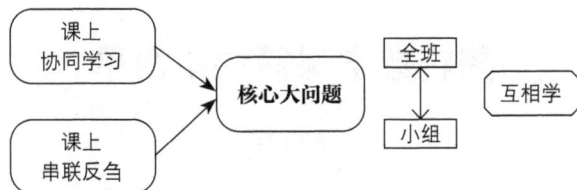

现在我们的课堂，摒弃了很多环节，把课堂上的重点放在研究核心问题上。让每一个学生都非常清晰自己要达到的学习目标，让学生一上课就非常明确我们要干什么，我们要学什么，我们该怎么做。

课上我们通过核心大问题的提出，在小组中进行协同学习。通过串联反刍，使学习在每一个学生身上发生。课堂学习是一个平台，真正保证每一个孩子真学习的发生，我们通过课前、课后的补充，让孩子的学习真正发生。

课前的自主预习是学生保证课上学习的重要基础，我们通过自主预习单实现"自主学"的过程。

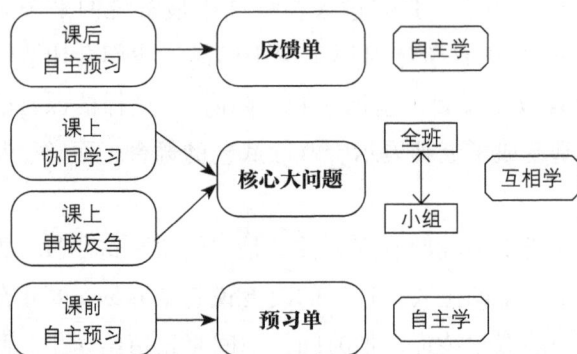

通过课前的自主预习我们发现：

第一，课堂学习时间被拉长，节省课堂时间。我们不用费时间去进行创设情境导入、复习铺垫的环节。课上可以直接进入小组协同学习。

第二，学生做有准备的学习，明确学习目标。通过课前的自主预习，学生从心理和知识两个层面都进行了准备，这就对课上的学习有了更好的支持。每一个学生都明确我们课上要学习什么。

第三，直接进入同伴分享阶段，容易卷入学习。一上课，我们就可以让学生进行预习单的交流，小组的协同学习开始了美妙的前奏，这样也进一步促使每一个孩子都能与同伴分享自己独立学习的内容和学习情况。

第四，关注全体学生学习状态，适时进行反馈。通过课前的预习，我们可以看出学生的已有知识及学习现状，对课上学生有可能出现的障碍和思维盲点进行提前预设，更加合理地提出核心大问题，并能适时进行反馈。

课前预习单与课上的核心大问题两者相辅相成，在数学学习的不同的领域可以有不同情况的设计，我们进行了一下"用好书"的预习尝试。"利用好教材，进行看书预习"这看似是语文课要做的预习工作，其实不然，数学课也是很有必要进行看书预习的。预习的内容可以结合教材内容，通过一些预习指导，帮助学生学会用书来进行预习。借助语文课的相关预习经验，我们可以尝试指导学生在书上批注哪些地方能看懂，哪些地方看不懂，还可以结合看书的内容，提出自己的问题、猜想或者疑问。这些猜想、问题、疑问会成为课上学生学习的好资源、好主题。学生提出的猜想或疑问还可以当作课上学习的核心大问题。

不同的学习领域可以有不同预习内容或者主题，我们把两者联系起来，找准课堂学习的核心。

学习领域	预习内容主题	课上核心问题方向	课例
图形方面	怎样解决图形的问题（体积、面积公式怎样推导），提出自己的猜想或推导想法	动手操作，探究公式的推导过程	圆的面积、圆锥的体积等
计算方面	尝试练习，新知识的尝试，哪些会，哪些不会	探究算理、算法	两位数加减法、小数乘法等
概念方面	旧知的复习，与新知学习的联系	探究概念的本质（为什么？是什么？怎么样？）	百分数的意义、质数合数等
解决问题	旧知的复习，提出新问题，尝试研究新问题	解决问题的思考路径是什么	行程问题、工程问题等

"用好数学书"，结合数学教材进行学习，对我们课堂学习有很大的帮助。四年级下册"小数加减法"，通过看书预习，学生可以从中看出，这里面分为三个层面，学会估算、掌握算法、理解算理。看书后，哪一个层面不明白，都可以提出自己的质疑和问题，然后再带着这些问题，课上进行交流学习。

低年级的教材也是学生学习的法宝。一年级下册"两位数加减法"通过看书可以指导学生进行预习并完成试一试。尝试思考三个问题：①试一试三道题可以当作尝试练习（前测了解学生起点）。②先独立学习后协作交流（上课可以进行同伴交流，省时高效）。③错例（我不会、我不懂）可以当作上课的学习讨论对话资源。

二、核心问题的设计有思考，课堂学习不简单

课上围绕核心问题进行学习，使学生的学习更有针对性。核心问题是一节课、课堂活动的精髓，是学生实现高品质学习的一个重要依托。

第一，核心问题设计要有针对性。

核心问题的设计要紧密围绕核心概念展开，问题不准课堂就会跑偏。挑战性问题是数学课堂的核心。围绕知识的核心来提出挑战性问题尤为关键。针对"质数和合数"一课，我们分析教材中的核心问题是否与核心概念相吻合，见下表。

"质数和合数"核心问题的设计分析表	
教材内容	要求：用几个边长1厘米的正方形摆出不同的长方形或正方形。你有几种摆法？ 为什么会有不同的摆法？ 有20个边长1厘米的正方形，请你任意用其中的几个摆出不同的长方形或正方形。你用了几个正方形？你有几种摆法？请写出所用正方形个数的全部因数并填表。
教材的核心概念	"一个数的因数个数的多少"是质数合数概念的本质属性
教材提出的问题	全班同学所用正方形的个数可以分为几类，分类的依据是什么
教材问题设计分析	优势：与学生操作活动契合，学生具有分类经验。可产生多种分类情况 不足：这一问题的提出并不针对概念本质，通过分类并不能很好地聚焦到质数和合数概念异同"因数的个数的多少"
我们设计的问题	小正方形个数越多，所拼摆成的新长、正方形种类就越多吗？（举例发现不是）拼成新长方形或正方形个数的多少与什么有关？（发现因数个数决定新长正方形个数的多少）

根据核心问题设计的分析，以及课堂的实践，学生能够结合核心问题聚焦到因数个数的多少是概念确定的本身。学生很容易找出规律，从而明确概念。结合核心概念设计问题，更加有针对性，学生在学习活动中容易聚焦。

第二，核心问题设计要有开放性。

三年级的"分数的初步认识"以往我们通过动手操作折出分数"二分之一"，老师会通过课堂追问，引导学生认识"平均分"，再学习"四分之一"，

"八分之一"。在听课中，我们发现学生还会因为只认识"二分之一"认为产生分数必须要对折，只有对称才能产生分数这样的误区。这样的学习学生觉得没有挑战性，不容易产生持久兴趣，学着学着就不想学了。从老师的角度思考，认识"二分之一"是认识分数的基础，"平均分"又是产生分数的基础，是学习中的重中之重。为了让学生更明白，老师就会一味地追问、讲解，学生依然停留在原有认知基础上。这样老师讲得累，学生学得也很被动。

我们尝试利用挑战性问题吸引学生卷入学习，选择难易适中，有开放的问题更能吸引学生的学习兴趣。针对此课内容，我们提出这样的挑战性问题："利用手中的图形通过折一折、画一画、分一分，创造出分数，把你创造的分数与同桌进行交流。"通过这样的问题，也是给同桌的协同学习提供对话的空间。因为不被限制，学生可以发挥自己的想象，也可以根据自己的学习程度创造不同的分数。这样的设计打破了以往两课时的学习，创造的分数多了，学生自然就会关注到如果不平均分，是不能够得到分数的。

将以往问题和学习共同体的问题进行分析比较，见下表。

对比	以往的问题	学习共同体大问题
设计的问题	利用学具（长方形、正方形、圆形）折出分数"二分之一"，并与同桌交流	利用学具（长方形、正方形、圆形、平行四边形、梯形、心形、三角形），通过折一折、画一画、分一分，创造出分数，把你创造的分数与同桌进行交流
课堂活动	活动简单，操作只需对折一下就成了。学生同伴交流短暂	活动具有挑战性，学生需要开动脑筋，有些能够对折创造出分数，有的却不行，需要开动脑筋。挑战与兴趣并生，同伴共同研究解决
学习效果	教师需要追问"平均分"；学生产生误区认为对折是产生分数的基础。学生陷入认知局限，认为对称图形能够得到分数	教师无须追问，学生直接抛出研究中大家遇到的困难，也是一直在想办法解决的将图形"平均分"。学生不仅认识了二分之一，还能通过同伴相互研究更复杂的分数

改变一下我们的想法和做法。让我们更加放开手，放低自己，放大学生。我们要给学生更加开阔的平台进行尝试，不会、不懂、错了，学习才能真正发生。学习是从已知通往未知的过程，我们能否更好地引导学生从已知通往未知，就需要设计开放性的问题，给他们不会、不懂的机会，让他们与同伴对话，与学具对话，与自我对话。

第三，核心问题设计要有趣味性。

学习共同体的课堂，我们需要设计有意思的问题，吸引学生卷入学习。这种趣味不是低级趣味的创设情景，而是真正具有高级趣味的学习。要能用学习本身的魅力和魔力，激发学生探究的欲望和真正吸引学生卷入学习过程。

《正方体涂色问题》教材所呈现的研究问题：观察涂色面的情况与小正方体所在位置的联系。针对这个问题学生在课堂上会进行枯燥的观察、填表、交流的学习环节，这样的环节学生兴趣不高，难以卷入学习中。尝试进行新的设计开放大问题：这些表面涂色的正方体不小心被打乱了，你们能想办法还原吗？

通过这样的问题，学生学习的热情空前高涨，兴趣被激发，自然卷入研究涂色面情况与小正方体位置的关系。

我们追求的自然质朴的数学课堂，同时让我们感受到了真实的美好。数学课堂环节变简单，实现了课堂是个纽带，串联了学生课前、课后的学习。核心问题的设计不简单，既有意思，又有意义，使课堂学习真正体现学习的价值。

学问　启思　真学习

李　思

培养学生的问题意识是数学教学的重要一环，当学生问"是什么""为什么""怎么办"时，其主动性思维才真正被激发和启动。学生在挑战性大问题的背景下，与自己对话、与同伴对话，在学习过程中会遇到很多问题，这些问题承载着串联教学内容，乃至整个思维过程，他们相互提问、答疑解惑，在思维的碰撞中把问题越辩越明、越研越透。我以学生的"问"为研究的切入点，以观察员的角度关注学生怎样学，如何问，怎样解决问题，让学习真正发生在学生身上。

一、"问"的前提是什么

（一）安静、安全、安心的学习环境

学生在课堂上能够畅所欲言，直言"不懂"，基于良好的师生关系。当学生围绕着核心问题大胆发表自己的见解时，老师的态度至关重要，我们要从内心真正接受"不懂"的学生，教师的眼神、语气都直接影响着全体学生对此事的看法和做法。

（二）真思考，会倾听

我们以学习单的形式开展数学教学活动，"大问题"的设计要满足全体学生的发展需要，合理设计基础性问题和挑战性问题，如果设计的题目难度过高，基础弱的学生很难参与，慢慢就会失去学习兴趣；如果难度过低，思维活跃的学生也得不到提升，因此在设计问题时，教师要考虑全面，站在学生的角度设计问题，全员参与，只有这样学生在完成学习单的过程中与自我对话才会

真实发生——对新旧知识进行联系，调动自己生活经验及知识储备，对问题有思考、有理解、有疑问，带着想法学习、交流，对话才更加有实效，才会促进学生的有效倾听。

如在"圆柱的认识"一课中，基础性问题：圆柱有什么特征；挑战性问题：你可以用哪些方法得到一个圆柱。学生有丰富的生活经验和学习经验，面对这两个问题都会有自己的想法，而在交流中也会不断促进自己的新思考、新认识，正如在交流环节用长方形旋转形成圆柱，起初只会一种方法，当交流后受到启发，想到了更多的得到圆柱的方法，这样的交流是有实效的，学生在倾听中学会向他人学习，自我反思调整，思考得越来越深入，思维得到提升。

二、到底"问"什么

当我们大加赞赏学生"直言不懂"、鼓励他们不断追问时，是否也遇到过这样的情况：孩子们在一个一个的问题下，逐渐偏离核心问题。这样的讨论不但没有达成预定教学目标，反而越走越远，这时教师"出手"刻不容缓。教师也是"共同体"的一员，引导学生学会提问、提出有价值的问题，发挥教师的作用，指导学生会提问，把疑问转化为有价值的问题至关重要。

（一）刨根问底，明白"为什么"

在学习"比例的意义"这一内容时，教师出示主题图后，学生始终围绕"上面三幅图中的国旗的大小不同，寻找国旗里蕴藏的数学秘密！"这一问题与伙伴交流着想法，他们产生了共鸣——长与宽的最简比相等或比值相等，表示两个比相等的式子就叫比例。就在这时，小乐举起了小手，疑惑地问道："为什么大家都从长、宽入手分析找比值相等，而不是面积还有周长？"班里瞬间安静下来，大家陷入沉思中，同伴间细声交流着，不一会儿纷纷举起了小手，小莫回答说："直接研究长与宽的关系是因为面积、周长是随着长宽而变化的，所以研究长、宽是根本。"同学们连连点头。看似是一个远离核心的问题，但是冷静想想，小乐的问题打破了我们一贯的思维模式——理所应当就是长与宽的关系，而研究一个问题时往往切入点很重要，学生能够跳出模式反观切入点的产生，从而明白从"哪"分析，提高综合分析的能力。

一、我探究，我发现……

国旗长5米，宽⅓米　　国旗长2.4米，宽1.6米　　国旗长60厘米，宽40厘米

上面三幅图中的国旗的大小不同，但是它们之间一定存着某些秘密，快来观察与思考，找到国旗里蕴藏的数学秘密吧！

我的发现是：

图1

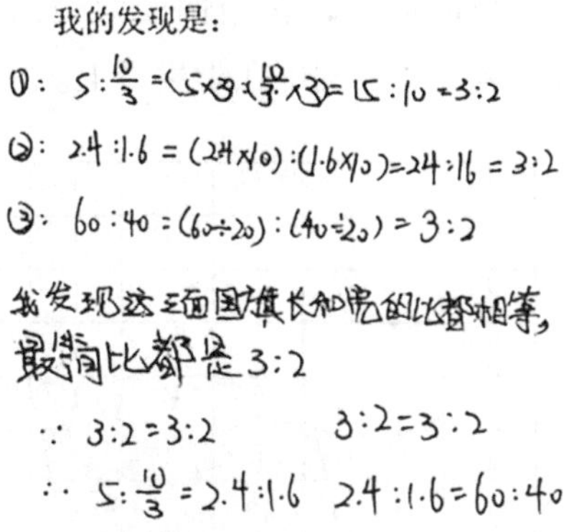

我的发现是：

① $5:\frac{10}{3} = (5 \times 3):(\frac{10}{3} \times 3) = 15:10 = 3:2$

② $2.4:1.6 = (2.4 \times 10):(1.6 \times 10) = 24:16 = 3:2$

③ $60:40 = (60 \div 20):(40 \div 20) = 3:2$

我发现这三面国旗长和宽的比都相等，最简比都是3:2

∵ $3:2 = 3:2$　　　　$3:2 = 3:2$

∴ $5:\frac{10}{3} = 2.4:1.6$　$2.4:1.6 = 60:40$

图2

（二）"疑问"转化为问题，突破知识难点

在合作交流、分享提问中，学生会根据他人发言和自己的想法提出不同的问题，教师要善于把这些问题再次"踢皮球"踢给学生，让众多人的疑问转化为问题再次引发小组交流讨论，而这个"球"就是我们本课的重点和难点，只有心中有数，才能游刃有余。

在"放大与缩小"一课中，学生尝试把已知平行四边形按 2:1 画出来，在伙伴交流时，小郭说："我把底和高都扩大 2 倍就行了。"（如图 3）有的点头表示同意，也有的皱起眉头，学生提出："把图形放大应该不改变它的角度，像小郭这样角度就变了，那怎么办呢？""到底怎样画才不改变图形的形状呢？""除了要关注底和高，还要注意什么呢？"学生在交流中产生更多的疑问。为使"疑问"转化为"问题"，就要与其他人的疑问进行交流。这时，学生再次与伙伴交流起来，他们不断尝试、观察、寻找解决问题的关键。在全班交流时，小艺把自己刚才尝试、再调整的过程向大家呈现出来，她说："开始我也是这样画的，但是我发现我画的与原图对不上，就在这时我们组的小高同学指着图说把高的那条虚线左右分成两部分，原图是 2:1，放大后也应该是 2:1（如图 4）。我们按照他说的，再次尝试画图，果然画出的平行四边形与原图只是大小变化了，角度没有发生变化。""没错，我们小组也发现这个关键点了，所以我们不仅要观察放大底和高，还要确定所需要的高的位置，这样就不会改变角度了。"这时，老师适时总结："回顾刚才的学习过程，大家能够在画错的例子中产生多种疑问，并再次尝试、分析，通过自己的努力突破难点，真棒！"在这次学习中，学生学会的不仅仅是怎样画图，更多的是他们勇于面对失败，分析失败的原因，在错例面前提出疑问，这些才是学生最需要、最急于解决的，让学习真正发生在学生身上。

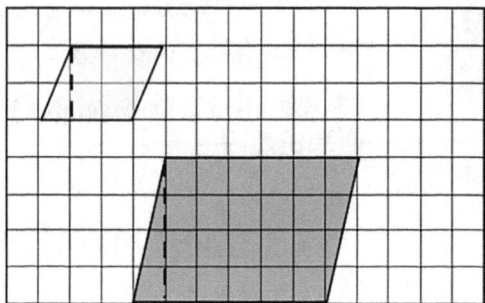
图3

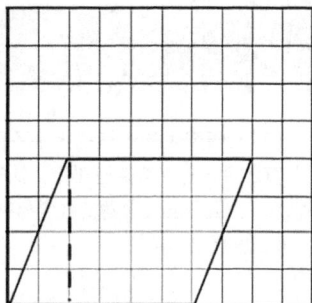
图4

（三）"还是没听懂"——学会根据问题选择合适的方法

同伴交流时往往会遇到听不懂的情况，"听不懂"有时是因为自身储备知识不够、不能够理解他人意思；有时是因为没有选对合适的方法进行讲解，教师要指导学生怎样根据不同的问题选择不同的解题策略。

在一次综合练习课上，我观察小袁小组的学习过程发现，有这样一道题："用长与宽的比是 3:2 的长方形纸片拼摆一个实心正方形。若长方形的长是 a 厘米，那么正方形的周长最少是（　　）厘米。"小袁说："这个长方形长与宽的比是 3:2，可以把长看成 3，把宽看成 2，所以面积是 $3×2=6$，再用 $6÷3=2$，然后正方形的边长 $2a×4=8a$。"小组里的小伟和小高连连摇头，指着算式说没听懂，小袁同学又耐心讲解，可是从学生的表情中看得出还是困惑，现在最大的问题是"会的同学没有给不会的讲明白"。这时，教师适时提示："你给伙伴画图分析，试试看。"小袁立刻领悟了我的意思，边画图边分析，这时小高恍然大悟道："原来如此啊！"看来，在讲解分析时选择适当的方法可以事半功倍，当学生需要时"出手相助"印象更加深刻。

（四）小组分歧是普遍问题时，"抛球"引发深入思考

伙伴间分享时产生分歧很正常，如果这个分歧恰是重点或难点教师就要把握住，再次抛给大家深入分析，久而久之学生也会主动"抛球"，会分享，会学习。

在分析梯形围绕上底或下底旋转得到的立体图形的体积时，小宁小组特意把自己和伙伴交流时的分歧展示给大家：小周说："小雪，我问一个问题：'图

5 上的 1 和 2 部分为什么不能倒过来拼成图 6 呢，这样两个图形体积就相等了。这是我们俩交流时提出的问题，大家分析一下，为什么？'"大家都有共鸣，这个问题我们小组也遇到了。这时，小雪说："不能的。因为这只是一个切面，而真正的是一个立体图形，图 5 上的圆锥体 1、2、3 体积相等，因为图 6 减少两个圆锥体的体积，而图 5 减少一个圆锥体体积，所以图 5 的体积大于图 6 的体积。大家听懂了吗？"

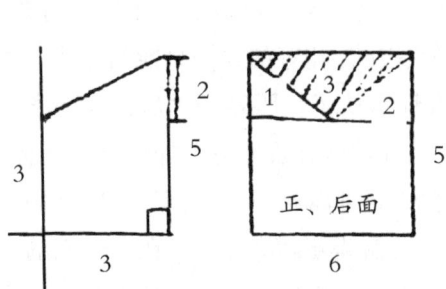

图 5

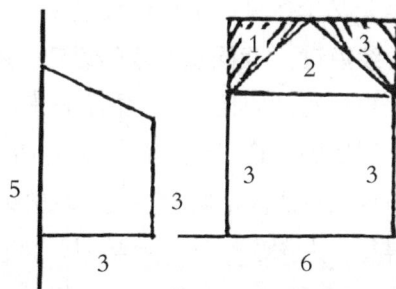

图 6

三、以"问"促思，学生获得了什么

学生在生生对话、师生对话中会产生很多问题，学生的发问会引发新思考、新认识，在对话中不断调整自己对问题的理解，层层递进，数学思维得到发展与提升。

在"比例的意义"一课中，子谦和佳一在同伴分享后与全班一起交流大问题"国旗中隐藏的秘密"，一人说，一人板书，井然有序，他们说："我们发现三面国旗的长与宽的比化成最简比后都是 3:2。就像照片一样，放大或缩小时长和宽同时变化，所以我们看着很舒服。"话音刚落，有人提出："我们小组觉得求出比值观察也可以，它们的比值都是 $\frac{3}{2}$。"子谦小组虚心接受，修改板书。随后，接着汇报："由于比值相等，所以我们可以写成：$5:\frac{10}{3}$ =2.4:1.6=60:40。我们预习时知道，表示两个比相等的式子叫比例。"听出来了，现在学生能够主动与教材对话了，太令人高兴了！这时我又听到质疑声："你这是三个比相等的式子，书上说表示两个比相等的式子才叫比例啊？"其他同学赞同地点头，看来主动与文本对话的同学不止一个组、两个组，只有课前深入思考，预习全面，课上才会提出这些有价值的小问题，小问题恰恰承载着学生的真思考啊。听到同学的质疑，子谦说："那就是两个比或两个以上的比相等的式子叫比例。"居然自己修改了教材中的概念，其他学生一下就听到了关键，但孩子是机智的，他们并没有就是两个比还是两个以上的比来争论，反而这样说："比例中，两端的数叫外项，中间的两项叫内项。你这个式子中谁是内项，谁是外项？"子谦听后笑了一下，遮盖住一个比让大家观察其中两个，指出内项和外项，一会儿又遮住另一个比继续说明，而此时的佳一悄悄地在黑板上写了三个等式，继续说道："我同意大家的说法，刚才我们写三个比相等的式子只能叫等式，而我现在写的叫比例。"看看子谦，他也谦虚地承认了。明确概念后，我与学生共同回顾对话过程：与文本对话明确概念，与同学对话理解更加深入、具体，与自我对话修正概念。我开玩笑说："大家的对话非常精彩，你们提出的问题值得每个人深思，佳一会学习，会自我修正，理解得更深入了！"在孩子们的一片笑声中结束了这次对话，轻松、愉悦，更重要的是他们交流得那么自然，提出的问题那么引人深思。听着孩子们用心地交流我是如此享受，学习发生在学生身上是那么悄然无声，这就是共同体的魔力。是共同体教会教师等待，也是共同体教会学生思考与交流！

总之，"学问"是一种能力，是一种习惯，也是一种素养，学生在宽松、愉悦的课堂上不仅能畅所欲言，还要会静心品读文本，真心与伙伴分享，用心提出有意义的问题，耐心解决每一个问题，让听与思对接，让思与学共鸣，这就是"共同体"的魅力与魔力！

参考文献：

佐藤学著，钟启泉、陈静静译.教师的挑战　宁静的课堂革命 [M].上海：华东师范大学出版社，2012.

数学共同体"问与学"的时机促课堂减负

曹 玮

学习共同体合作的目的是让每个成员都参与学习的过程，使学生学得生动活泼、品尝到成功的喜悦。数学教学是教师思维与学生思维相互沟通的过程，离开了学生的参与，课堂教学就难以畅通地进行，在学习共同体中学生能主动操作、观察、思考、讨论，学生参与教学活动的机会增多；学习共同体合作学习有助于学生提高口头表达能力。在学习共同体中学生相互启发、相互帮助、共同解决问题的群体协作精神能培养学生之间团结、协调的合作意识，提高学生的人际交往能力。

一、在新授内容尝试时组织共同体合作学习

学生在数学学习中不断地掌握新知识，但有的知识光靠教师苦口婆心地讲，学生反复机械地训练，耗费了大量的时间和精力，学生也不一定能掌握得好，在教学中，教师不要做学生思维的保姆，不能简单地将知识传授给他们，而要努力地拓展"研究"的时空，有所选择地采用学习共同体合作学习的形式，让学生在广阔的、开发性的时空中，将知识转化为自己的果实，通过合作学习找到解决问题的办法。

比如在教学"圆的面积"时，理解公式的推导是本课的重点，书上介绍了用割圆术、画方格和转化圆为长方形这三种方法。如果只是按照书本这样教学的话，不能启发学生思维的发展。教学中我采取让学生自己先动脑动手画的方式，再在学习共同体中交流方法，依据我们一直在沿用的学习单，学生积极性很高，思维活跃，想出了很多方法，突破了教材的局限。割圆术在周长一课

已经有介绍，而方格的方法在之前学习不规则图形估算时就用过这个方法。在这个过程中，学生们可以用已知来学习未知。而第三种方法，转化图形，把圆变成已知的图形平行四边形、三角形和梯形、正方形，也能推导出圆的面积公式。学习共同体成员从别人的发言中得到很多启发，获得更多的知识、方法。在交流中我设计了三个方法，采取同桌互助的形式进行练习，即一位同学讲解自己的方法，另一位同学看并指出问题或者指出自己听明白了什么。我想，平时的教学中如果经常这样训练的话，对学生的帮助是很大的，既能发现不同的思考方法、解题思路，又能对学习有困难的学生提供帮助，发挥团队合作精神，使学生在学习共同体合作中敢想、敢做、敢说。

再比如我在教分数乘法第一节课的时候，分数乘整数，先出示情境图让学生列出算式 $1/10 \times 3$，让学生自己用简图摆一摆、算一算，独立思考答案，然后在学习共同体中交流自己是怎么算的，由于学生先是独立思考，所想的方法也就不一样，在学习共同体中大家一起讨论、比较、判断，得出了好几种办法：①先化成小数，再加；②先转化成加法，算分数加法；③画图理解。通过学习共同体合作学习，学生自己解决了分数乘整数的算法，然后提出探讨性问题：乘法和加法可以转化吗？是这样的吗？什么样的才能转化呢？思考一下：$1/10+2/10+3/10$ 能转化成乘法吗？经过学生的讨论，得出：同样的数字加在一起，才能转化成乘法。

在新授课中合理地运用学习共同体合作学习，能让学生拥有主动权，改变了单纯的教师教算法，学生被动接受的局面。凡是通过学习共同体能解决的问题，就放手让他们自己解决，这样学生才能积极、主动地参与到教学活动中去。

二、在教学难点解决时组织共同体合作学习

对于学习的难点，教师直接告诉学生解法，学生可能很快明白，但以后遇到类似的问题，还可能出现同样的思维障碍，而且学生的记忆也不会太深刻。而如果采用合作学习的方式，让学生亲身经历问题的解决过程，能有效地促进学生对知识的真正理解。

在教圆组合图形的对称轴时，数学组一起创设了一套学具，每组同学会分到 1 个大圆、3 个中圆、1 个小圆。每次取出两个圆，会有怎样的情况？对

称轴的结果会怎么样呢？你会吗？看看你能有什么新发现。（然后我让学生采取学习共同体合作的形式）学生的积极性一下子就被调动起来，马上进入了状态，兴致勃勃地按要求动起来。学生通过自己亲自动手排和画，研究得到的结果，自然地从感性上明白了"圆的位置和大小决定对称轴"的道理。同时借助学校的电脑多媒体西沃白板，让学生可以动手操作，挪动圆，看到整个运动的过程。之后还可以加入三个圆、四个圆……

小组合作学习中的互动性把学生由传统的班级教学中单纯的旁观者，转变成教学活动的积极参与者。由于学生间原有的认识特点、经验不同，对事物的理解存在差异，通过合作学习，使学生个体从他人不同的观点及方法中得到启迪，理解得更丰富全面，学生的学习能力、解决问题能力大大提高。

三、在探究多种答案时组织共同体合作学习

每一个学生身上都潜藏着极大的智慧和才能，在教学时，能放手就得放手，要让学生有施展才华的机会。由于学生个人认识问题的局限性，有些数学问题单靠一个人往往很难回答全面，这时如果采用学习共同体合作学习的形成，让组内的每个成员相互讨论，相互补充，互相启发，可促进学生解题思路的快速生成。比如：有这样一道题：在3，5，7，（　），（　），（　）后面的括号里填数，使这些数具有某种规律，并说明有怎样的规律。在学生独立思考的基础上，组织学生学习共同体合作学习。在共同体学习中，每个人都发表了自己的见解，还有的学生从别的学生那里得到了启发，因而找到了可以在括号里依次填入9，11，13，使这列数从第二个数开始，每个数都比前一个数多2；还可在括号里依次填入11，17，27，使这列数从第三个数开始，每个数都是前两个数的和减1……学生在和谐的讨论氛围中，激发了参与学习的欲望，学会了全面思考问题的方法，拓展了学生的解题思路，使他们尝到合作成功的快乐。这个学期还有斐波那契数列，也是如此的数字规律，都可以整合到一起，以题目为《数的规律，整合六年所学的找规律》，让学生更有趣地理解。

四、在整理归纳知识时组织共同体合作学习

对于学生已学过的知识，在进行整理复习时，应该有别于新授课和复习

课，如果教师像上新课一样，重新讲一遍，学生会感到枯燥无味不想听。所以，教学中教师要把握要领，进行生生、师生合作，引导学生采用表格、提纲或图等形式，把有关的知识、规律整理出来，以达到融会贯通的目的。

在长方形和正方形面积的复习课上，通过这一单元你学会了什么？有什么收获？做题时哪些方面是可以提醒大家注意的？这几个问题的提出，帮助学生回忆，如面积的意义、面积单位的作用、单位换算、面积单位的进率单位统一、面积大小的比较、周长和面积的区别、组合图形的计算等，让学生通过学习共同体合作，把这些有联系的知识点整理成一张有关联的结构图。并用这些知识来解决生活中的一些问题。在知识的整理过程中，每个学生在学习共同体内敢想、敢做、敢说，与同学一起交流、研讨，实现了信息在群体之间的多向交流，这样，学生既构建了新的知识结构，又掌握了一定的学习方法。

面积单位的率	面积单位	平方厘米（边长 1cm 的正方形 1cm²）
		平方分米（边长 1dm 的正方形 1dm²）
		平方米（边长 1m 的正方形 1m²）
		公顷（边长 100m 的正方形 1 公顷）
		平方千米（边长 1000m 的正方形 1km²）
	单位换算	进率表
		面积大小比较
		（30dm² 与 3m² 谁大）
		面积公式
		与长度单位的进率有区别

张建伟博士认为，学习共同体是指一个由学习者及其助学者（包括教师、专家、辅导者等）共同构成的团体，他们彼此经常在学习过程中进行沟通、交流，分享各种学习资源，共同完成一定的学习任务，因而在成员之间形成了相互影响、相互促进的人际联系。也就是说，学习共同体是为了完成学习任务而构成的一个团体，在这个团体内部，大家拥有共同的目的、期望、知识、志趣和情感，并因这些共同的精神因素而将团体内的成员凝聚在一起，大家彼此相互依赖，平等相待，荣辱与共，最大程度地共享利益。学习共同体具有两种基本功能：一是社会强化功能；二是信息交流功能。学习共同体的社会强化功能是指建立学习共同体能够满足学习者的自尊和归属的需要。在学习共同体中，学习者感到自己和其他学习者同属于一个团体，在进行共同的学习活动，遵守共同的规则，具有一致的价值取向和偏好。学习者对共同体的归属感、认同感

以及从其他成员身上所得到的尊重感有利于增强学习者对共同体的参与程度，维持他们持续、努力的学习活动。学习共同体的信息交流功能是指学习者与辅导者进行交流，同时又与同伴进行交流和合作，共同建构知识、分享知识。在沟通交流中，学习者可以看到不同的信息，看到理解问题的不同角度，而这又会促使他们进一步反思自己的想法，重新组织自己的理解和思路。

在小学数学教学中，学习共同体合作学习使认知能力尚处于孩童阶段的学生，发挥群体交互的优势，是避免由于遇到挫折而带来失败感的一种行之有效的方法。此外，教师还要积极参与学生的合作学习过程，了解合作学习的进展情况，引导展开讨论，指导合作探究，及时鼓励有创意的见解，科学评价合作学习的过程和结果，只有以新课程倡导的理念为指导，加强实践，数学课的合作学习才会收到良好的学习效果。

参考文献：

1. 薛焕玉. 对学习共同体理论与实践的初探 [J]. 中国地质大学学报（社会科学版），2007（1）.

2. 钟启泉. 知识建构与教学创新——社会建构主义知识论及其启示 [J]. 全球教育展望，2006（8）.

3. 佐藤学. 静悄悄的革命 [M]. 长春：长春出版社，2003.

自主设计挑战性问题，为课堂学习"留白"

曹丽宁

在阅读教学中，我们经常看到这样的画面：教师布置若干问题，让学生带着问题读文思考，引导学生理解重点内容，从而完成本节课的教学目标。这对过去"教师讲，学生听"的"满堂灌"的讲读式教学而言是一种革新。但随着课程改革的不断推进和创新教育的发展，它的局限性也日益显露出来：学生思考的问题都是教师根据自己对教材的理解和教学目标、方法而设计的，不一定切实符合学生的学习水平、思维方式和内心需求。这些问题控制着学生思维的方向，限制着学生自主意识和创新能力的发展，不利于学生创新思维和良好个性品质的形成和发展。同时，对发展学生的独立阅读能力也是极为不利的。

《教师的挑战》一书中指出："课堂教学需要给学生'思考的空间'，不能变成教师一个人的演讲。教师与其不断地、十分辛苦地讲述，不如让学生自己去思考和探求。"为此，教师要学会给课堂留有空白。

思辨性阅读与表达是《义务教育语文课程标准（2022年版）》提出的一个重要概念，思辨性阅读与思辨性表达各有侧重又相互促进。"思辨"出自《中庸》中的"博学之，审问之，慎思之，明辨之，笃行之"这句话，意思是慎重地思考、明确地辨析。思辨性阅读是以思辨为主要特征的阅读方式，是阅读主体对文本信息进行深入思考辨析并作出合理评判的阅读活动。

在语文课堂上，精心设置具有思辨价值和挑战性的问题，才能为实现真正意义上的学习打下基础。

因此，阅读教学中，教师应给学生提供充足的思维空间，让他们能够自主地发现问题、提出问题，在与同伴的交锋中解决问题，营造适合学生思考的空间，培养思辨能力。

一、自设挑战性问题，为学生交流"留白"

阅读教学中，教师应尽量少提问题，教给学生发现问题的方法，让学生自读自悟，自主地发现和提出有意义、挑战性的问题，让学生在交流协作中的每个个体的互动所形成的意义链和关系链构成得更清晰和易于操作，从而让学生有话可说，有想表达的欲望。

在学习《在炮兵阵地上》时，同学们在初读完课文后，就文章不理解的字词、文章写作背景及社会环境、篇章结构、作家及作品、人物性格等方面进行了提问。大家针对最想研究的问题和最有价值的问题——"彭总是个怎样的人"展开讨论。整堂课的讨论能看出学生全员投入，思考很深入。基于个体的思考明辨后的交流更有实效。有一组学生汇报到通过"别的事？什么别的事！"这句话感觉彭总是个严肃易怒的人。因为团长缺乏现代军事的常识，并不是故意把弹药库建在阵地前沿，彭总这样严厉的责问打消了工作积极性。

另一组同学说出不同的见解：彭总对出现的问题追究，是严格要求下属。这正是彭总对自己工作负责的体现。反刍文本后，这组一个内向的孩子说："做值日你还说，都先别写了！快做值日吧！一会儿就检查了！能说你易怒吗？你和彭总都一样，只是他比你官大。"这个同学听后非常认同地点点头。一个问题就这样在有效的同伴协同学习中轻易解决了。

由此可见，学生根据自己实际困惑自主提出的挑战性问题，像石块投入湖中泛起的涟漪，让每个学生跳一跳就能够得到，促使学生产生强烈的求知欲和情感共鸣，才能引发学生积极有意义的交流。

二、自设挑战性问题，为学生想象"留白"

爱因斯坦说过："想象力比知识更重要，因为知识是有限的，而想象力概括着世界上的一切，推动着进步，并且是知识进化的源泉。"学生有了丰富的想象力，就能冲破狭小的领域，飞向广阔的认识世界。

在试讲《跳水》时，同学们针对"船长为什么要用枪逼迫孩子跳水，跳水是不是最好的办法？"这一问题进行研究。学生围绕文本内容进行理解、交流，但学生体会船长的机智果断的性格特点不到位。学生想还有其他方法，用枪指着自己的孩子不是唯一的方法。于是，授课时我把挑战性问题改为：船长为什么用枪逼迫孩子跳水，还有没有其他的方法？这个问题大大激发了学生学习的兴趣，一石激起千层浪。有的孩子认为，文中说，"只要孩子一失足，他就会跌到甲板上，摔个粉碎。即使他不会失足，拿到了帽子也难以转身走回来。"这位同学抓住了"难以转身"，他说，难以转身，并不是真的没办法转身回来，如果孩子转身回来，安全系数更大，很多同学也随声附和，认为他说得有道理。有的孩子认为可以让孩子抓住桅杆上的绳子滑下来。还有的孩子认为可以让水手们在甲板上接住孩子，或在下边垫充气垫避免摔伤……

在学生丰富的想象与课文的对接中，他们渐渐对文本中写的环境、情节有了更深刻的认识，对于船长的人物性格理解也水到渠成。这样的挑战性问题设置不仅使学生与文本进行勾连，更促进学生对课文理解的深入思考。保护这种欲望，培养这种能力，对于学生的终身学习将是大有益处的。

三、自设挑战性问题，为学生思维"留白"

思维能力是学生对客观对象产生分析、综合、比较、抽象与概括的过程，是一种综合能力的体现。挑战性问题的设置能激发学习动机、引发学生思考，是学生思维的助燃剂。

在教学《金色的脚印》时，学生提出了"老狐狸为救小狐狸都做了些什么？"和"狐狸一家和正太郎之间的关系发生了怎样的变化？"这两个问题。一个从正太郎的观察角度抓住了课文的明线，是从文章内容上讲的，另一个以正太郎与狐狸一家情感及行为变化这条暗线进行研究。在授课过程中，学生通过自学就能回答第一个问题，挑战难度不大。通过调整，问题改为：这是怎样的狐狸？一石激起千层浪，学生进入得快，倾听认真，交流也顺畅多了。申子睿组说道：我们认为这是机智和知恩图报的狐狸，理由是……其他组学生在此基础上进行了补充，汇报的观点明确，有理有据。学生通过关键词语，联系上下文，联系生活等方法理解了狐狸一家的有情有义，一节课上完，学生意犹未尽。评课时，李校长指出：挑战性问题从情感入手，使每个学生都能张嘴说，有的说。在李校长指导下，我结合讲解过的小说特点和研究的推进提出，你喜欢椋鸠十笔下的人物吗？为什么？学生听罢，兴致盎然，不仅把自我卷入文章情境当中，感受狐狸和正太郎的情感变化，还用思维导图的形式对椋鸠十小说的特点进行比较梳理。可见挑战性问题的提出与巧妙设置，对提高学生研究兴趣，提升学生思维水平和思辨的能力，对共同体的研究有很大帮助。

　　阅读为语文教学之本，思辨阅读能力培养为教学之魂。在阅读教学中，我们充分了解学生，整合挑战性大问题，并能合理利用，就一定能创设适合学生思维发展的阅读学习平台，营造一个适合学生个性化建构的生态课堂，使不同基础、不同特点的学生都能获得应有的发展与进步，打造真正意义上的高效课堂。

设计匹配目标的大问题，促学生深度学习

米　烁

学习目标即学什么，怎样才能学以致用，目标是核心。深度学习是学习者身心充分自主参与，触及学科本质、全面、完整、丰富的学习体验。匹配目标设计有意思、有意义的问题可以促使学生主动、积极学习，促使学习真正发生，目标得以实现。设计匹配目标的大问题可以充分实现学生与文本、与同伴、与自我对话，也就可以架起从学习发生到深度学习的桥梁。目标准确是核心，有意思、有意义的大问题是媒介，深度学习是结果。三者合理匹配则可实现发展学生身心，使学生主动学习、探究知识背后的内涵与意义，走向更高阶学习的目的。

一、抓文本反差设计匹配目标的大问题，促深度学习

学生读文本后发现前后反差很大，与现实中自己的认知截然相反，所以抓文本反差设计问题学生感兴趣。抓文本情节的前后差异，将问题充分匹配目标，这样的问题吸引着学生从学习发生逐步走向深度学习。例如四年级上册五单元《麻雀》一课，为突破把一件事写清楚的目标，首先要引导学生感受老麻雀奋不顾身挽救幼儿的无畏精神。开始，我以问题"文章中你对哪些语句印象深刻"引发学生思考。这个问题看似广度大，但学生难以聚焦。

当问题替换成"为什么如此凶猛强大的猎狗看到一只弱小的老麻雀会退缩了呢"时，课堂效果立刻大有转变。学生的视角不再仅仅关注描写老麻雀的言行的语句，而是多角色、多元整体思考。对比不同角色体会老麻雀无畏，在辨识中感受强大的猎狗被老麻雀保护幼儿强大的爱的力量震慑住了。

设计大问题抓故事类文本中与现实生活反差较大的情节学生读起来更有兴趣。因循学生兴趣设计问题，充分前测，从学生真问题入手结合目标更容易激发学生学习兴趣，使课堂教学与学生思考走向深入。例如：捕猎经验丰富的猎狗与弱小的麻雀形成认识强烈对比。再如《普罗米修斯》一课，我引导学生读课文后提出自己的问题，发现班级中集中的问题主要是"大力士赫拉克勒斯为什么宁愿背叛自己的父亲也要救下普罗米修斯"。学生的问题和本课普罗米修斯的英雄品质目标非常切合，于是我就把这个问题变换成第一人称视角切入课堂学习，学生学得津津有味。

所以关键反差情节是撬动课堂思考的杠杆，学生喜欢这样的问题。课堂中从自己感兴趣的问题出发开始学习让课堂充满趣味，这也是引发深度学习的重要条件。

二、从情节联系设计匹配目标的大问题，促深度学习

学生关注情节之间的联系，设计引发深入思考的沉浸式问题将学生代入故事情节之中，设身处地地以第一人称沉浸其中思考问题，更易达成目标，深度学习。在普罗米修斯这个故事中，普罗米修斯为人类造福承受巨大痛苦与折磨。那么，支撑普罗米修斯的究竟是一种怎样的力量呢？感受普罗米修斯为人类造福，不屈不挠的精神是本节课的重点突破目标，于是我将本课大问题"如果你拥有神力，你会救下普罗米修斯吗？"转换成第一人称，让学生在课堂上学得更有代入感。学生顺着这个问题，将普罗米修斯造福人类与受罚的情节串联在一起，感受出他为人类造福取火的重大意义是延续人类种族，同时也体会到他不屈不挠的精神品质。课堂上，学生对普罗米修斯的人物形象记忆深刻，自己不禁也要救下这位造福人类的英雄。达到沉浸式思考与学习效果，实现深度学习。

再如，我用问题勾连普罗米修斯拒绝劝说与受罚情节。借助问题"为人类造福要受到这么残酷的惩罚，你认为值吗？"思考，学生发现普罗米修斯其实有很多自救的机会。第一次机会，火神劝说，他毅然放弃。第二次机会，在悬崖上受到残酷惩罚，他坚决不认错。第三次面对鹫鹰的啄食，他依然不肯低头求饶，为造福人类，这就是英雄！学生不禁要问，究竟是一种怎样强大的力量在支撑着普罗米修斯？答案就是，在英雄心里造福人类的坚定的信念。

通过不断地站在第一人称的视角设身处地地联系情节，让普罗米修斯的英雄形象在学生心中越来越丰满。通过文本的前后勾连，通过不同角度审视与整合，启发学生更加深入、全面地思考。

三、深挖语文要素设计匹配目标的大问题，促深度学习

学生通过学习文本在理解语文要素的基础上，深挖至应用实践层面。匹配目标抓要素与特点设计思辨性问题，在已有学法基础上延伸思考，探究知识内涵与意义，变所学为所用，让学生不仅知其然，还知其所以然，更能自然应用于生活实际。《麻雀》作为习作单元的首课，如果仅仅让学生知道作者是怎样写出老麻雀的无畏，这还是停留在意识层面。学习作者的写作手法最终的目的是要落实于自己的习作运用中，所以研究出作者写法的好处就非常重要。因此，我将本课的第二个挑战问题定为"作者运用自己看到的、听到的与想到的写出老麻雀的无畏，这些内容缺一不可吗"，并借这个思辨问题引导学生发现写作的好处。课堂中，学生发现也许并非缺一不可，但如果像作者这样写整个故事显得非常真实，感觉身临其境，很有画面，立体感十足。学生深入思考，也纷纷表示自己在写作中也会这样写文章。

之所以设计这样的问题是从文本出发，基于把一件事写清楚的单元要素，达成从看、听、想多个角度充分把事件写清楚的目标。同时，也从学情出发，不仅要了解作者的写作手法，还要明白这种写法的好处，为应用于自己的写作做足准备。

《普罗米修斯》中设计思辨性问题——有人说，现在科学进步了，不需要再读神话了，说说你的想法。一石激起千层浪，此问题引导学生结合自己的生活实际，深入思考。通过图片支架，学生讨论发现，当今，虽然科学技术发展迅猛，但仍要保持对未知世界的探索，对未来永存希望，人类也会因此不断进步。

这个思辨性问题将学生所学到的神话的特点与规律落于自己的生活实际当中，找到了学习神话的意义。课堂中，学生通过关联情节、反复朗读，感受到神话故事中的文字之美，通过感受普罗米修斯不屈不挠的英雄形象，体会到世界趋于正义的真善美。在今后仍然会继续读神话，带着希望继续探索未知，有助于引导学生树立正确的价值观，这也达到了深化教学的最终目标。

通过目标导向准确设置问题，使学生透过神话故事看到神话体裁文章探究未知世界，希望促使人类进步的本质。在问题引领下，学生透过一篇神话感受到学习一类神话文体的意义，课堂更纯粹，主线更清晰，省去很多不必要的"弯路"，在学生的真实难点上下足功夫，课堂更有实效。

综上所述，目标清则方向明，基于学生的兴趣，设计匹配目标的情节反差、沉浸式、思辨性的大问题架起学习发生与学生深度学习的桥梁，使学生更乐于主动进入深度学习，这样的课堂少兜圈子，学生喜欢，效率倍增。

以上是我针对故事类文章大问题设计引发学生深度学习的初步研究，我还会在此基础上深入研究，如因循课后题设计问题使学习走向深刻，思维走向多元化；针对不同体裁，如童话类、科普类等文章问题的设计与研究。总之，目标导向，问题引领深度学习，我将继续前行在路上。

借助有效问题设计，促语文学习能力提升

徐晓蕾

"问题引领式"的课堂教学模式，是在"以学生发展为本"新课程理念的指导下，把学习置于问题之中，让学生能够自主地发现问题、探究问题。因此，在教学中，要设计好促进学生学习的问题，为学生语文能力的提升打下基础。

一、指向文章写法的问题设计，促进教学目标达成

课程标准对五、六年级学生的阅读能力上有这样的要求：在阅读中初步领悟文章的基本表达方法。因此在教学中，我引导学生关注文章的写作手法进行学习。

（一）以问助读——"四时景物，亦静亦动"

在教学中，根据教学目标、文章特点，进行关注写法的问题设计，能够将学习置于阅读中心，提升学生阅读能力。

在教学第七单元"自然之趣"这一单元时，了解到阅读要素是：初步体会课文中的静态描写和动态描写。对比本单元几篇课文的阅读提示我们发现，三篇课文阅读提示均指向了文章写法的特点。因此，在单元各篇文章的问题设计上，均指向写法。

教学《鸟的天堂》时，设计挑战性大问题：对比第 8 和第 12 两个自然段的文字，你有什么新的发现？学生在与同伴的相互学习与交流之中，得到启发。

学生 A：第 8 自然段中描写了大榕树旺盛的生命力。比如说，我从"不留

一点儿""堆""颤动"等词能够感受到大榕树生命的蓄势待发。第12自然段，我也感受到鸟的天堂中鸟们具有生命力。比如说，有的站在树枝上叫，有的飞起来，有的在扑扇翅膀。

学生B：第8自然段是静态描写，第12自然段是动态描写，我觉得这样写，能够让整个描写画面不那么枯燥与单调。

学生C：对，我觉得大榕树的静衬托了群鸟的动。而且我还发现，作者在写鸟群的时候还写出了这棵大榕树由"静寂"到"热闹"的变化过程，从开始只有一声鸟叫到后面越来越热闹……

通过两段文字的比较，学生能够发现：本文先写树后写鸟，一静一动，对比强烈。透过文字我们看到了大榕树的大而茂盛的静态之美，群鸟欢飞的动态之美。同时也有学生能够关注到第12自然段中指向写作上的要求：关注景物的动态变化。

可见，结合单元设计特点，关注写法，直接指向写法的大问题促进了学习的真实发生，使学习更有实效。

（二）以问助写——"把文章说明白"

关注写法的大问题，在习作单元的作用尤其明显。设计好问题，学生可以达成由会读到会写的高阶目标。

在教学第五单元说明文时，在对精读课文解读之后设计教学。在单元教学起始，组织学生统揽整个单元的内容，明确这一单元所要达成的任务：向别人介绍自己喜欢的一件事物。在介绍的过程中要运用一定的说明写法。因此设计单元整体性的问题"说明文是怎么把问题说明白的"，并带着这个问题开始学习，学生能够关注说明性文章的不同表达方法，读有目的，写有方向。学生在学习中不断丰富自己的写作方法，逐步完成学习目标。

"从阅读中学习表达方法。"通过关注文章写法的问题设计，将学习目标转化成一个个具有探究性的学习活动，使学生逐步达成本单元的学习任务。

二、抓住情感线进行问题设计——促体会文章情感

"心有所思，情有所感，而后有所撰作。"因此，在语文教学中不应该离开情感体验。借助教材中的情感因素设计问题，引领学生感知体悟，使之形成良好的情感品质，较好地实施素质教育。

（一）情感线引导关注场景和细节——感受浓浓亲情

第六单元"舐犊情深"围绕着亲情编排了两篇文章，语文要素对阅读的要求是：从场景和细节中体会情感。两篇文章比较有年代感，所以，共情是学生学习的难点。因此在本单元的教学设计中，我以情感线入手，渗透父母的"舐犊之情"。

例如：在设计"慈母情深"的教学时，引导学生关注第6—19自然段。以工友的话引入：母亲的工友，看到我来找母亲要钱后说道"你看你妈是在怎么赚钱"，那么我们一起来到母亲为我们挣钱的那个地方，看一看母亲是在怎么挣钱的，结合看到的与听到的批注自己的感受。以此引导学生关注情景和细节描写。

学生A：我关注到了母亲工作地的环境"不足二百平米的厂房""潮湿颓败""七八十个灯泡""犹如身在蒸笼"，这些环境描写让我感觉母亲工作的环境特别差。

学生B：从第8自然段的"震耳欲聋"我也有这样的感受。母亲非常不容易，非常辛苦。而且第16自然段写了"极其瘦弱的脊背弯曲着"，我觉得母亲为我们能够更好地生活而操劳着。

学生在相互交流的过程中，深入课文中的场景，体会文章中让自己触动最深的文字，感受"慈母情深"。

抓住文章情感线，以情入手，从而引导学生关注故事中那些感动自己的场景、细节，完成语文素养的达成。

（二）情感线引导关注文章结构——学习寄情于物

五年级上册第一单元的人文主题是"我的心爱之物"。理解要素是初步了解课文借助具体事物抒发感情的方法；表达要素是写一种事物，表达自己的感情。学生在本单元要能够学习把情感寄托到一种事物上的方法。

郭沫若先生的散文《白鹭》以诗化的语言赞颂了白鹭如诗般的美，表达了他对朴素高尚之美的推崇。在教学《白鹭》这一课，我设计了引领性大问题：从哪些地方感受到"白鹭是一首精巧的诗"？学生清楚地知道自己要学什么、怎么学，进而在核心问题的引领下开展独立阅读，在有效的时间内轻松了解文章大意，厘清文章结构。通过共同体小组协同学习，组内梳理观点。学生能够找到"清水田里，静静地钓鱼""小树绝顶，悠悠瞭望""黄昏空中，低低飞翔"几幅优美、生动的画面。通过反复阅读文本，感受到了"白鹭是一首精巧的诗",体会到作者对白鹭的喜爱与赞美之情。

教学中,引导学生关注文章情感线,有利于学生厘清文章结构,同时与作者产生情感上的共鸣。

三、提高阅读速度的大问题设计——促阅读效率提升

《义务教育语文课程标准》中"提高阅读速度"有关的要求是:在高年级"默读有一定的速度,默读一般读物每分钟不少于300字。学习浏览,扩大知识面,根据需要搜集信息"。由此可见,提高阅读速度是学生语文学习效率提升的有效手段。

从三年级学生开始接触"阅读策略",教材安排了"预测""提问"的策略训练,到了五年级第二单元安排了"学习提高阅读速度的方法"。提出了学生要有能够从阅读需要出发,能够在短时间内,迅速理解、把握阅读材料,并获得需要的信息的能力。

因此,在定位教学目标时,要求学生不仅阅读时"有一定的速度",同时还能做到"迅速理解、把握阅读材料",快速掌握文章的大致内容。

学习《冀中的地道战》一课。学习提示明确提出"带着问题快速阅读"。"地道战"是一个具有时代特点的词语,对学生来说比较遥远,因此非常适合落实"带着问题去默读"这一方法。通过学生的预习,课前梳理问题,整合,提出问题:"文中在第3自然段提到'说起地道战,简直是个奇迹'。为什么说地道战是一个奇迹呢?"通过这样一个问题,引导学生对课文内容进行梳理,体会"奇迹"背后的人民群众的智慧。

随着学生年龄的增长,语文阅读量乃至各科阅读量都在同比增加。因此,在课堂中,有意识地训练学生提高阅读速度,可以促进学生语文终身学习能力的发展。

"双减"背景下,提质增效势在必行。因此,在教学中,要通过有效的问题设计,带动学生开展学习,让学生在不经意间顺理成章地对核心问题进行掌握和运用。

研究核心大问题，促进学生"真"学习

张红燕

一、重视理论研究

本学期美术组的老师们每周二都会利用业研时间共同研究共同体学习的理论，又深入研究了福州美术林老师的美术课，并邀请其为我们做共同体培训；研究了四本《"学习共同体"教师论坛集锦》；经常交流讨论老师们在共同体课堂研究中遇到的问题，并及时改进修正自己的研究方向，使每名老师都能在共同体研究理论方面有不同程度的提高。

二、紧扣主题研究

在本学期的共同体研究过程中，美术组老师们紧扣主题"研究核心大问题，促进学生真学习"进行研究，主要研究成果汇报如下。

（一）设置课前学习单——解决美术学习广度问题

艺术学科"核心素养"由"审美感知、艺术表现、创意实践、文化理解"等四方面组成，每节课的时间有限，要想充分研究加大课题研究的深度和广度，提升学生查阅资料提炼信息的能力，就必须在课前设置调查任务。比如：在讲三年级"设计动漫标志牌"一课时，在课前联系学生生活让学生拿着画板和画笔到生活中找到各种各样的标志牌并画出来，也可以拿着手机或相机到街道、小区、商场里去拍一拍。学生还通过网络、咨询长辈等方式对"生活中的标志牌有什么作用""我认识几种美术字体？（写一写）""学校中需要哪些提示语""我喜欢的动漫形象有哪些？（画一画）"等进行了解。通过实践活动在画一画、拍一拍的过程中加深了对标志牌的认识，通过查阅资料、筛选资料提升了调研能力，训练学生思维，解决了美术学习广度的问题。通过在课前对创作主题的调研使学生更深刻地了解了学习主题，绘制的作品也会更生动，让学习真正发生，利于学生美术核心素养的提升。

（二）课中研究大问题——解决美术构思问题

本学期在共同体教学研究方面，我们注重对核心问题的研究，通过课中研究大问题，解决学生构思的广度和深度，让学习真正发生在学生身上。

1. 基于课前调研，研究核心大问题

在讲"生机勃勃的早晨"一课时，通过孩子们课前调查，搜集、提炼信息，课中研究文本，探究核心问题"我怎样创作一幅表现生机勃勃早晨的作品？"同学们通过课前查阅资料完成课前学习单，课中交流研究得出：可以表现早市的早晨，画和爷爷奶奶买菜的情景，要画出菜、人、车、水果等丰富的物品；可以表现早晨在饭店吃早点的人们；可以表现上学，校门口人多、车多的情景；可以表现早起锻炼的人们，公园里晨练的爷爷奶奶；可以表现小区里跳广场舞的人；可以表现校园中跑步、打排球、做值日、升旗的同学们；可以表现地铁和公交车上忙碌的人……孩子们通过课前观察生活、搜集资料，课中与文本对话，与同学交流，串联总结出的创意涵盖生活的方方面面，十分丰富。只有对生活的细致观察，才能创作出更有创意的作品。基于课前调研，研究核心大问题，解决了构思宽度问题，让学习真正发生在学生身上。

2. 基于文本，研究核心大问题

在讲三年级"奇妙的效果"一课时，以往是老师亲自示范怎样利用油画棒和水粉色完成油水分离的效果，并让学生记住油水分离这个技法。现在是让学生自己看书，自己研究大问题——书中介绍了哪种奇妙的效果？

在三年级几个班的教学中，孩子通过自学、小组交流等方式研究出"奇妙效果"产生的方法和原因，学生自己总结出："油画棒、蜡笔（油性）+水粉、水彩（水性）→油水分离"。

在讲"色彩斑斓的窗户"一课时，学生基于文本，研究的核心大问题是：从名家作品中我看到了什么？（每人至少想出三种答案）孩子们通过自己思考→小组交流→小组汇报得出：线条多、颜色多、形状多、图案多、抽象、遮挡、混色、粗的线、细的线……有表现动物的，有表现几何图形的，有表现人物的……孩子们从大师的作品中受到启发，创作的作品也有独特的想法，他们创作了"星系窗、黑猫窗、圣诞窗、皇室窗、彩色吊灯窗、万圣窗、花房窗、蝴蝶窗……"孩子们通过文本研究核心问题，发散了思维，提升了能力，解决了构思的广度问题，并让学习真正发生。

3. 基于协同学习，"攻克"核心大问题

在共同体学习中，简单的问题，学生以自学的形式自己"攻克"；偏难的问题，自己解决不了的，就要与小组成员进行协同学习，共同攻克难题；更难的问题需要全班同学共同讨论与老师一起攻克。比如：五年级美术"近大远小的透视现象"是最专业的美术知识，也是最不容易理解和最不容易表现的内容。本学期通过共同体学习，共同研究核心问题——通过举例说明什么是透视现象？孩子们在认真研读了文本之后，和同组的同学协同学习，共同研究透视现象是什么？有的同学只探究出近大远小的透视现象，有的同学研究出近宽远窄的透视现象，还有的同学研究出近高远低的透视现象。通过协同学习，小组成员之间的交流，孩子们掌握了两三种透视现象。在全班小组汇报串联中，孩子们理解了近大远小、近宽远窄、近高远低、近实远虚等透视现象，并通过实例讲清了透视现象的原理。如此枯燥、不容易理解的核心问题，孩子们通过自学、协同学习就这样解决了。孩子们理解了透视现象的原理，创作出了符合透视关系的作品，解决了构思的深度问题，也让学习真正发生了。

（三）学生示范、教师示范——解决绘画问题

对于完成一件令人满意的绘画作品，除了解决孩子们创作的深度、广度问题，研究核心大问题解决构思问题，还有一点就是绘制的问题。只有好的构思表现不出来也是不行的。因此，在课前的美术学习单中，设置了绘画的难点并在课前先画一画解决部分绘画问题。课中，小组成员互相交流课前学习的成果，交流绘画中遇到的问题，之后，老师请个别同学到黑板上板演人物绘制的全过程，每次找两三个孩子到黑板上绘制创作的难点。比如：在讲"快乐童年"一课时，绘画的难点是人物的表现，学生在黑板上板演人物绘制的全过程，就更清楚了怎样才能更好地表现人物，他们运用的方法也更利于学生接受，是先画出脸型→头帘→发型→上衣→裤子→手→脚的顺序，还是先把人物的脸型画成圆形，再添加头发和五官→上衣→裤子→脚→手的顺序。通过观看本班学生的画法，孩子们对人物的绘画方法理解得更加清晰了。老师再针对人物动作的变化，画面的遮挡关系、疏密关系等加以强调。通过学生示范、教师

示范，更清晰地解决了绘画的难点，使学生的好构思得以实现。在美术表现方面得到了提升，发生了真正的学习，也提升了学生的美术核心素养。

总之，在本学期的教学研究中我们取得了一些小成绩，但是，有些课的核心问题把握得不是十分准确，下学期还需要继续推敲，继续深入研究，使美术共同体学习更具实效。

在对话中擦出思维火花

关注对话交流，促学生思维能力提升

陈　旭

义务教育阶段英语课程的主要目的是为学生发展综合语言运用能力打基础，为他们继续学习英语和未来发展创造有利条件。语言既是交流的工具，也是思维的工具。英语课程承担着培养学生基本英语素养和发展学生思维能力的任务，即学生通过英语课程掌握基本的英语语言知识，发展基本的英语听、说、读、写技能，初步形成用英语与他人交流的能力，进一步促进思维能力的发展，为今后继续学习英语和用英语学习其他相关科学文化知识奠定基础。

学习共同体是学生之间或学生与老师之间共同构成的团体，他们彼此之间经常在学习过程中进行沟通、交流、分享各种学习资源，共同完成一定的学习任务，因而在成员之间形成了相互影响、相互促进的人际关系。所谓"学习"是同客观世界的相遇与对话（文化性实践）、同他人的相遇与对话（社会性实践）、同自己的相遇与对话（反思性实践）三位一体的活动。学习共同体关注学习过程中学生相互尊重，相互学习，相互启迪的情感，注重师生、生生间的对话与交流，注重思维深度的展开。

一、核心问题，引发思维

学习共同体的课堂，需要由核心问题来引发思维，使学生有的可找，有的可想，有的可说。特别是高年级学生，需要借助学习单开展自主学习和小组讨论。学习单上的核心问题一定是符合教学目标的关键问题，要具有开放性、实用性和挑战性。学习单是一条具有逻辑思维的思考路径，帮助学生在学习的过程中将对话的内容融会贯通。

新时代
教育文库
北京卷

以往的英语对话课教学，在学生观看视频之前，老师总是习惯性地出示对话的主题图，并针对图上的内容进行提问：Who are they? Where are they? What are they talking about? 之后学生观看视频，找出这些问题的答案。诚然，这些问题的提出，有利于学生在观看视频的过程中快速抓住关键信息，理解文本内容。但是，这些基于文本的，有唯一答案的问题在很大程度上限制了学生的思维，使思维局限于文本，学习局限于教材。学习共同体课堂的核心问题是指能引发学生思维，没有唯一固定答案的大问题。问题源于文本对话，却不局限于对话内容，学生的回答基于文本，却比文本更丰富，更开阔。以北京版小学英语教材（五年级上）《Lesson 9 How can we make use of trees? 》一课为例，学生观看视频之前，老师提出两个核心问题，引发学生思维：

（1）Do you like trees? Why?

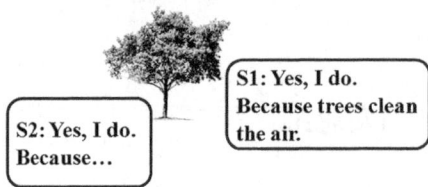

（2）How can we make use of trees?

这两个问题层层递进，直指教材重难点。问题1，观看视频前引导学生对本课中的关键词"trees"进行讨论，学生会说出很多种喜欢树的理由：Because trees help us. Because we can make things with wood from trees. Because I enjoy walking in the forest. 等等。这些喜爱树的原因来源于学生的已有知识，来源于他们的生活实践，在枯燥的教材与灵动的生活之间架起了一座桥梁，使学生能够进行知识的迁移与转化，引发学生思维。学生带着问题2观看对话视频，一方面，能快速、准确地抓住关键信息，有利于学生更好地理解对话内容；另一方面，问题的提出使学习不局限于对话文本，使学生有交流的内容，有思维的空间。

🌲 师生交流有关树的话题
Do you like trees? Why?

🌲 老师提出核心问题，引导学生边看视频边思考 **How can we make use of trees?**

S2: Yes, I do. Because...

S1: Yes, I do. Because trees clean the air.

二、自主思考、共同交流，聚合发散思维

自主思考是指学生将思维聚合在老师提出的核心问题上，自主地通读文本，与文本对话，深度思考，独立完成学习单。

Unit 3 How do seeds travel?
自主学习报告单   Lesson 9

How can we make use of trees?   We can …

　　共同交流，即学生在自主独立思考之后，通过与伙伴沟通与交流，进行信息分享，互通有无，发散思维。思维在交流的过程中更加开阔，在分享的过程中逐渐深入。

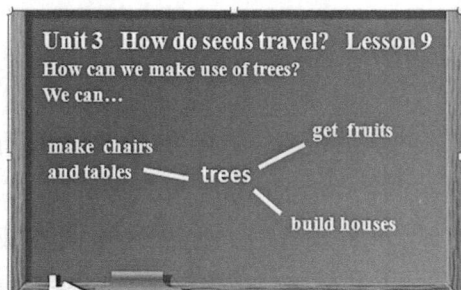

图1

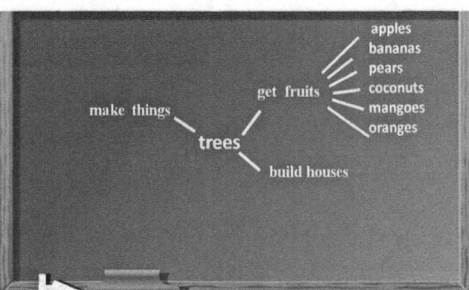

图2

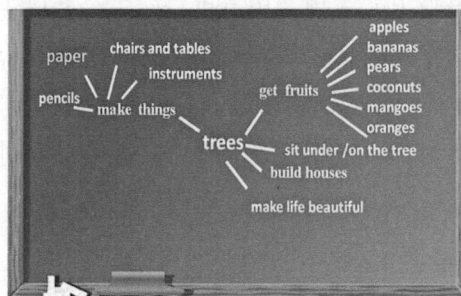

图3

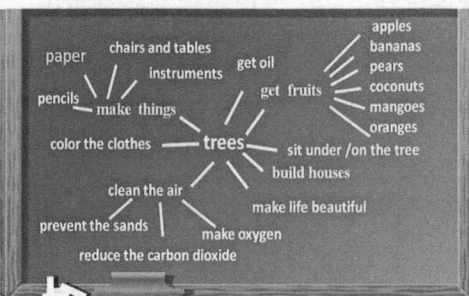

图4

　　以第9课为例：老师的板书，记录了学生思维发展的过程。图1是学生通过自读文本，与文本对话，以核心问题为抓手，在文本中搜索重要信息后得到的初级的思维导图；图2是学生深入理解文本内容，对文本内容进行再思考后补充的思维导图；由对话文本"We can get fruits from trees."引发学生深度思考：What kinds of fruits can we get from trees? 学生需要在已知的水果类单词中搜索长在树上的水果，因此引发学生的深度思考。图 3、图 4 是学生在自主思考后，与同伴进行沟通与交流，通过倾听与分享互通有无，进一步丰富、完善的思维导图。

在完成板书的过程中，老师逃离了"教"与"学"，而是作为一个局外人，记录下学生的交流成果，让学习真正发生在学生中间，让思维在对话交流的过程中发散与深入。以学生为主体，相信学生，给学生充分的时间自主学习，学生静下心来与文本对话，与同伴交流。学生在学习的过程中不是孤立的个体，始终有伙伴的陪伴，思维在伙伴间的交流过程中逐渐丰富，逐渐深入。一个人的思维是有限的，两个人交流后，思维会更丰富。全班进行公共分享后，大家的思维会更开阔。

三、串联反馈，矫正思维

学生自主学习、同伴交流之后，需要在更大的范围内进行分享，即小组间交流与分享，这使学生的思维更开阔，更有深度。学生小组汇报交流成果，老师利用思维导图将学生的交流成果进行整理、串联与反馈。老师的思维导图板书为不同层次的学生提供了语言支撑，同时也有助于学生更好地理解文本内容。学生通过认真倾听其他小组的发言，获取信息，丰富自己的思维导图。老师在将学生的语言形成板书的过程中，对学生的不规范用语进行纠正，并以正确的形式形成板书，使学生的思维回归到正确轨道，矫正学生思维。板书内容的呈现，为学生理解并复述对话内容提供了必要的语言支撑。

之后，学生通过整体跟读对话、自读对话、操练重点句型等一系列活动进一步巩固重点内容。

四、反刍回归，迁移思维

创造合作学习的教师与单项灌输教学的教师的差异就在于是否借助"反刍"保障全体学生的学习。最初，在全班和小组的讨论中"反刍"的活动是寥寥无几的，结果是，多数的学生在反复地表达自己的观点，而文本被置之不理。洞察"反刍"活动的教师则善于挑战高水准的学习，当发现学生们在探究中遭遇困难时，便及时引导孩子们回归文本进行"反刍"，回到前一段的学习内容，重新出发，或是借助小组活动中的"反刍"，促进每一个学生的参与，这样同学们在相互切磋的过程中，必将实现高水准的学习，必将产生更加深刻、更加透彻的学习。

"反刍"是进行复习、巩固活动的一种技巧。"反刍"就是指大量吞进，再吐出细嚼慢咽，如牛吃草。所以，"反刍"是由粗到细，循环加深的一种技巧。学生经过了引发思维、聚合发散思维、矫正思维后，需要回到教材中来，通过大量的操练进一步巩固所学重点句型及答语，需要将前一话题的思维方式应用于不同的话题与语境。通过反刍回归，进行思维迁移，从而达到巩固重点、突破难点的目的。如学生在自主学习以及与同学交流"树的利用"的过程中，已经熟悉了问句"How can we make use of trees？"及相关答语"We can use trees to …""We can make…with wood from trees.""We can also…""Trees help us to …"为了巩固问句与答语，老师可以将学生的思维由"trees"迁移到废旧报纸、旧的牛仔上衣，以及水的利用、土地的利用等，通过一系列的迁移思维活动达到反刍回归，夯实基础，突破重难点的目的。

迁移思维

How can we make use of newspapers?
We can …..

反刍回归
迁移思维

How can we make use of the old jacket?
We can …..

反刍回归
迁移思维

学生四人一组，选择喜欢的话题进行交流，共同完成专题小报的制作与介绍。
We can use_____ in many ways. We can_____.

newspaper	the old jacket	water

五、作业布置，延伸思维

作业是课堂学习的延续，合理有效的课后作业一方面能巩固课堂所学内容，对课堂内容进行必要的查漏补缺。另一方面，作业也是思维的延续，可以将有限的课堂 40 分钟的时间延续到无限的课后学习中。如 Lesson 9，作业设计为两项，第一项为口语表达，学生将课堂上的口语表达与交流延续到课后，继续交流树木、废旧材料、水等话题，并在此基础上讨论土地的利用。这部分是学生的语言输出，学生可以将课堂上老师板书的句型应用于口语表达，进一步夯实句型基础，操练句型，同时，在与同伴的交流中获取信息，丰富思维。第二项为梳理思维导图，课堂上我们已经将如何利用树木及废旧材料等内容进行了梳理，学生可以将学习方法进行迁移，延伸，完成"如何利用水"的思维导图，为写作输出做好准备。

> 与同伴交流如何利用树木、土地、水、废旧材料等话题。

> 完成思维导图"How can we make use of water?"

我们以往的教学是 1 对 40 的射线单向信息传递，学生单向接收老师发出的信息，与其他人无交集。共同体模式下的课堂是错综复杂的网状结构，任何两个人之间都能进行信息传输。小组交流时，同桌之间就是一个学习共同体，互相获取信息，互通有无；全班进行交流时，整个班级就是一个大共同体，任何人的发言中都可能有你需要的信息，你也可以为任何人提供补充。共同体模式下，教师的主要职责是唤醒学生内心对学习的需求，变"要我学"为"我要学"。学生围绕所学内容提问，在独立思考的基础上，通过共同体的倾听、思考、串联与反刍来解决问题，实现学习。与以往小组讨论的"相互教"不同，而是一个"相互学"的过程。"相互教"是指会的学生去教不会的学生，一部分学习困难的学生没办法实现真正意义上的学习，还会养成依赖的习惯。"相互学"则是指学生间相互倾听，不会的一方主动去向已会的一方请教，或是两人将自己已会的内容进行交流，扩大自己的知识面，两人互相帮助，互通有无，真诚沟通，有这样的主动意识之后，真正的相互学习的共同体就会慢慢呈现出来，学生的思维能力才能在交流的过程中逐渐深化，逐渐提升，学习就会在小组交流过程中真发生。

让深度学习在"思考"与"发问"中发生

冯雪燕

学习是从（他者的）问题出发，动员自己与伙伴的经验与知识，直至解决问题的协同探究的过程。有了问题、疑问和惊奇，儿童才能积极主动地思考。问题引领儿童学习的过程，正是使儿童经历发现问题、解决问题同时又生成问题的过程。有了问题就会有思考，一个个有趣且有价值的问题，激励儿童进行深度思考，产生协同学习的需求。什么样的问题能够引发儿童思维共振，使儿童主动地投入协同探索之中，促进深度学习的发生呢？

一、课始选择"好"问题，让深度学习在"思考"中发生

我们常说，好的开始是成功的一半。一上课，每个学生就能自然地怀着雀跃的好奇心共同思考和交流，才能促进整个学习过程中高质量协同学习的发生。因此，挑战性问题的选择尤为重要，它是启发、促进儿童协同探究学习的重要源泉。

（一）能够调动学生已有学习经验，促进学生多角度思考的问题

三年级"差额等分"一课

原问题设计：

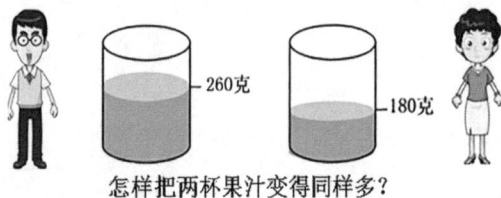

怎样把两杯果汁变得同样多？

学生表现：

方法 1：（260-180）÷2=40（克），爸爸给妈妈 40 克，使得两杯果汁同样多。

方法 2：（260+180）÷2=220（克），260-220=40（克），爸爸给妈妈 40 克，使得两杯果汁同样多。

差额等分问题，是学生第一次学习，部分学生能够想到上述方法之一。而实际上这个问题，把爸爸的果汁倒出去 80 克，或给妈妈再倒入 80 克果汁，使得两杯果汁同样多，是我们生活中比较常用的、简便易行的方法。此题为开放性问题，答案不唯一。课始设计这类问题，数据大，不利于学生借助原有学习经验进行思考，不同方法间难以建立联系，不利于学生把握本质。

改变后问题设计：

小红给小明几捆小棒，两个人就同样多了？

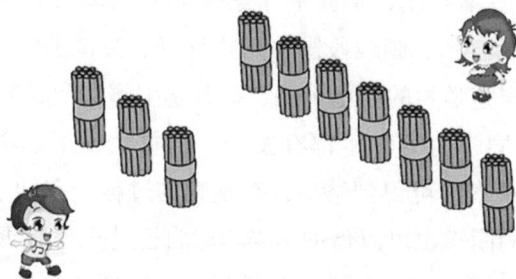

学生表现：

方法 1：通过直观观察小棒图，发现小红给小明 2 捆，两人就同样多。

方法 2：（7-3）÷2=2（捆），小红给小明 2 捆小棒，两人就同样多。

方法 3：（7+3）÷2=5（捆），7-5=2（捆），小红给小明 2 捆小棒，两人就同样多。

方法 4：

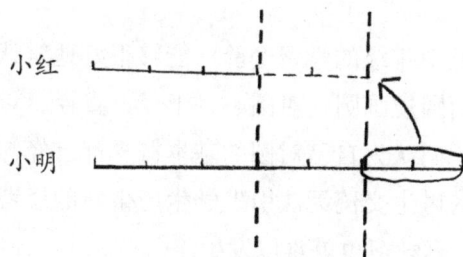

方法 5：

小红　　　　　　　　　小明

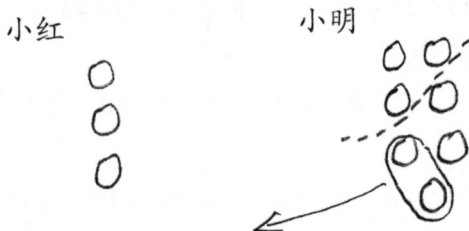

方法 6：7−1=6（捆）　　　3+1=4（捆）　　　6>4

6−1=5（捆）　　　4+1=5（捆）　　　5=5

小红给小明 2 捆小棒，两人就同样多。

通过学生的多种解法可以看到，以这个问题作为课始研究问题，促进了学生的思考。

（1）本题虽然答案封闭，但是利于学生充分调动已有学习经验来解决问题：直观观察、画示意图、画线段图、列式计算、尝试调整等。通过不同思路的交流分享，利于丰富学生的解题策略，提升学生解决问题的能力。

（2）能够使不同学力的学生都有发现，给每个学生思考的机会。学力最弱的学生通过直观观察即可得到结果，在观察的过程中有助于理解感悟数量关系；直接列式计算的同学也可以借助图来检验自己的思考是否正确。

（3）利于通过比较沟通各种方法间的联系，发现其共性，把握此类问题的本质：通过平均分创造同样多。进一步体会建立数量和份数的对应关系对解决问题的重要作用，为学生灵活解决实际问题奠定基础。

（二）能够解决学生真疑惑，在原有认知上有提升的问题

六年级《圆的认识》一课

原问题设计：

圆有哪些特点？

学生表现：

课前学生基于低中年级的学习经验，能够很好地辨认圆，通过在生活中找圆，看书预习圆，用圆规画圆，对圆心、半径、直径、对称性等基本概念已经有所了解，此时孩子们认为自己对圆的基本概念都已经知道了。因此这个问题不具挑战性，课上的讨论交流无法引发学生产生新的思考，都是在把自己已经知道的与同伴交流，真学习也就难以发生。

改变后问题设计：

车轮的外形为什么是圆的？井盖的外形为什么是圆的？

学生表现：

基于学生的课前提问，我们发现类似生活中的实际问题是学生非常感兴趣的，这两个问题，又是学生关注比较多的。在交流这两个话题的时候，学生能够通过与学过的平面图形进行对比、结合圆的特征解释其道理。在这个过程中，学生不仅进一步理解圆心、半径、直径等特征，而且对它们的实际应用价值也有了进一步的感悟。此时，学生探索的是自己感兴趣的话题，他们的学习热情被激发，学习经验得以积累，思考在真正地发生。

（三）能够引发学生产生新思考，与核心知识有效链接的问题

五年级"平行四边形的面积"一课

原问题设计：

平行四边形的面积和谁有关？怎样计算平行四边形的面积？

学生表现：与长方形有关，底乘高，平行四边形可以变成长方形；与三角形有关，底乘高。

这个问题，使得学生的猜想还是围绕自己已经知道的底乘高去思考（看书知道、上课外班知道、听别人说知道，但是实际上是知其然而不知其所以然），跳不出这个圈子，很难实现教学目标，没有从度量的实质上去思考，到底为什么是底乘高，难以指向知识本质的思考与交流。

改变后问题设计：

平行四边形的面积能不能也用"每行面积单位个数 × 行数"计算呢？

学生表现：

结合学过的长方形、正方形面积推导过程，迁移"每行面积单位个数 × 行数 = 长（正）方形面积"到平行四边形面积推导，思维跳出已知的"底乘高"，从度量的角度重新思考平行四边形的面积。此时，学生调动已有活动经验，将平行四边形通过"碎格拼凑""整块拼凑"（配图）转化成能够看到的"每行面积单位个数 × 行数"。不仅自己找到了、理解了平行四边形面积的计算方法，而且和原有认知自然建立联系，很好地感受"转化"这一思想方法，不仅是形式上的转化，更是思想上的转化。再通过建立"每行面积单位个数、行数"与"平行四边形底与高"的联系，得到平行四边形面积计算公式。此时学生对平行四边形面积的认识有深度、有厚度、有情感，不只是一个公式了。

每行面积单位个数 × 行数 = 图形面积

长 × 宽 = 长方形面积

边长 × 边长 = 正方形面积

底 × 高 = 平行四边形面积

这一系列的思考过程，学生的思维是灵动的，是充满思考与创新的，是新知与旧知的自然融合。

这一系列学习经验的积累，为后续学习梯形面积、三角形面积奠定了很好的基础。学生会自动从度量的角度去思考，会自动想办法把梯形和三角形转化成学过的平行四边形、长方形、正方形，构建转化前后图形间的联系，想办法计算出面积单位的个数，从而得到面积计算方法。

由此可见，"平行四边形的面积能不能也用'每行面积单位个数 × 行数'计算呢？"这个问题对于学习"三角形"面积的价值所在：利于学生主动发现、提出问题，研究的是学生的真问题，利于引发学生的真思考，逐步掌握此类问题的思考路径，能够在单元学习中实现迁移。

二、课中鼓励"问"问题，让深度学习在"发问"中发生

学习共同体下的学习，呈现的是"交响的教学"。"交响的教学"像一颗石子投入水中泛起的波纹一样，敏感地反映着课堂中生成的教学。将"波纹"作为"交响"的基础，教师就必须站在展开学习的儿童的视角来探究教材。把教室中产生的多样且复杂的"波纹"串联起来，使其扩展开去。课堂上，儿童在学习的过程中，不断产生的新问题，便是重要的生成资源，我们要抓住这宝贵的生成资源，使我们的教学成为"交响的教学"，让协同探究自然发生。

（一）对"书本结论"发问，促深入理解

在学习"倒数"这一内容时，我们采取了自学的方式进行学习。倒数的意义、求一个数的倒数的方法，学生看书都能看得懂。但是如果我们的教学止步于此，学生的思维也仅仅浮于书本表面。自学后，给学生提出问题的机会。

小硕：书上说1的倒数是1，0没有倒数，为什么，有什么依据？（多好的问题，如果没有质疑，学生对这个内容的认识也仅限于从书上知道了这个结论）

交流后：

小飞：我觉得，1就是$\frac{1}{1}$，分子分母调换位置还是$\frac{1}{1}$，$\frac{1}{1}$就是1；0如果我们理解为$\frac{0}{1}$，分子分母调换位置就是$\frac{1}{0}$，$\frac{1}{0}$是没有意义的。所以1的倒数是1，0没有倒数。

小佳：我觉得还可以从另外一个角度说明，可以想1×（ ）=1，只有1×（1）=1，所以1的倒数是1；0×（ ）=1，0乘任何数都不等于1，所以0没有倒数。

其他同学点头表示赞同与理解。

此时，老师再进一步引导学生思考小飞和小佳的想法，他们都回答了小硕的问题，他们的想法有什么不同？

思考后，学生发现，小飞是从求倒数的方法说明的，分子分母调换位置；小佳是从倒数的意义说明的，两个数的乘积是1，这两个数才互为倒数。

通过这样的质疑—思考—交流，使学生站在更高层次上理解了倒数的意义与求一个数的倒数的方法。

（二）对"大众声音"发问，促深度思考

在学习"分数连乘"时，学生通过独立思考、同伴交流，发现了两种解决方法。

孵化期是多少天？

方法1：$30×\frac{7}{10}=21$（天）　　$21×\frac{6}{7}=18$（天）

综合算式：$30×\frac{7}{10}×\frac{6}{7}=18$（天）

方法2：$\frac{7}{10}×\frac{6}{7}=\frac{3}{5}$　　$30×\frac{3}{5}=18$（天）

综合算式：$30×\frac{7}{10}×\frac{6}{7}=18$（天）

方法1是全班都会用的方法，方法2只有少数几个同学用到了，两种方法呈现后，大部分学生认为乘法有结合率，括号可有可无，写成综合算式其实两

种方法都一样，对方法2没有更深入的理解与认可。

小良：两种解法真的一样吗？仅仅是运算顺序的不同吗？

片刻安静后，同学们又拿起笔开始思考、交流起来。通过画图分析、讨论交流，同学们有了新发现。

方法1：先把鹅的孵化期30天看作单位"1"，鸡的孵化期是鹅的 $\frac{7}{10}$，用 $30×\frac{7}{10}$ 可以求出鸡的孵化期为21天；又因为鸽子的孵化期是鸡的 $\frac{6}{7}$，此时鸡的孵化期是单位"1"，用 $21×\frac{6}{7}$ 可以求出鸽子的孵化期为18天。

方法2：鸡的孵化期是鹅的 $\frac{7}{10}$，鸽子的孵化期是鸡的 $\frac{6}{7}$，题目中实际上有两个单位"1"，先用 $\frac{7}{10}×\frac{6}{7}=\frac{3}{5}$，可以知道鸽子的孵化期是鹅的 $\frac{3}{5}$，就可以直接用 $30×\frac{3}{5}$ 求出鸽子的孵化期为18天了。$\frac{7}{10}×\frac{6}{7}=\frac{3}{5}$ 实际上是在进行单位"1"的转化，与方法1是不同的解题思路。

小良对"大众声音"的质疑，引发了大家对问题的深入思考，促进了大家对不同方法的真理解，发现了转化单位"1"这一重要解题思路，建立了"整数乘分数""分数乘分数"的联系。

（三）对"特殊解法"发问，促沟通联系

2 学校发给每位同学一瓶350毫升的矿泉水。

小芳喝了 $\frac{1}{5}$。　小亮喝了 $\frac{4}{5}$。

（1）小芳喝了多少毫升矿泉水？

此例题，学生想到了画图、份数、分数等不同的解决方法，如果教学只停留于此，学生的学习是浅显的、孤立的。因此，对各种方法的沟通联系显得尤为重要。

（1）沟通图与图之间的联系：

通过观察示意图、线段图，学生发现：都表示把350毫升平均分成5份，喝了其中的1份。

（2）沟通图与式之间的联系：

$350÷5×1=70$（毫升），$350÷5$ 表示把350平均分成5份，求出其中的

1 份；乘 1 表示喝了其中的 1 份。所以 $350 \div 5 \times 1$ 表示把 350 毫升平均分成 5 份，喝了其中的 1 份。

（3）沟通式与式之间的联系：

$350 \times \dfrac{1}{5} = 70$（毫升）　　　$350 \div 5 \times 1 = 70$（毫升）

$\dfrac{1}{5}$ 表示把单位"1"平均分成 5 份，取其中的 1 份。$350 \times \dfrac{1}{5}$ 也表示把 350 毫升平均分成 5 份，喝了其中的 1 份。

小宇质疑：为什么能用 $350 \times \dfrac{1}{5}$ 呢？

这一问问得好，很多学生跟着点头，面露疑色，有的学生会用这个方法，但是不知其所以然，不会用的同学听了也感觉懂了，但是真不知道为什么。

同伴交流后：

小怡组：我们给大家举个例子吧，一瓶是 350 毫升，买 5 瓶就是 350×5；买 3 瓶就是 350×3；买 1 瓶就是 350×1。由此我们可以发现，买几瓶就用 350 乘瓶数，一瓶的 $\dfrac{1}{5}$ 就是 $\dfrac{1}{5}$ 瓶，所以用 $350 \times \dfrac{1}{5}$。

小瑞组：我们组从份数方法的算式可以推出来，$350 \div 5 \times 1 = 350 \times 1 \div 5 = 350 \times (1 \div 5) = 350 \times \dfrac{1}{5}$。

通过两个组的分享，学生认可了 $350 \times \dfrac{1}{5}$ 这种方法，同时也发现了这种方法与前面两种方法的联系，都表示把 350 毫升平均分成 5 份，喝了其中的 1 份，也就是在求 350 毫升的 $\dfrac{1}{5}$ 是多少。

至此，学生由浅入深、由表及里地理解了整数乘分数的意义，沟通了新旧知识间的联系，同时也感受到了各种数学方法之间的联系。

（四）对"多种方法"发问，明知识本质

在学习"圆的认识"一课时，学习了圆的特征后，除了用圆规画圆外，学生还想出了各种画圆的方法。

小宁：这些方法有什么共同之处呢？

圆心、半径、直径，这些基本概念很容易理解，但是它们的实际意义并不是表面上看到的。以往讲完用圆规画圆后，学生在解决"（　）决定圆的位置，（　）决定圆的大小"这个问题时，虽然能够答出来，但总是很勉强。根据小宁的提问，各小组展开了讨论。讨论后，学生发现：固定的一端相当于圆心，能够固定住圆的位置，固定的一端和旋转的一端之间的距离相当于半径，能够固定住圆的大小，圆心决定圆的位置，半径决定圆的大小，水到渠成，学生自然理解了。同时同学们还分析了圆规画圆和其他方法各自的优势与不足。

（五）对"亲眼所见"发问，悟数学思想

在学习"圆的面积"公式推导一课时，学生想到了用转化的方法把圆转化成近似的平行四边形（如图），再根据"平行四边形"和圆的关系，推导出圆的面积计算公式。

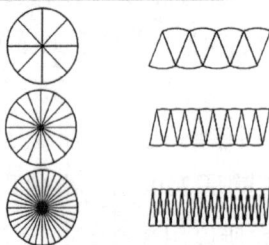

我是利用附页上的圆进行转化的。

我发现把圆等分的份数越多，曲边就越来越接近直边，拼出来的图形就越像平行四边形。

小硕："虽然我们看着像平行四边形，可我怎么觉得应该是长方形呢？"

根据小硕的疑问，小组交流后发现：

当我们把圆平均分成 8 份、16 份、32 份……份数越多时，每个小扇形的弧线部分越直，越接近平行四边形的底，而小扇形的半径，倾斜角度越来越大，越来越接近 90 度，最终能够"站起来"，当份数无限多时，就不是小扇形了，就是一条条紧紧挨在一起的线，就是长方形了，就等于圆的面积了。多么精彩的发现，极限思想、线动成面都自然生成了，再借助几何画板的课件辅助学生想象、理解。

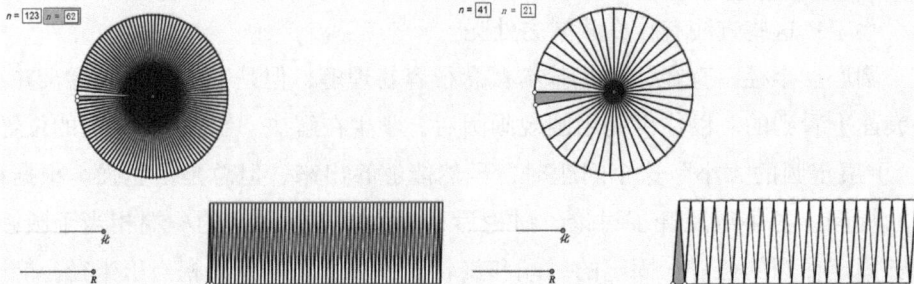

此时的 $S=\pi r^2$ 在学生眼里不仅仅是一个公式了。

学生能够对自己"亲眼所见的事实"发问，使思考逐步走向深入，从而感悟其中的数学思想，这将对学生受益终身。

在"好问题"的引领下，在"主动发问"的鼓励下，学生对知识的学习、对问题的思考，由浅入深，由表及里，课堂思维高潮迭起，思维涟漪不断被搅动，学生始终处于主动思考、自主探索、协同学习的氛围中，感受着数学学习的乐趣与价值。

真交流，真包容

孙　阳

自从学习共同体研究以来，我们一直在强调关注学生学习。这一学期，我们真正"蹲"下来，真正走进学生中间去观察，才知道学生真正学习的状态是怎样的。为什么他会有这样的想法？为什么他就是不明白？为什么他会这样说？……通过真切的观察，很多我们之前不能理解的学生的一些表现，也就能从中窥知一二了。

个人的能力有限，小组伙伴之间的交流是真正能够通过碰撞达到螺旋上升的。说起来容易，做起来难，学生个性的不同，如何能够做到包容他人，同时包容自己，小组间的协同学习究竟该怎样发生，我们一直在不断尝试摸索。

一、交流前的独立思考

每次小组交流前，一定给学生独立思考的时间，自己没有想法是不能和同伴进行交流的，因为那样学生只是在听，而无法和自己的想法进行对接与交融。

二、交流中的有效倾听

在学习"重叠问题"时，我观察到的小组情况：

生1：我觉得这跟方阵一样，有2个人重叠，所以要减2。

生2：是2次，这个人去了2次，你减去1次，只剩下1次，那让他们去哪个小组呢？

生1：（犹豫）那书上为什么列这个方法呢？有什么意义呢？

（两人都迷惑不解，陷入沉默。）

生2：我认为可能有6、7、8、9、10、11人

6+5=11

6+5-1=10

6+5-2=9

生1：你等会儿，减1是怎么回事？

生2：重叠啊，还可能是9人……

（两人仍旧愁眉紧锁……）

通过观察这一小组的学习，我们就可以发现在小组中，有的学生反应较快，那么他在小组中就会占有较高的地位，而剩下两名学生，因为自己本身一知半解，有想法却不完全理解，处于迷惑状态。在这样的小组中，学习究竟该怎样发生，像这个小组这样，明白的同学完全不理会别人在说些什么，不明白的学生也不会去追问，不会究其根本原因，那最终的结果定是两者都不会有提升。

我们总是说，现在的教室不是教师的一言堂，也一定不会是好孩子展示的舞台，我们更多的是要关注在交流中，是否每个学生都发生了学习，这就是在小组中，要真正平等地去倾听他人的想法，他人的困惑，发生真正的交流。

三、倾听后的自我对接

倾听过他人的想法以后，绝不应该是听过且过，一定需要与自身对接的过程。他人的想法对我本身是否有启发，我们的交流是否一致，都需要学生有判断，有思考，有融合。

在学习"数量关系"这一部分内容时，学习单内容如下：

1.解答下面各题。

（1）苹果8元/千克，买3千克苹果需要多少元？

（2）瓷砖15元/块，买160块瓷砖需要多少元？

（3）每张车票383元，买2张车票一共需要多少元？

2.说一说每个数学信息和问题的含义。

3.这三道题有什么相同点？用一个算式表示数学信息与问题之间的

关系。

小组交流：

生1：数量 × 单价 ＝ 总价（其余三人无反应）

我：你们知道这个吗？（其他三人摇头，然后有意识地将生1的内容补充在书上。生1这个时候特别骄傲地说："这个我之前都学过。"剩下三人也没有人理他）

生2：我发现这三个式子都是乘法，单位都是元，都是单数 × 双数。

生3：单数 × 双数是什么意思？

生2：你看3×8，160×15，383×2都是一个双数 × 一个单数。

通过观察这一小组，我有两点感受：

其一是关注学生的学习过程。在之前阅读过的李玉贵老师的文章中有这样一句话"只有从学生的原始经验出发，让他们通过实践亲自比对，根据自己的思考判断亲口说出来，这样的教育才可能产生作用"，也就是学习要有过程。现在班中存在这样的问题，对于书中的知识点，学生通过预习已经明确知道结果，知道一类问题的解法，但实际上缺少对过程的理解。这种概念性的学习，我们可以把概念直接给学生，但这样做的结果就是这节课所承载的内容太少，学生的思维在这节课上是丝毫没有发展的，所以需要学生有这样发现的过程，即使学生已经知道结果，也要逆过来思考为何如此。这其实也就是小组交流的意义所在，绝不仅仅是对一个结果即可，一定要有思维的碰撞与提升。

其二，在观察这一次交流中，生1在提出他的想法后，剩下3人都没有给出任何反应，没有交流的欲望。而在生2提出他的想法后，生3不明白立即进行询问，我就在想这是为什么。我想是因为剩下的3人对生1的想法完全不理解，而且也只是一个概念性的结果，跟他们自身的想法差距比较大，难以与自身已有经验进行对接，因而产生不了交流。而生2的想法是过程性，符合生3的已知，不理解部分有解决的需求，进而产生交流。

所以从这我感受到，学生交流一定有对等关系，是要从发现的过程找到自身的价值，找到"存在感"，只有他有了自己的思考，愿意去分享，愿意接受，能够与自身勾连时，学习才会真正产生。

四、交流时的充分表达

我觉得学习共同体最重要的一点就是给予学生充分的信任，我相信给学生充足的时间，是一定能将问题明晰化，解决掉的。

在学习商不变的性质运用时，我提出这样的问题：巧克力 60 粒 / 盒，80 粒巧克力可以装满几盒？还剩几粒？如果是 800 粒巧克力呢？

生 1：$800÷60=13……20$。哎，好像也可以划 0，在余数位置再添 0。

生 2：1 写错位置了，1 在十位上，你这是 10。

生 3：对，你这样算出来是 $10……20$。

生 1：不是，划完 0，就应该算 $8÷6$ 等于多少了啊。

生 4：$8÷6=1……2$ 啊，我也是划 0。

生 1：可是余数应该是 20 而不是 2，你看，$60×1+2=62$ 是不对的；$60×1+20=80$ 是对的。

生 4：我就是 20 啊。

生 3：可是你竖式明明写的是 2，为什么余数成 20 了？划 0 好麻烦，为什么要划 0？

生 2：我好像明白了为什么要划 0，划 0 其实就是同时除以 10。

生 1：哦，所以商不变，还是 1。

生 2：对，但余数变了，2 变成了 20，可是这为什么啊？

生 1：哦哦，你被除数、除数都除以 10 了，才变成 2 的，那余数本身应该是 20。

通过观察这一小组的交流，发现这 4 名学生能够从竖式的差别入手，一点点去挖缺原因，判断正误。另外，在这组观察中，我也在关注学生的发言是有何引起的，下一个学生的发言是不是在前一个同学的基础上，一旦有停滞，我会引导学生重复前一个人的内容，在这个倾听以及重复的过程中，其实就是在促进学生进行思考。所以给予学生充足的时间，建立起前后发表的联系，这些内容学生都是可以自己获取的。所以，小组交流要想出结果，一定需要给学生充分交流碰撞的时间。

五、成员间的真心赏识

每一个学生都是独立的个体，学习方法、思维方式、性格脾性都是不同的，那该把怎样的学生搭配在一起呢？我坚信：三人行，必有我师。所以，我给学生布置位置没有一定的规则，都是抽签决定的，也就是有可能这一周能挨上各方面较好的学生，也有可能碰上能力较弱的学生，这就从中培养了学生的交往能力。我也一直在跟学生说：你以后会碰到形形色色的人，你都要学着去面对。你的同桌他可能纪律不好，但是他身上有没有值得你去学习的地方，只有让他们去接受不同的伙伴，才会去发现和对比自身与他人的区别，才能吸收不同的想法，才会不断去调整自己。这比老师强硬安排好位置，告诉他：你要听话，你要向他去学习什么，更有价值。

在最开始的时候，学生会出现接受不了的情况。有一次，班里大队委写随笔，就写因为和一个纪律不好的同学同桌了，很不开心，但是慢慢接触下来，发现这个"小调皮"虽然纪律有时会不太好，但当他专注于一件事时，是非常认真的，发现他和之前认识到的他不一样，她也要向"小调皮"学习。在那一刻我认识到这样的调整方式是非常有意义的。在这个过程中，不断加深对同学的了解，其实也是在学会包容别人吧。

通过真正"蹲下来"，我们能够发现学习中存在的真问题，在以后的研究之路上，更是要多观察，多思考，多调整，让真正的协同学习发生。

在"对话"中找寻学习本质

乔 豫

佐藤学教授在《教师的挑战》一书中提到：所谓"学习"就是同教科书（客观世界）的相遇与对话，同教室里的伙伴们的相遇与对话，同自己的相遇与对话。学习都是由三种对话实践——同客观世界的对话、同伙伴的对话、同自己的对话构成的。

一、追根溯源寻依据，依托文本找联系

课例 1：

广岛市某小学《魔奇树》一课，讨论跑夜路去请医生的豆太的心情。在这个课堂里有一个名叫和树的好动男孩，他连教科书也不翻，在离课桌不远处忙着削铅笔。这个和树拼命举手，他发言道："豆太说'头痛'。"周围的儿童们急忙小声提醒说："头痛的不是豆太，是爷爷。""爷爷痛的不是头，是肚子。"然后和树仍然一味地说："豆太说'头痛'。"教师问"从哪里看出来的呢？"和树没有翻开教科书，却回答说："教科书里写着呢，写着'夺门而出'。"

精彩的是，教师对和树的提问并不是"为什么这样想的？"而是问"从哪里看出来的？"在这堂课中这是决定性的。正是由于教师询问"从哪里看出来的"，才使学生联想到课文内容；和树的阅读与其他儿童的阅读才得以产生。

实践 1：

在进行"条形统计图"这一内容的研讨时，我们提出了让学生在课程伊始独立完成条形统计图的绘制。学生习惯性地一听到老师的任务后，就开始拿起笔来想要独立完成。画着画着，就会发现一些自己无法确定或是不知道怎么解

决的问题。在刚开始的实践中会发现，学生习惯询问同学或求助老师。经过一段时间的共同体学习后，学生开始关注到教科书的重要性。在最后的几次实践中，越来越多的学生能够主动打开书，在书中寻找解决问题的方法。

佐藤学教授提出的三种对话实践中，第一个就是同教科书（客观世界）的对话，教科书是学生获得系统知识、进行学习的主要材料，教会学生有效地使用教科书，能够最大限度地发挥教科书的作用，有利于学生的独立学习。

二、接二连三再追问，力求倾听有实效

课例 2：

滨野老师讲授《魔奇树》时，当中途出现"害怕"的见解时，他就用"'害怕'出现了两次"来唤起儿童们的注意。而后，在课文中称呼"爷爷"有两处，"哭哭啼啼"有两处，"蜷缩成为一团"有两处。使学生们发现它们、进行比较，从而发展了阅读，滨野老师不过是为这种发现和比较提供了契机而已。当每一个儿童的发言没有得到充分的体味，其他儿童未能充分分享之际，他就会细心地提示"某某同学说了……"从而引发其他儿童的注意。基于这样的应对，儿童们的阅读才能够精彩地连接与发展。

实践 2：

在以前的课堂上，当老师讲完一个知识点后，总会习惯性地问道："大家听懂了吗？"此时学生会为了课堂效果，集体答道："听懂了！"但现在的共同体课堂，更重视学生倾听有实效。当我们在听到这样的回答后，不会再轻易地放过这一好机会，会追问一句："你从刚才的发言中听懂了什么？"有了这样的体验，学生不再轻易随声附和了，在倾听时也会更加专注。

与伙伴的对话能够补充未知的领域，完善不全的思考，修正偏离的方向。伙伴间的语言更容易理解，亲密的关系也更容易让学生接受。教师想要很好地把握这些契机，应对策略如下：

第一个策略是以"倾听"为核心，在以下三个关系中完整地接纳每一个儿童的发言。一是认识该发言是文中的哪些话语所触发的；二是认识该发言是其他儿童的哪些发言所触发的；三是认识该发言同该儿童自身先前的发言有着怎样的关联。

第二个策略是在教学中尊重每一个儿童的尊严。寻求"好的教学"的教师

会陷入这样一个陷阱——关注于把"好的发言"串联起来展开教学。滨野老师则是对所有儿童的发言都寄予信赖与期待，正因为如此，儿童们轻松自如地参与，自由地交流思考，这种自由的交流又产生出多样阅读的丰富串联。

三、三番五次真讨论，协同学习深思考

课例3：

八木老师的课堂上只有部分男生发言，而且多半时间都是以部分男生的讨论为主。这样，大半的女生缄口不语，如同客人一样默默无言。如果老师希望建立宁静的、互相倾听的关系，不解决部分男生独占课堂发言权的问题，合作学习关系是无法实现的。在3个月之后，课堂有了迥然不同的变化。主导课堂的一部分男生在静静地思考，曾经中规中矩的大多数女生以清晰的话语接二连三地发言。老师的用语也变得凝练，不急不躁悠然自得地展开。侧耳倾听着从由每一个人的经验编织出来的富于个性的发现与思考，课堂俨然成为彼此切磋的共同体，不同见解连绵不绝的切磋形成了张弛有度的和谐格局。

正是老师的点名和应对引发了这种变化。在这个课堂里八木老师的点名并不受儿童举手的束缚。她琢磨每一个儿童的表情变化，侧耳倾听他们的低语，不举手的儿童也每每被点名，并静静地等待那些不知如何表达的女生们组织语言。一旦发觉其他的儿童没有听到，则通过重述，让全班学生知晓。八木老师的活动是以"倾听""串联""反刍"为中心展开的。

实践3：

学生在交流《别董大》诗意的时候，经过几位同学的交流，发现大家在"北风吹雁雪纷纷"这一句的解释上出现了分歧，此时大家都习惯性地注视着老师，等着这个裁判来裁决。我决定将这个难题再踢回给学生，于是临时增加了再次交流的环节。就这样，在这节课上，我们一遇到解决不了的问题，就会停下来，在同伴的交流中进行更加深入的思考。

在我看来，同自己的对话是最容易发生，却也是最难实现的。当自己的某个想法得到确认时，便很难再进行更深层次的思考，尤其是小学生，他们往往会认死理。另外一种情况就是不知道怎么思考，不会产生对话。在这种时候，可能也只有更多的讨论和交流能够解决这些问题了吧。

四、小结：以课堂之宁静，致民族之远大

还记得上学期期末时，"共同体"进入了我们的视野。我们的课堂也悄然发生了变化，从声音的控制开始，课堂中的讨论不再是人声鼎沸，而是两人间的交头接耳，或是全班范围的窃窃私语，这些都让人觉得那么平静和舒适。直到这学期开始，我们的课堂又有了更多的改变。除了声音上的变化，更本质的是教学方式的转变。上课时，我们不再追求教学过程的顺利进行，而是更加关注学生的"学习"，让每一个学生在课堂上敢说话、能说话成了我们新的目标和任务。就这样，从老师开始，放低音量，给予鼓励，坚持等待，课堂上也慢慢能够看到更多的学生安静地倾听着每一个同学的发言。

我享受着这种改变带来的宁静，它是一种美好的境界，恬和、安宁，如一泓秋水，映着明月。宁静不是平淡，更非平庸，而是一种充满内涵的幽远。

庄子说："正则静，静则明，明则虚，虚则无为而无不为。"安之若素，沉默从容，往往要比气急败坏、声嘶力竭更显涵养和理智，更有机会和智慧来处理面对的一切。

老子认为，万物生于静归于静。

诸葛亮在《诫子书》中写道："学须静也，才须学也，非学无以广才，非静无以成学。"

宁静以致远，静能使人心明神清，慧增开悟，神采万千，以应万变。希望能够从我开始，传递这份宁静，培养这份宁静，让我们的孩子更会学习，让我们的教育更有境界。

以问促思探本质，题尽其用研发展

王　晖

张丹教授曾说：我们期待着用问题引领学习，进一步用问题引领学生的创新意识、用问题引领学生的好奇与自信、用问题引领学生的探究与交流、用问题引领学生的思考与实践。课堂教学中，教师应激发学生思维的积极性，相信学生的学习潜能，尽最大可能给他们创造主动、自由、开放、富有挑战性和创造性的时空，让其在问题的引领下，积极思考、合作探究，在问题解决的过程中提升学生的数学素养。

下面结合"圆锥的认识"一课，谈谈如何用问题引领探究知识本质，发展空间观念，提升学生的数学素养。

一、问在迁移处：沟通新旧，形成网络

对于一节课而言，知识点是相对独立的，但把它放在整个知识体系中看，一定是前后相关联、螺旋式上升的。教师只有站在课程的高度把握知识发展的整体结构，找准同化与顺应的关键点，选准新知探究的切入口，才能设计出有利于学生探索的大问题。大问题的一个核心追求，就是为了让学生不教而自然会、不提而自会问。要做到这一点，一个很关键的因素就是教师必须让学生感到问题的提出是自然的，而不是神秘的，是有迹可循的，而不是无章可依的。

基于圆柱的学习经验和活动经验以及提问经验，在圆锥的课前提问中，很多小组关注到了圆锥的各部分名称是什么，圆锥有什么特征，圆锥的展开图是什么样，三角形能围成一个圆锥吗，通过旋转、叠加能"得到"一个圆锥吗……

基于学生提出的问题，在圆锥的认识一课，教师设计了一个挑战性大问题：利用手中的学具，想办法"得到"一个圆锥，并说说你是怎么想到这个方法的。学生通过围、旋转、叠加等方法得到圆锥的过程中，将圆柱相关知识与经验正向迁移到圆锥学习中，逐渐深化对圆锥特征的认识。在这个问题中，教师把握了数学知识之间的逻辑起点和发展主线，沟通了新旧知识之间的联系，形成了整个旋转体认识的知识网络结构，为学生的自主探究提供了有力的"导"。

二、问在关键处：促进思考，逼近本质

问题的设计应留足探究空间，问在关键处才能实现师生、生生、生本之间的多维度对话，从而引领学生体悟数学探索中从原初的想法到严格的命题或概念的诞生过程，逐步逼近数学的本质。

在小组汇报"怎么想到用扇形围成一个圆锥？"的方法时，学生说道：用长方形纸通过"围"的方法可以得到一个圆柱，我就想到应该也可以用"围"的方法得到一个圆锥。我在吃可爱多的时候发现，把可爱多的包装纸沿着接口剪开是一个扇形，就想到用扇形来围成一个圆锥。

师：你不仅结合圆柱的学习经验，想到了"围"的方法，还结合生活经验，发现了可以用扇形围成一个圆锥，并大胆进行尝试，特别善于学习。

在这个学生的启发下，学生们想到用直角三角形和等腰三角形"旋转"的方法，用圆"叠加"的方法得到圆锥。教师进行适时追问：

师：你们是怎么想到用这些图形的？你们所用的这些平面图形和得到的圆锥之间有什么关系呢？小组内再讨论讨论。

经过讨论，学生发现：

生1：用扇形"围"，扇形的这条弧围成了圆锥的底面，扇形的弧长等于圆锥的底面周长；扇形的半径是围成的圆锥的母线，扇形的圆心是圆锥的顶点。

生2：用直角三角形"旋转"，可以分别绕着两条直角边旋转，一条直角边是圆锥的高，另一条直角边是圆锥的底面半径，直角三角形的斜边是圆锥的母线，斜边扫过的面是圆锥的侧面，直角三角形的顶点是圆锥的顶点。

生3：还可以用等腰三角形"旋转"，等腰三角形的底是圆锥的底面直径，等腰三角形的高是圆锥的高，等腰三角形的顶点是圆锥的顶点，等腰三角形的

腰是圆锥的母线。

生4：用圆"叠加"，最下面的圆是圆锥的底面，最上面的点是圆锥的顶点，叠加的高度是圆锥的高。

……

这个问题促使学生在操作和想象中，在二维和三维相互转化的过程中逐步深化对圆锥特征的认识。在教学的关键处以恰当的问题引领学生思考，从而真正掌握概念的数学本质。

三、问在难点处：放慢脚步，加深理解

教育是慢的艺术，教学更需要"慢镜头"，尤其在学生理解的难点处要放慢脚步。教师要考虑难点的突破能否设计成学生可参与的课堂活动，并尽可能地创造条件为学生提供可操作性的活动空间，将问题蕴藏于活动中，帮助学生逐步理解掌握。

在学生都已认可用扇形围的方法得到圆锥这一环节时，教师追问道：用扇形可以围成一个圆锥，用等腰三角形可以吗？有的学生说可以，也有的说不可以。那咱们就动手试一试。

在动手操作中，学生发现，如果把等腰三角形的两腰重合，可以得到一个圆锥的顶点，但底面就不是一个圆形的平面；如果把等腰三角形底边的两个端点重合，可以得到一个底面是圆形的平面，但是得不到圆锥的顶点。

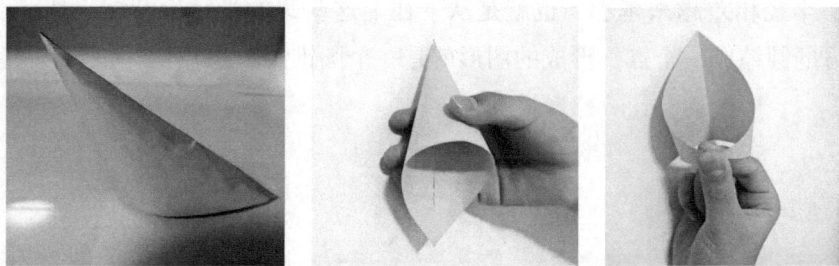

看来用等腰三角形"围"不成一个圆锥，这到底是为什么呢？为什么用扇形可以围成圆锥，等腰三角形却围不成圆锥？这个问题巧妙诱发冲突，引领学生的思维走向深入。学生在开放的交流和思维的碰撞中积极思考、充分表达、各抒己见，发现等腰三角形的顶点到底边各点的连线不相等，而扇形的半径都相等，就使得围成的圆锥母线也都相等。

通过操作，使学生关注到：圆锥的顶点是尖的，底面是一个平面，是一个圆，圆锥的母线都相等。问题披上了活动的外衣，引领学生在围的过程中，主动认识圆锥的特征，沟通平面图形和立体图形之间的联系，既有趣又有效。

四、问在困惑处：点拨思路，指引探究

相同的数学问题，不同的学生会有不同的分析角度和解决策略，也可能会遇到不同的困惑。尊重学生真实的思维困惑，从学生的角度设计适合学生主动建构的问题，可以及时点拨思路，有效引领探究。

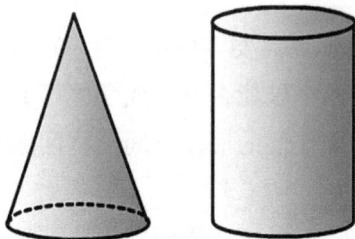

在说到用大小不等的圆进行叠加得到一个圆锥的环节，学生提出了质疑：

生：这些圆叠加在一起得到的不是圆锥，圆也是一个圆柱，叠加在一起，是一个像梯形似的一层一层的，最上面是一个平面，不是一个点。

很多学生纷纷点头，也有着这样的困惑。这时一个学生提出了新的猜想：

生：大家可以把这些圆想成是那种特别特别薄的，那么它们叠加在一起的时候，半径相差越来越小，也就是从下往上这些圆的半径逐渐缩小到一点点，最上方的圆缩成一个点，形成的图形就是一个圆锥。

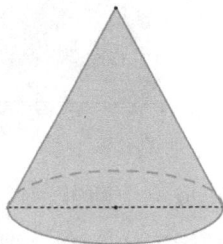

师：你能想象出他描述的样子吗？你看到了什么样的图形？同桌互相说一说。

之后，教师借助几何画板演示，让学生直观地看到用圆叠加形成圆锥的

过程。

两个问题如同魔术般神奇地点燃了学生思维的火花，他们的探究由茫然走向火热，极限思想的种子埋在学生的心中，课堂焕发出生命的活力。

五、问在差错处：暴露思维，澄清认识

学生探究的过程并不一定是一帆风顺的，差错常常是产生正确认识的起点。在差错处追问，能充分暴露学生的真实想法，促进学生的深入探究，增加课堂教学的针对性。

对于高的认识，学生经常存在误区，认为母线就是圆锥的高。本节课对圆锥的高的认识分在三个环节。

第一个环节：观察圆锥模型，初步认识圆锥环节。这时，有学生认为圆锥的母线是圆锥的高。因为圆锥的高同圆柱的高不同，不能直接看到，所以并没有重点讲解。

第二个环节：在用旋转的方法得到圆锥，沟通所用三角形和圆锥关系这一环节，学生通过想象，说道：直角三角形的一条直角边是圆锥的高；等腰三角形的高是圆锥的高。又通过几何画板动态呈现直角三角形和等腰三角形旋转成圆锥的过程，让学生直观地看到圆锥的高。旋转的方法将圆锥的高转化为直角三角形的直角边、等腰三角形的高直接呈现在学生眼前，能够很好地帮助学生认识圆锥的高，明确圆锥的高是顶点到底面圆心的距离。

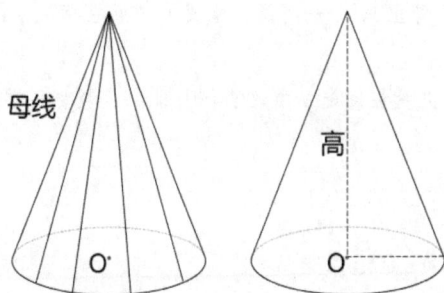

师：现在你还认为圆锥的母线是高吗？

第三个环节：观察这两幅图，你对圆锥的高和母线又有了哪些新的认识？

生：圆锥的高在圆锥的内部，母线在圆锥的侧面上；圆锥的高只有一条，母线有无数条；圆锥的母线比高长。

通过追问将差错变成资源，学生的真知灼见在纠错的过程中显现，他们对知识的理解更清晰、更透彻。

六、问在串联处：深化认识，提出新问

教师就是那个"挑起事端"，让学生产生想法、产生认知矛盾，产生思想碰撞的人。一节课结束，学生的思考就停止了吗？不是的，课上总有一些小问题小思考充斥在学生的头脑中，怎样把这些宝贵的想法显现出来呢？

师：通过这节课的学习，对于圆锥，你又有了哪些新的想要研究的问题？又是怎么想到这个问题的？课下把它写在学习单上。

陶行知说过："发明千千万，起点是一问。"好问题成就好课堂。教学中，教师要有意识地用"问"引领学生学会问，用"问"引领学生思考数学、探索数学问题，让学生主动去发现和提出数学问题；要创设"问"的空间，请学生积极寻找提出学习中的数学问题，让学生逐步敢问、善问，并在解决问题中体会"问"的价值，增强"问"的兴趣和能力，使问题真正问在知识的联系处、教学的关键处、思维的转折处、学生的困惑处，逐步形成问题意识。让学生在学习过程中触摸到数学知识的本质，感悟数学思想，提升自身素养。

参考文献：

1. 郭海娟. 好问题从哪里来——例谈课堂提问"问在何处"[J]. 小学数学教师，2017（3）.

2. 吴正宪，张丹. 让儿童在问题中学数学 [M]. 北京：教育科学出版社，2017（6）.

课中提质先从课前入手

增强科任学科研究，尝试多学科整合

杜　菲

学生居家学习中，鸿业校区为了学生在科任学科的学习从"百花齐放"聚焦于一个方向深入研究，组织科任学科教师进行了为期四周以"春"为主题的多学科整合。多学科教师在线共同沟通，进行教学研讨，形成教师业研共同体。

一、跨学科业研，促进多科联动

本次整合联合了美术、道法、科学和音乐四个学科，将学科教师组成了研讨小组。首先，组织老师们学习整合的意义和学科间相互融合的方法，关注"春"的大主题活动中每一个小主题的设计，做到从多学科横向整合到每个学科纵向深入。为了能够帮助教师更加科学地叙述核心问题，引导教师思维越来越走向深入，我给老师们提供了教学研究模板。模板包括教师设计分学段的核心问题、所需教学支架、与其他学科的整合点和本学科反馈方法。

其次，确定各学科实践内容的研讨中教师们进行了激烈的讨论，并确定了第一个单元主题为"寻找春天"。道法学科结合节气文化，研究惊蛰；音乐为道法延展，学唱歌曲《惊蛰》；科学学科进行了春天植物的研究；美术学科在科学的研究基础上用绘画和捏塑的形式表现春天的花朵、制作春天的花卉。研讨中老师们开始有相互整合的意识了。多科联动解锁春天，就这样诞生了。

二、主题研究，让整合更聚焦

通过第一周的整合，老师们发现学科任务可以再聚焦，从研究的"面面俱到"走向"聚焦核心"。如在"水美春天"的主题中各学科核心问题围绕着"水"的研究，道法学科从"南水北调工程"到丰台水系研究；科学学科根据水系研究结果设计家庭节水方案；美术学科画节水宣传画；音乐学科为宣传画创作节水歌，引导学生从不同学科聚焦主题研究，系统地自主探究知识体系。"聚焦核心"让教师设计的核心问题更能体现学科本质，也能够从其他学科中发现融合点，老师们对学科的研究能力加强了。通过"聚焦核心"研究活动，教师能够更加深入地思考如何培养学生的学科素养，提升学生的探究能力。

三、开展教学研讨，促进教师成长

学科整合研讨促进了教师间的教学研讨。我组织教师多次开展教学研讨，探讨"如何设计核心问题""怎样给学生搭支架""教学资源的应用"等教学策略。在协同教研的助力下，老师们能够从学科本质和核心问题入手，利用教学资源为学生搭建学习支架。美术老师制作微课，讲解绘画技法；科学老师运用学习单引导学生在生活实践中发现科学现象，探寻科学原理；音乐老师运用打节拍、节奏挑战等音乐素材作为学习支架；道法老师结合时事、传统文化等资料，引导学生自主探究。学科整合过程中教师通过研讨设计有效支架，线上研讨促进教师成长。

四周的整合实践活动中，形成了校区主题研究，学生在四周的时间中对春天的很多方面进行了探究。此活动带动了语文学科一起研究，二年级班主任结合春的节气——春分，让学生"竖蛋"并写下小感受；五年级老师结合"动感春天"，让学生的绘画中配诗文和写作。做到了多学科整合，让学生学习有深度，形成校区整合特色。

基于目标的教学设计

廉丽娟

学校学习共同体的研究，使我们立足"学生的学"，同时基于目标设计和实施学习任务，要让"学生的学"真正落地。

一、教学目标简约、清晰、表达到位

教学目标要指明学生的学习内容，明确教师指导学生的方向，可观可测学生的学习成果。套用罗曼·罗兰的话："人生最可怕的敌人，就是没有明确的目标"，而课堂学习最可怕的敌人，也是没有明确的目标。

学习目标遵循一课一得的原则，简约不繁杂，目标太多太少，或太深太浅，或无法达成，或流于浅薄，都相当于没有目标。"目标清晰"，即培养什么知识能力，学会什么方法，体悟什么情感，分别达到什么程度，要清清楚楚，一目了然。另外，还要表达到位，自己想想能不能说清楚，能不能让其他人知道你这堂课要做什么，即看目标——自己知道要做什么，别人也知道你要做什么。

例如：音乐课，学唱《友谊地久天长》。

学习内容：演唱《友谊地久天长》	
教学目标	
改前	改后
情感态度价值观：用深情的声音歌唱《友谊地久天长》，表达自己真挚的感情。 过程与方法：用连贯的气息，深情地赞美友情。 知识与技能：准确演唱歌曲中弱起及附点节奏，识读全曲乐谱。	情感态度价值观：以连贯的气息，抒情地演唱《友谊地久天长》，表达真挚的同学情谊，感受友谊的珍贵和依依惜别之情，体悟友情的美好。 过程与方法：通过听辨、模唱熟悉作品，在小组协同学习、公共分享中理解作品内容，突破歌曲演唱的重难点，培养学生自信地表达音乐。 知识与技能：1. 掌握弱起小节这一知识点，通过反复演唱曲谱和歌词体会其对情感的推动作用。2. 体会八分附点节奏对旋律的推动和辅助作用，准确演唱作品中出现的这种节奏类型。3. 能准确识谱和演唱歌词，并带着自己的情感演唱。

从教学目标看，学生学习内容和教师指导方向清楚吗？能直接观察和检测学习成果吗？改后的目标是否更加简约、清晰、表达到位。目标的确定可从以下两个方面考虑。

（一）准确把握文本或教学内容，厘清学习的重点

1. 立足学段发展目标，目标不越界

以语文学科为例：纵看三学段，从整体阅读素养看，一学段打好读写基础；二学段理解写了什么；三学段把握怎么写的和为什么这么写。那么，学习内容重点为：字词句—句段—篇章。阅读方法自然重点定位为：朗读—默读—浏览和略读。

2. 定位教学内容，目标须精准

这句话常听也常说，"用教材教，不是教教材"。通过语文课文识字、学阅读、学写作，体悟情感；通过数学的图形、算术建立模型，学数学思想，掌握数学方法；通过体育的各项运动，掌握运动技能，培养运动习惯，锻炼体魄，磨炼意志……教材是我们的教学内容，是学生的学习内容，通过这个内容，要学习的是什么，才是教学目标。

例如：数学"圆锥的认识"一课的教学目标为：

（1）通过观察实物、模型，从实物抽象出圆锥几何图形的过程中，认识圆锥的基本特征。

（2）通过观察、操作、想象，了解平面图形与圆锥的联系，进一步理解圆锥的各部分特征。

（3）经历二维与三维的转化，积累活动经验，发展空间观念，体验探索的乐趣。

几何图形学习的最终目标是发展学生的空间观念，学习目标改变后更明确而有针对性，使学习从表面走向深入。

（二）深入了解学生的学习需要，研究学习价值

教学目标的主体要体现学生，设计和实施中都要从学生的学出发，研究怎么使学生爱学。

1. 课堂、生活与我一体，学有用的知识

学习是同客观世界、同自己、同他人的相遇和对话。课堂学习要与生活联结，感受知识对我有用。

例如：品社课 四年级下册第一主题单元第4主题

	共建绿色小窗口 ——由网络购物引发的思考	
	原来	改后
教学目标	1.知道网络安全人人有责 2.遇到问题能够多角度分析 3.愿意为网络安全贡献自己的力量	1.通过探讨网络购物的话题，阅读学习材料，引发多元思考，掌握正确应对"网络信息不属实"的方法 2.在自学互学中辨析、交锋，培养多角度、全方位思考和解决问题的能力 3.懂得在社会生活中换位思考，体谅他人，传递正能量

教材内容是了解网络利与弊，以网络购物经历引发学生多元思考，以学习材料呈现生活复杂性，同自己、同伴、学习材料的对话挑战，触发深层学习。

2.解决认知冲突，保持挑战性的学习是真需要

一成不变的学习模式，一马平川的学习内容，难以构成倾听的学习。看似学生不投入学习，实际上预设的课堂学习目标，根本不需要投入多少精力。我们要研究学生的认知冲突在哪儿，利用好这个冲突。

例如：语文学科二年级下册《我是一只小虫子》一课的教学目标为：

	原来
教学目标	1.了解课文内容，通过默读、想象等方法感悟当一只小虫子虽然有很多不好的地方，但也有有趣的地方 2.正确、流利、有感情地朗读课文 3.学习语言表达，进一步感受小虫子的乐观，激发对生活的热爱
	改后
	1.比较小虫子和小伙伴的生活，想象他们的生活，感受当一只小虫子有不好之处，但也是有趣的，体会生活的美好 2.正确、流利、有感情地朗读课文，读出喜欢与不喜欢的语气 3.通过角色代换，感受小虫子的乐观生活态度

我们看，改后的目标1和3更加明确地指向了学生的认知冲突，以及解决问题的方法和路径。

二、教学路径、策略及方法指向并服务于目标

（一）依据学段特点，在目标下设计可操作、可测量的教学路径

教学目标，要从上而下地制定，即"课程—学段—年级—学期—单元—课时—板块（具体的环节）"，从下而上地检验。

通过大量的课例研究我们发现，学段不同，在目标下的教学路径一定要有侧重点。以语文为例：

学段	教学路径、策略、方法的侧重点
第一学段（低年级）	路径步骤一条线，重在教（学）方法
第二学段（中年级）	学习任务有挑战性，兼具意义与趣味。侧重从"2人向4人互学"
第三学段（高年级）	挑战性任务引领并贯穿，在自学互学中推动高品质学习，侧重学生主动协同学习实践

（二）单元备课大目标，挑战性任务与目标的紧密结合

例如，英语学科，五年级下册第七单元的话题是"谈论即将来临的假期旅行"。设计如下：

原单元话题	Unit 7 Are you going away for the holiday? 谈论即将来临的假期旅行
原每课教学目标	1. 能够理解课文大意 2. 能够朗读对话 3. 能够运用本课句型进行交流
设计后单元话题	为自己和家人设计一场旅行，写一封电子邮件给朋友或亲戚
单元目标	1. 通过3组对话的学习，梳理出谈论旅行话题时需要考虑的因素和运用的语言 2. 能够运用所学知识为自己和家人设计一次旅行，并尝试用写电子邮件的方式向朋友或亲戚说明旅行计划 3. 学会使用手机App软件查询酒店、机票、路线、旅游攻略等信息，掌握基本的生存能力

单元整合后的学习是为自己的旅行生活服务。学生会主动参考他人的旅行计划，把课文作为阅读素材，学习以思维导图梳理思路，运用相关句型和词汇。当学习与自己的生活发生联系，一切的学习自主而有意义。

在学习共同体的研究中，只有清楚教学目标，才能更关注学习，才能清楚何时返回和串联，发挥学习共同体的优势，使研究更深入。

课堂生"根"　目标铸"魂"

焦　琳

教学目标是教学活动的出发点也是归宿点。语文教学是系统工程，只有将每堂课、每单元的教学目标科学排序，才能有效地传授知识进行训练。在课上教师心中要时时想着目标，这样课堂才能生根，不跑偏；在课上教师心中要时时想着目标，这样学生才有方向，不迷茫。

一、课前预学定核心目标

"学情分析"是制定教学目标时需要考虑的重要依据之一，是教学目标设定的基础，没有学情分析的教学目标往往是空中楼阁。为了精准地掌握学生的学情，我在每堂课授课之前都会问自己两个问题："学生的困惑是什么？""我要教给学生什么？"其次才是确定教学目标。为了更精准地了解学生的学情，我会精心设计预学单，充分发挥预习的作用。这样，教学目标的制定就会更精准，更合理，学生才能真正课课有提升。比如统编教材四年级上册第三单元的单元主题是"处处留心皆学问"，语文要素是"体会文章准确生动的表达，感受作者连续细致的观察"。在学习第一课《古诗三首》之前我在预学单中设计了两个问题：第一，初读《暮江吟》后，你读出了诗人的什么情感？举例说说。第二，读完三首诗，你有什么困惑？在课前学生通过自学，再结合自己原有认知对"情感"的体会众说纷纭。大部分孩子看到诗中的"残阳""月""夜"这些景象结合自己以前对"意象"的了解，认为诗人此时很伤心。有极少部分孩子结合书中的插图和"半江瑟瑟半江红"认为夕阳落山时江面青绿与红色交织在一起非常美，因此作者是在欣赏这样的美景。面对大部分学生对情感体会的偏差，我认为孩子是因为只关注了景物没有想象画面，也没有关注诗人之所以会"连续观察"是因为被景色所吸引。于是我把单元的语文要素和学生的学情结合起来，把教学重点之一定为"抓关键字词展开想象，并结合诗人的连续观察感悟诗中描绘的不同景色及诗人表达的情感"。

我想，精准的教学目标的制定与预习的布置一定是相辅相成的，因为预习是先学后教的一种实质性体现。设计好预学单，分析清学情，才能更加精准地制定出教学目标。这样，在课堂上师生才能走直线不跑偏，高效教学。

二、挑战问题促深度思考

我们看到的世界，总是受到许多因素的制约。而阅读，就是那副帮助我们清晰看世界的眼镜。培养学生的阅读能力，让他们在一次又一次的挑战中获得阅读方法，是语文课我们要传授给学生的。备课时，学习任务的设计是课堂教学的一个重要抓手。我们可以把学习任务设计形象地描述为：串起课堂教学的两三个问题，包括基本问题和挑战性问题。提什么样的"问题"对于学生来说尤为重要，它就是"纲"，纲举目张；它就是"领"，提领而顿，百毛皆顺。那挑战性问题从哪儿来呢？当然从学生的真问题来，从教学目标而来。

（一）多篇阅读　落实目标　激深入思考

例如，在学习《出塞》《凉州词》《夏日绝句》三首诗时，教学目标是"利用整合、比较等策略加深对诗歌的理解"。我把挑战性问题定为："为什么课文要把这三首诗放在一起？它们之间有什么共同之处呢？"我把三首古诗整合在一起教学，就是为了避免古诗教学陷入碎片化的泥沼。让学生经历在比较中猜测，既给予了他们思考的空间，又充分激发了他们学习的内驱力。有的学生发现三首诗中都有"人物"，《出塞》《夏日绝句》中有英雄"龙城飞将""项羽"，而《凉州词》中没有具体英雄。这时我追问："《凉州词》中没有英雄吗？再读读。"我想，阅读就是一种挑战，学生只有一遍一遍地读，反反复复地读才有新发现。

（二）真问题　指核心　引深度学习

真问题是学生学习的动力和源泉。在解决学生的真问题——《凉州词》中有没有英雄时，学生在反复阅读并交流后发现虽然诗中没有具体写出英雄的名字，但诗中句句有英雄，那就是无名英雄。在讨论和解决问题时孩子们的学习状态都很投入。我想只有解决真问题的任务才能够促使学生深入思考，才能让学生的阅读更具有目的性。在比同中孩子们发现诗中都有英雄。在比异中，孩子们抓住关键字词并拓展延伸，感受着不同英雄各自的风采。"龙城飞将"的艰苦卓绝，"无名英雄"的豪放情怀。"项羽"的悲壮气概都在学生反复阅读主动阅读中得以理解。所以说，要想让学生深度学习挑战性问题的设计和研究尤为重要，它既是语文教学的"根"，更是深度学习的"魂"。

三、搭建支架促目标达成

作为一名教师，每位老师都要修炼一个能力，那就是"储备教学支架"以备不时之需。教学支架在学生学习遇到困难时，是促进他们进一步学习的好帮手。在语文教学中，若能利用支架展开教学，就可以增强学生的阅读能力，提高课堂效率。

（一）依照学情　锦囊分层　达成目标

还记得在学习《盘古开天地》一课时，依据语文要素，我把教学目标之一定为"了解故事的起因、经过、结果，学习把握文章的主要内容"。对于四年级的学生来说"把握文章的主要内容"是第一次出现，孩子们的能力点还停留在三年级"提取中心句概括段落大意"的层面上，因此面对文章篇幅长，内容多的《盘古开天地》，在把握文章主要内容时能把"事件"说全，就是很难的一件事了。孩子们在小组合作时一直争论不休，停不下来。这时我问孩子们："老师这里有锦囊，哪个组需要可以举手示意。"在课前，我提前准备了两个小锦囊，一个是给满头雾水的孩子准备的：请你看看插图画了几件事，然后再说说文章的主要内容。另一个锦囊是给有头绪但纠结取舍的孩子准备的：把握主要内容时可以舍掉细节描写，保留主要事件即可。不同组的孩子们得到锦囊后，交流更加激烈了，有的蹙起了眉继续思考，有的瞪大了眼睛反复阅读，还有的眉开眼笑积极分享……

（二）表格梳理　厘清思路　直入核心

还记得在《麻雀》一文中，我带着学生体会如何把重点部分写清楚这一教学任务时，学生通过阅读能够发现作者把自己看到、听到、想到的交织在一起，这样就把老麻雀勇敢无畏保护孩子的情节写清楚了。但是有的孩子不知道为什么一定要把三种感官都写上才叫写清楚。这时我用表格帮孩子把他们发现的三种感官一列一列地梳理出来，然后指着第一列作者"看到的"内容说："孩子们，你们读读这个内容，想想如果只写作者看到的能不能让我们感受到老麻雀的勇敢无畏？"这时孩子们都盯着我梳理出来的表格，认真地对比着一遍一遍地读。在交流分享后孩子们惊喜地发现，多种感官叠加在一起后，文中麻雀的形象才能更加丰满、深刻。

"教学支架"搭起了学情与教学目标之间的桥梁。它以教师的辅助和支持作为教学手段。"教学支架"中的各种策略，能够引导学生展开主动思考和探索，以达成教学目标。针对不同的教学目标，为学生搭建合适的支架，就能改善课堂生态，引领学生在自主学习、协同学习中提升核心素养，提高课堂教学效率。

四、倾听收获思教学效果

倾听是教学的基础，是教师和学生双边活动的场所，没有倾听就没有教学。在课堂上我们总是强调让学生认真倾听，其实我认为老师的倾听更加重要。倾听学生的发言，能够帮助教师及时准确地了解学生对学习内容的理解和思考程度，这对课堂教学来说至关重要。

例如，我在讲古诗统编教材四年级上册的《雪梅》时，教学目标是：学会从不同角度观察景物，发现事物的特点。当学生在读完诗后都觉得"梅雪争春"画面特别美，于是我设计的主问题是：读完这首诗，你们是喜欢梅还是喜欢雪？孩子们在课上找关键词、想象画面、再联系生活谈了自己的很多看法。一堂课接近尾声，我问孩子们这堂课你们有什么收获吗？孩子们在认真思索后纷纷举手，有的说："诗人卢钺把梅和雪拟人化，我觉得特别生动。"还有的同学说："我知道了雪的特点是白，梅的特点是香。"……听了孩子们谈收获，我觉得在达成教学目标上，还欠一点点火候，学生只了解了表面，没深入"观察"到这个核心。于是我发现，我设计的问题只是从情感的角度去学习，没有站在"观察"的角度让学生发现诗人发现美的方法。这时，我马上追加了问题"诗人是怎样发现美的呢？"这时孩子们一下就关注到了后两句"梅须逊雪三分白，雪却输梅一段香"，有的孩子说："诗人是用眼睛看，用鼻子闻，用这两种感官发现梅、雪的美。"有的孩子说："诗人发现雪白是近距离看，发现梅香是远距离观察。"还有的孩子说："诗人在发现雪和梅各自的特点后还做了比较，觉得各自有各自的特点，分不出高下。"……

在平时的教学中，我特别关注学生们谈收获这个环节。每次听完孩子们的发言，我都会和本节课的教学目标进行对接，不断调整自己的教学设计。有时听完学生谈收获会马上追加一个问题直入核心，有时我会对下一课时的教学任务进行调整落实教学目标。因此，倾听学生课堂的发言，倾听学生课后的收获是教师考察自己是否完成教学目标的有力依据。

因此在今后的教学中，语文教师要拿稳手中的"尺"，无论是设计什么样的教学内容，采用什么教学策略都要以学生为主体，教师为引导，目标为主线，这样展开的语文教学工作才会高效。

咬定"目标"不放松，立"根"原在"深学"中

——基于目标导向问题引领深度学习的思考与实践

周爱萍

学校"目标导向　问题引领"的课题开展已经近两年了，我们五年级数学组也一直脚踏实地地进行着自己的思考与实践，特别是在本学期，我们更是围绕教学目标，以核心问题引领学生的深度学习，力争做生"根"的数学教育。

我们这学期主要研究了《异分母分数加减法》、《包装中的数学》系列一和系列二，涉及代数与空间几何两个不同领域。下面把我们的研究历程、研究所得总结如下。

一、基于学科本质，确定教学目标

（一）全面学习中明确学科大目标

学，然后知不足。为了更好地开展我们的研究，我们全面学习了《让儿童在问题中学数学》《老师如何提问，学生才会思考》《深度学习：走向核心素养》《小学数学教育》等多种书刊，在学习中我们更加明确了数学是思维的体操，数学学习的核心目标是在学习中锻炼思维、发展思维、提升思维，从而发展学生的核心素养。这也是我们数学教学之"根"。

（二）多重梳理中确立单元学习目标

1.横向梳理

单元内容同属一个领域，知识是连贯的，方法是呼应的，对自然单元进行梳理，正是为了拎起知识内容背后这根思维的"缰绳"。以"分数加减法"单元为例，这个单元分为同分母分数加减法、异分母分数加减法、分数加减混合

运算三节课。从知识方面看，同分母分数加减法、异分母分数加减法、分数加减混合运算的知识本质都是把相同的分数单位的个数相加减；从学习方法看，都是借助几何直观，采用数形结合，建立表象，在多重表征中理解算理，尤其可沿用"分数的意义"单元一直使用的"分数墙"帮助理解，而异分母分数、分数加减混合运算都可以转化成同分母进行计算，数形结合、转化是这个单元共通的思想方法；从培养的能力看，发展数感、提升迁移类推能力、运算能力，增强应用意识是关键。

2. 纵向梳理

为了让知识形成系统，形成结构，我们还对教材进行了纵向梳理，发现在低中学段，同学们学习了整数加减法、小数加减法，计算法则都是相同数位对齐，其实与五年级要学习的分数加减法有异曲同工之妙，都是把相同的计数单位的个数相加减。

在这样的横纵梳理中，我们确立了"分数加减法"的单元学习目标：

（1）在现实情境中，发现、提出问题，并借助几何直观，探索理解分数加减法的算理算法，掌握分数加减法的计算方法并能正确计算。

（2）在多重对比中，感悟分数加减法之间，分数加减法与整数、小数加减法之间的联系，形成知识结构，发展数感、迁移类推的能力、运算能力。

（3）结合实际问题情境，会解答用分数加减法解决的实际问题，体会数学的应用价值，发展学生的应用意识及问题解决能力。

（4）结合计算和解题，进一步培养学生仔细计算、认真检查的学习习惯。

（三）深钻细研中制定课时具体目标

《同分母分数加减法》教学目标	《异分母分数加减法》教学目标
1. 借助几何直观理解同分母分数加减法的算理，初步掌握同分母分数加减法的计算方法，会正确地进行计算 2. 通过自主探索，合作交流、对比辨析等活动，引导学生经历同分母分数加减法的计算方法的探究过程，积累经验、培养数感，发展迁移类推的能力 3. 培养学生仔细计算认真检查的习惯	1. 借助几何直观理解异分母分数加减法的算理，初步掌握异分母分数加减法的计算方法，会正确地进行计算 2. 经历自主探索，合作交流、对比分析等活动，进一步体验转化的数学思想，发展迁移类推能力、问题解决能力，构建知识体系 3. 继续培养学生仔细计算认真检查的习惯

二、围绕目标任务，设计问题结构

（一）学生课前自主提问

无论是单元提问，还是针对每节课的提问，我们都希望并引导学生问出这几点：一真，问出自己的真问题，不管难度大小；二深，启发并教会学生深入思考，多问"为什么"，多从"联系""总结与反思"的角度去思考问题；三异，表现在不要从众，要体现自己的个性及创新性。

以上就是学生对"分数加减法"的单元提问，以及对"异分母分数加减法"的课时提问。

（二）明确核心问题，构建问题系统

学生提问之后，我们把学生的问题进行分类梳理，并准确地和学科核心问题有机连接，构建表达清晰、目标精准、层次分明、结构合理的问题系统。以下就是"异分母分数加减法"的问题系统：

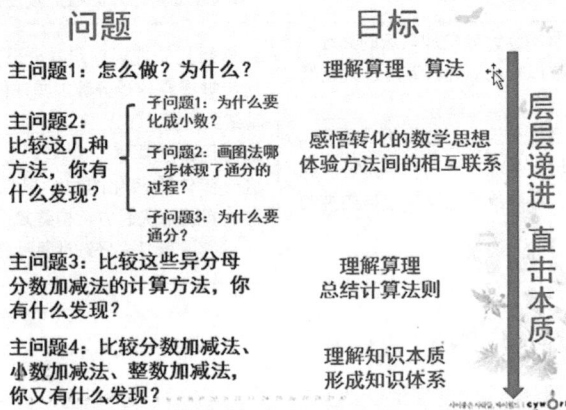

三、立足数学根基，开展深度学习

在《深度学习：走向核心素养》一书中指出，"所谓深度学习，就是指在教师引领下，学生围绕着具有挑战性的学习主题，全身心积极参与、体验成功、获得发展的有意义的学习过程"。为了让这样的"深度学习"真实发生，这学期我组老师在"深"方面进行了充分的思考与实践。

（一）深度设计学习单

学习单是学生深度学习的支架，在学习单的设计上，我们尽量体现：

（1）目标清单。将学习目标前置，提前让学生知道应学会什么，引导学生在课前进行有针对性的调研、思考，课中有重点地倾听、交流和实践，课后有方向地复习。

（2）多元探究。鼓励学生不断地挑战自己，用多种方法进行探究，丰盈对知识的理解，同时也为课堂上的多维交流做准备。

（3）对比总结。引导学生对不同的方法、不同的题型、不同的知识点进行比较辨析、归纳总结，让自己对问题的认识更加细致、深入。

（4）分层练习。尤其是回溯性练习，巩固内化对算理的理解。

（5）回顾梳理。用思维导图的方式，对学习内容及学习方法进行梳理总结，积累活动经验。

（二）深度开展多元对话

深度对话需要高阶思维的深度参与，只有这样才能触及数学本质。

首先是与文本的对话。要求学生课前用课本预习时，要在书上批注，圈画关键词，并写清楚：我知道了要学习什么；我学会了什么，我的方法是什么；我还不懂什么。

其次是与同学的对话。围绕大问题，重在说清"是什么""为什么"，或说清楚"我发现了什么""是怎么发现的"。

最后是与自我的对话。在交流中，让学生经常反问自己："是什么？""是对的吗？""是最好的吗？""还可怎么样？""我接受或相信什么？"这样的"反思五问"涵盖了质疑、分析、评价、创造等多种高阶思维能力，对自主学习、建构新知具有重要的推动作用。

（三）深度建构知识体系

1.教师的有效串联

串联是教学的核心，因为只有高水平的串联才能提升学生的思维，也更能体现教师在课堂中的意义和价值。如在"异分母分数加减法"一课中，我们除了把学生的前后发言串联外，还有四次串联：（1）把不同的解题方法进行串联，明确知识的本质。当学生呈现出三种方法：画图法、化小数法、通分法，之后教师追问"这三种方法有什么共同之处吗"，学生经思考得出：都运用了转化的数学思想，都是统一了计数单位再计算的；（2）把计算方法进行串联，明确算法算理。刚才同学们计算了很多异分母分数加减法，那到底怎样计算异分母分数加减法呢？（3）与相应的古代文化串联。古代《九章算术》中也提到了"齐同术""约分术"，这些在异分母分数加减法中起到了什么关键作用？（4）把整个教材的知识体系进行串联，帮助学生形成系统化的知识。今天我们学习了分数的加减法，之前也学习了整数、小数的加减法，在计算方法上它们有什么共同之处？正是在这样一次次串联的过程中，学生对知识的理解由点到面，由内到外，逐渐深化并形成知识网络，思维也更加开阔。

2.教师精心设计的板书

好的板书设计，能给学生一个回顾反思的"抓手"，可以帮助其主动建构知识体系，如下图的"异分母分数加减法"的课时板书设计以及整个"分数加减法"的单元板书。

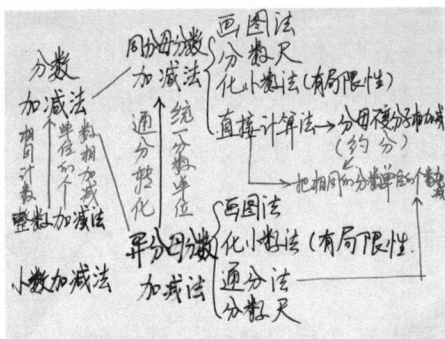

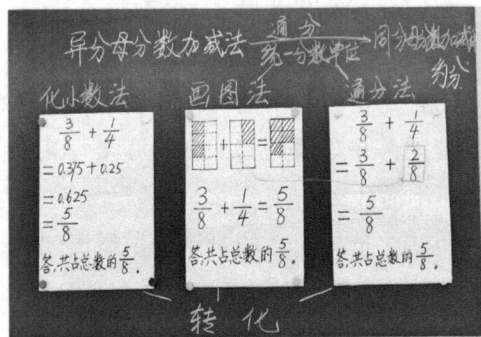

3.学生的课后梳理

每节课后或一单元学完后，我们都会让学生对本节课所学知识或一个单元所学知识进行回顾梳理，形成知识体系，帮助学生形成"结构化思维"。

（四）深度延伸课外学习

学习深度的发生，不会因为一节课的结束而结束，即使学生走出教室，他们还在不断地完善，不断地探索，并加以应用。比如在上完长正方体体积后，学生就产生了新疑问：既然长方体、正方体的体积都可以用底面积乘高，那么其他直柱体体积可以这样求吗？在这种新问题的引领下，课下他们独立开展了探究，并完成了研究报告。

（五）深度反思总结经验

学习靠积累，经验靠反思。每个单元学完之后，我们都会让学生从学法上进行反思总结，积累经验，这些都是获得沉淀过后的真知灼见，将会是学生一生的宝贵财富。

四、巧用多元评价，促进持续发展

为了让不同层次的学生都有发展，我们十分重视形成性评价在学习中的价值，经常对学生给予恰如其分的评价，让每个学生都能在学习中收获肯定与激励，促进自己的深度学习。比如在课堂上，我们会对学生说："你的思考很有深度，表达有理有据，特别棒！"……

总之，发展思维、提升数学素养是数学教学之根，也是我们教学的终极目标，为此我们会继续以问题引领学生的深度学习，力争让学生转识成知、转知成智、转智成质。咬定"目标"不放松，立"根"原在"深学"中，我们将继续努力前行！

以规为尺　明方向　搭支架　促反思

——学习量规助力高效课堂的实践与思考

马晓然

"双减"背景下，如何在有限的课堂教学时间内有效达成教学目标，是教师时刻思考并努力解决的问题。学习量规作为一种表现性评价的工具，详细规定了学生所要达到的学习目标，用来评价学生的学习状态和学习成果，包括评价指标、等级标准和具体说明。通过实践，我认为可以丰富量规的不同功能，为学所用，因需而教，明方向，搭支架，促反思，提高课堂实效。

一、学习目标可视化，发挥量规目标导向作用

当学生在学习前已经知道要学什么时，就会取得更好的学习效果，这是目标导向的重要影响。制定学习量规时，要将教学目标转化成学习目标，并结合学习表现设计不同层级的评估细则，增强学习方向感，有助于目标的精准落地。

在学习分数乘法时，为了更好地理解算理，引导学生主动建构图与式、式与式之间的联系是关键。因此在分数乘法单元的学习量规中，特别提出"结合画图说清道理""对比不同算法，发现相同和不同之处"。引导学生始终关注用数形结合的方法解决问题，对比发现不同方法之间的联系，深刻理解分数乘法的算理，同时为学习分数除法积累学习活动经验，提高自主学习的能力。

在学习"工程问题"时，最初我设计了这样的学习清单（见表1），希望引导学生尝试用不同的方法解决问题。在试讲完后发现，清单中的"不同方法"不能帮助学生明确努力的目标。一部分学生对于如何解决没有给出具体工作总量的问题，毫无头绪，一种方法也没有，更提不上不同方法。其余学生的解

决方法以假设具体数量为主，只有少数学生能够想到用单位"1"表示工作总量，用工作总量的几分之一表示工作效率解决问题。因为"率"的方法对学生来说，比较抽象，而"量"的方法更直观，并且学生在前面的学习中有一定的基础。为了让学生更清晰地知道要从这两种不同的角度探寻解决工程问题的方法，我将学习清单调整为量规，分为解决问题、沟通联系、总结收获、作业评估四方面。（见表 2）

表 1 《工程问题》学习清单

清单内容	自评	互评
1. 我能积极尝试用不同的方法解答问题		
2. 我能借助线段图分析问题，找到解决问题的方法		
3. 我能比较并发现不同方法间的区别与联系		
4. 我能观察并总结出这类实际问题的特点，且能依据所学，正确分析、解答		
5. 无论是课前、课中、课后，我都能主动质疑，并努力尝试解决疑问		

表 2 《工程问题》学习量规

项目	优秀	良好	合格	待进步	自评
解决问题	能从量、率两种不同角度正确解决问题，并能结合线段图说清为什么这么做	能把工作总量看成单位"1"，正确解决问题，并能结合线段图说清为什么这么做	能把工作总量设成具体的数量，正确解决问题，并能说清每步算式的含义	经过提醒，会把工作总量设成具体数量，正确解决问题	
沟通联系	通过比较，能发现图与式、量与量、量与率等不同方法之间的联系与区别，并用箭头和文字说明	通过比较，能发现图与式、量与量、量与率等不同方法之间的联系与区别	通过比较，能发现图与式、量与量等不同方法之间的联系与区别	通过比较，能发现量与量等不同方法之间的联系与区别	
总结收获	能自觉补充不同方法，发现并总结出工程问题的特点，并能从知识及学法不同角度提炼本节课的收获	能自觉补充不同方法，并能从知识、学法不同角度提炼本节课的收获	能自觉补充不同方法，并能从知识角度提炼本节课的收获	能自觉补充不同方法	
作业评估	能用不同方法正确解决基本题和挑战题	能用不同方法正确解决基本题	能用一种方法正确解决基本题	经提醒，能正确解决基本题	

表 3 前后对比

学习清单	学习量规
我能积极尝试用不同的方法解决问题	我能借助量、率两种不同角度正确解决问题 把工作总量看成单位"1" 把工作总量看成具体数量
我能比较并发现不同方法间的区别与联系	通过比较，我能发现图与式、量与量、量与率等不同方法之间的联系与区别，并用箭头和文字说明

修改后的量规中明确在解决工程问题时不同的方法是：可以把工作总量看成具体数量，也可以把工作总量看成单位"1"。在对比时，要观察图与式、量与量、量与率之间的联系与区别。在接下来另一个班的教学实践中，学生通过阅读量规，学习目标更清晰了，在解决问题时也有了方向。学生能够主动地从"量"和"率"两种不同的角度思考问题，并且当对把工作总量看成单位"1"这种方法遇到困难时，学生能够主动画图分析，自觉地建立图与式、量与量、量与率之间的联系，最终达成了学习目标。

借助量规，让学习目标可视化，让学生的思考更有方向感，促进学习目标的落地，构建高效的课堂。

二、学习路径多元化，发挥量规学习支架作用

学习量规还是课堂教学的重要工具，能够为学生搭设有效的学习支架，让学生不仅明确"将要去哪里"，更清楚"怎么去"。特别是当学生遇到困难时，量规可以为学生提供思考的路径，促进学生进一步思考。

六年级的学生在学习圆的面积之前，已经积累了研究平行四边形、梯形、三角形面积的学习经验，掌握了研究平面图形面积的三步骤：转化图形、沟通联系、推导公式。根据以往教学经验，在研究圆的面积时，学生能够想到将圆转化成学过的图形研究，但是找到转化后的图形与圆之间的联系是学习的难点。针对学生有可能遇到的困难，我设计了"圆的面积"学习量规，其中包括：我能通过画一画的方法，发现平行四边形的底与圆的周长之间的关系，平行四边形的高与圆的半径的关系。教学实践中，学生在将平行四边形的底和高描画一遍后发现，平行四边形的底就相当于圆周长的一半，平行四边形的高就是圆的半径。学生的直观思维与抽象思维双向发展，提高空间想象力，突破难点。

圆的面积教学除了让学生理解公式的推导过程，体会转化的数学思想外，还包括对面积度量本质的理解，渗透极限思想，也是学生学习的重点和难点。（2021年丰台区六年级数学第一学期教学质量监测第20题选择考查的就是对这两点的理解，见图1）其中数方格的方法正是从面积度量这一本质出发，让学生经历最基本的度量过程。三年级和五年级关于图形面积计算公式的推导也都是从数方格开始的，用每行面积单位的个数 × 行数计算面积。圆的学习，是

学生初次接触曲线图形，因此很难主动将计算面积单位个数的方法迁移到圆的面积计算中。此时在学习量规中进行提示（见表4），可以为学生打开思路，构建新旧知识之间的联系，再度体会面积度量的内涵。

20. 三位同学观察右图后说出了自己的想法，（　　　　　　）的想法正确。

东东：研究圆的面积，可以用面积单位去测量。

苗苗：如果小方格越来越小，可以求出来的小方格的面积就越来越接近圆的面积。

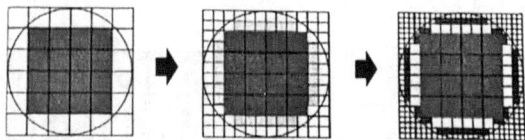

林林：如果像这样把小格继续画下去，画到第5个图时，计算出的面积就等于圆的面积。

A. 只有东东　　　B. 东东和苗苗　　　C. 苗苗和林林　　　D. 东东、苗苗和林林。

图 1

表 4 《圆的面积》学习量规

项目	优秀	良好	合格	待进步	自评
基础知识	我能理解数方格的方法，理解小方格的面积无限小时，计算出的面积就是圆的面积	我能理解数方格的方法，理解面积就是面积单位个数的累加	我能理解数方格的方法，理解小方格的面积越小，计算出的面积越接近圆的面积	我能通过在圆内画面积相等的小方格的方法，估算出圆的面积	
	我能理解割圆法，并说清道理	我能理解割圆法，理解切割的正多边形边数越多，越接近圆的面积	我知道可以在圆内切割正多边形，正多边形的面积接近圆的面积	我能通过在圆内画正方形的方法，估算出圆的面积	
	我能理解将圆转化成平行四边形、三角形、梯形等图形推导面积公式的过程，通过画一画找到转化前后图形边的对应关系	我能理解将圆转化成平行四边形推导面积公式的过程，通过画一画发现平行四边形的底与圆的周长、平行四边形的高与圆的半径之间的关系	我能理解将圆转化成平行四边形推导面积公式的过程，知道平行四边形的底相当于圆周长的一半，平行四边形的高相当于圆的半径	经提醒，我能理解将圆转化成平行四边形推导面积公式的过程	
思想方法	我能掌握推导图形面积的方法，理解转化思想，对化曲为直、极限思想有感受	我能掌握推导图形面积的方法，理解转化思想	我能掌握推导图形面积的方法	经提醒，我能掌握推导图形面积的方法	
总结收获	能自觉补充不同方法，并能从知识、思想方法不同角度提炼本节课的收获	能自觉补充不同方法，并能从知识角度提炼本节课的收获	能自觉补充不同方法，在知识方面有收获	能自觉补充不同方法	
作业反馈	能梳理圆面积推导过程，正确解决基本题和挑战题	能梳理圆面积推导过程，正确解决基本题	能正确解决基本题	经提醒，能正确解决基本题	

刘徽指出：割之弥细，所失弥少。割之又割，以至于不可割，则与圆合

体，而无所失矣。所谓"割圆术"，是用圆内接正多边形的面积去无限逼近圆面积，其中蕴含着极限思想。在量规中不仅有数方格、转化成其他图形计算圆面积的学习标准，也列举出了割圆法，将学习目标与学习任务相结合，为学生提供不同的研究角度，丰富学习路径，发挥量规学习支架的作用，充分挖掘学生的潜力（见图2）。

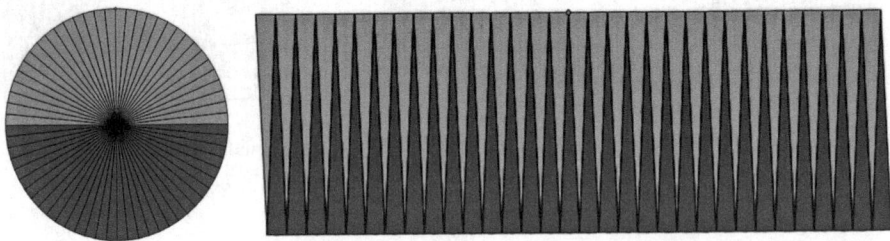

图2

三、教学评一体化，发挥量规双向诊断功能

量规将学习标准一一列举出来，并沿着连续的层级描述了每一层级的表现，因此量规为教学评一体化提供了良好的框架。

首先是对课堂教学效果的评估。借助量规，教师能够及时了解学生的学习情况，发现学生在学习中存在的问题或不足，有助于教师对自己的教学效果进行检验，反思课堂教学是否有效达成目标，以终为始，以评促教。

在学习完"圆的认识"后，我发现学生能够正确掌握圆的特征，不过用圆规画圆还需要进一步指导，有些同学虽然能画出圆，但是缺少圆心、半径的标注。反思自己的教学，课堂上虽然反复强调圆心决定圆的位置，半径决定圆的大小，但是缺少画圆具体操作的示范，需要在后续的教学中改进（见表5、表6）。

表5 《圆的认识》学习清单

清单内容		自评
1. 我能积极寻找生活中的圆，在观察、想象、操作中，发现圆的特点	我发现生活中外形是圆形的物体有： 圆的特点是：	☆ ☆ ☆ ☆ ☆
2. 我能找到圆的圆心、半径、直径，理解圆的各部分与圆的关系	圆的圆心决定圆的 圆的半径决定圆的	☆ ☆ ☆ ☆ ☆

续表

清单内容		自评
3. 我能用圆规画圆，并标出圆的各部分名称		☆ ☆ ☆ ☆ ☆
4. 结合图形特点，我能理解车轮、井盖为什么设计成圆形	设计成圆形的原因是：	☆ ☆ ☆ ☆ ☆
5. 我能积极探究，用不同方法得到圆	得到圆的方法有：	☆ ☆ ☆ ☆ ☆
6. 无论是课前、课中、课后，我都能主动质疑，并努力尝试解决疑问	课前我的思考： 课上我的思考： 课后我的思考：	☆ ☆ ☆ ☆ ☆

表 6 《圆的认识》研究学习评价量规

评价指标		评价等级				自我评价
一级指标	二级指标	优秀	良好	合格	待改进	
基本知识	掌握知识	认识圆，掌握圆的基本特征，理解直径与半径的关系，并灵活运用	认识圆，掌握圆的基本特征，理解直径与半径的关系，并熟练运用	认识圆，掌握圆的基本特征，理解直径与半径的关系，并能运用	认识圆，掌握圆的基本特征，理解直径和半径的关系	
基本技能	知识能力	认识圆，知道圆各部分名称，掌握圆的特征，理解在同一圆内直径与半径的关系，学会用圆规画圆	认识圆，知道圆各部分名称，掌握圆的特征，理解在同一圆内直径与半径的关系，初步学会用圆规画圆	认识圆，知道圆各部分名称，掌握圆的特征，理解在同一圆内直径与半径的关系，初步认识圆规	认识圆，知道圆各部分名称，掌握圆的特征，理解在同一圆内直径与半径的关系	
	探究能力	通过画一画、剪一剪、折一折、量一量等活动，认识直径、半径、圆心等概念，同时掌握圆的基本特征，能在生活中认识圆，运用所学知识	通过画一画、剪一剪、折一折、量一量等活动，认识直径、半径、圆心等概念，同时掌握圆的基本特征，能在生活中认识圆	通过画一画、剪一剪、折一折、量一量等活动，认识直径、半径、圆心等概念，同时掌握圆的基本特征	通过画一画、剪一剪、折一折、量一量等活动，认识直径、半径、圆心等概念	
协同学习	交流互学	积极发表自己的观点，认真听取同伴的观点、建议，及时补充、完善学习单	能够发表自己的观点，听取同伴的观点、建议，学习过程有收获，补充学习单	能够听取同伴的观点，补充、完善学习单	在同伴交流中，没有发表自己的观点，没有补充学习单	
情感价值	价值取向	结合欣赏与绘制图案的过程，体会圆在图案设计中的应用，能用圆规设计简单的图案，在设计图案的活动中感受图案的美	结合欣赏与绘制图案的过程，体会圆在图案设计中的应用，能用圆规设计简单的图案	结合欣赏与绘制图案的过程，能用圆规设计简单的图案，在设计图案的活动中感受图案的美	结合欣赏与绘制图案的过程，能用圆规设计简单的图案	
	培养情感	体会圆的广泛应用，感受生活中圆的内在美	知道圆在生活中的广泛应用，知道生活中圆的内在美	在生活中认识圆，感受生活中圆的美	在生活中认识圆，感受圆的美	

其次是对学生学习效果的评估。著名的数学家弗赖登塔尔先生曾经讲过：反思是一个人的一种非常重要的思维活动，它是学习者进行思维活动的核心和有效动力。如果学生擅长自我评价与反思，那么一定能从中受益匪浅。

量规评价的主体为学生，这是学生自省的过程。只有当学生清楚"我现在在哪里"，才能根据学习需求确定接下来的学习目标。例如"工程问题"课后学生需要从以下几个方面进行自我评价：我是否理解了从量、率两种不同角度解决问题的方法？我是否能说清每步算式的含义？我在练习中是否能正确解决基础题……对于学习效果不理想的学生，就要针对自身的问题再学习。

借助量规，教师对自己的教学目标有了更准确的认识，也让学生对自己的学习效果进行自我监测，双向诊断，促进课堂教学质量的提升。

"欲知平直，则必准绳；欲知方圆，则必规矩。"学习量规给学生提供了明确的学习目标，给教师提供了清晰的评价标准。在学习过程中，学习量规始终给教师和学生指引了一个正确的目标、一个清晰的蓝图，促进课堂教学提质增效。

基于学习共同体小学道德与法治课堂教学评价的实践探索

张 彦

随着新课改的推进，学生成了学习的主体，教师从主导者变为组织者与引导者，学生借助学习共同体开展学习活动，在交流、体验、实践中学习知识、形成技能、碰撞思维。面对新的课堂观与学习观，在小学道德与法治这一德育课程教学中，教师不仅需要调整教学策略帮助学生借助学习共同体开展活动学习，更需要调整评价结构将过程性评价与结果性评价结合起来，借助合适的评价体系，让共同体发挥更大的作用。

一、当前小学道德与法治课堂教学评价的现状

教学评价作为教育教学活动中不可或缺的一部分，在完善课堂教学过程和促进学生发展上发挥着关键作用。目前在小学道德与法治课堂不能实时、全面地诊断学生学习状况；课堂教学组织形式比较单一；课堂教学重难点的突破不够直观，学生学习难度普遍比较高。由于道德与法治课和其他学科有着很大的不同，这一学科中不仅包含大量有关道德与法治的理论知识，而且涉及很多现实社会生活方面的实践内容。

在实施教学评价时，如果按照以往"分数至上""结果至上"的评价方式，对学生其他方面素养的评价缺乏足够的重视，这就会造成学生重理论知识学习而轻综合素养提升的局面，学生身上的很多潜在的闪光点都难以得到客观公正的评价。因此，为了确保对课堂教学以及学生进行客观公正的评价，教师在评价学生时应该采用多元化的评价方式，这样才能发现学生身上更多的优点与潜

力，才能更好地提高学生的综合素养。同时，对学困生而言，采用多元评价能够促进他们其他方面素养的提升，从而确保每个学生都能够在多元评价中有所收获、有所提升，从而推动全体学生的发展。

二、学习共同体多元评价的实施策略

（一）重视学生间的协同评价

课堂学习共同体是由学习者（学生）和助学者（教师）共同组成的整体，这一共同体的目标是帮助每个学习者深入研究并完成学习任务，实现师生的共同成长。和传统的教学方式相比，学习共同体更注重生生、师生之间的沟通交流与互动，能够让学生更充分地发挥主观能动性，从而确保学生在完成学习任务的同时，取得更好的学习效果，实现知识的增长与思维能力的成长。因此在实施课堂评价时，我们要更多地关注对共同体间协同性的评价，助力学生形成合作、交流意识。在"这些事我来做"教学活动环节，教师为了让学生体会参与劳动的乐趣与成就感，感受到干好一件事是不容易的，要付出相应的努力，从而懂得珍惜劳动成果，体会父母辛劳的教学目标，精心设计了一个体验活动——"叠衣服擂台赛"。活动开始前，教师在演示文稿课件上出示了课堂评价单——学生互评表，学生在活动中，对照评价单及时进行"活动反思"和"协同评价"。

表 1　学生互评表

评价主体	评价内容	☆	☆☆	☆☆☆
小组互评	小组共同展示叠衣服的方法	全组基本完成叠衣任务；成品在左右对称、大小适中、折角平整方面完成度有问题；速度较慢，方法单一，	全组完成叠衣任务；成品在左右对称、大小适中、折角平整方面完成较好；且速度较快，但方法单一	全组完成叠衣任务；左右对称，大小适中，折角平整；且速度快，有不同方法
		代表展示方法	部分成员展示方法，有互动与补充	全组共同参与，配合好，讲解生动

课件出示"体验活动要求"：小组同学同时叠校服，并在规定时间内完成比赛；投票推选出叠得最好的同学；小组进行叠衣服方法的展示介绍，体现自己的特色。叠衣服评价标准：叠得好：左右对称，大小适中，折角平整；速度快；方法有创新；易收纳。

从这张评价表中不仅体现了对"叠衣服"这项技能的评价标准，让学生可以依据叠得好、速度快、方法多样、易收纳进行小组练习与展示。并且在评价的过程中重视小组协同学习习惯的培养，在评价中强调了小组成员全员参与、合理分工、协同合作，促进了小组成员间的有效沟通。

（二）评价中注重引导反思

在评价中教师应借助多媒体技术，让评价可视化，帮助学生进行反思与交流，培养学生的反思意识，让学生学会在反思中成长。

以"叠衣服擂台赛"活动评价为例，在实施小组评价时老师及时用手机实时记录"擂台赛"的整体赛况。学生在评选和互评的过程中，借助"投屏"功能及时把刚才的赛况视频进行精彩回放，引导学生进行思考：同样的时间，为什么这组同学就叠得好？我们组和这组同学的差距在哪儿？他们组叠得这么好的原因是什么？在进行了深度思考与探究后学生的体验感受才能更加深刻，也才能更客观真实地表达以及评价自我与他人。学生在反思与交流中会对所学有新的发现，新的理解，思维也更为深入。

（三）评价主体多元化

评价主体是指实施教学评价的主要负责人。传统的教学评价是以学校、教师单向评价学生的学习成绩方式展开的。在以往的小学道德与法治教学中，教学评价的主体基本上都是以教师为主。而学习共同体的课堂不仅强调评价内容的多元化，而且强调评价主体的多元化，强调将传统单一的评价主体转变为教师、学生、家长多主体并存的评价模式，注重各个评价主体之间的共同参与和相互评价；强调将学生从以往的被评价者转变为评价者，将教师从以往唯一的评价主体转变为多个评价主体之一，将学生家长从以往的评价旁观者转变为评价过程中的直接参与者，从而实现学校、教师、学生、社会、家长等多个层面全员评价，让教学评价更符合学习共同体倡导的平等交流原则。

例如在教学"这些事我来做"一课时，除了"小组互评表"，教师还向学生推送了"学生自评表"和"家校评价表"。

表 2　学生自评表

评价主体	评价内容	☆	☆☆	☆☆☆
自我评价	1. 自主学习本课内容	自主学习有难度	能自主学习	能自主学习并总结出重点
	2. 对自己事情的做法有新的想法与规划	没什么想法，没有规划	有一点想法，有一些规划	能合理安排自己要做的事，并有一些省时省力的方法

表3 家校评价表

日 期	周一	周二	周三	周四	周五
班级岗位					
自我评价					
家务岗位					
家长评价					

在实际教学中，学生自主评价、小组评价、家校评价三份表格贯穿全课的四个教学活动中。引导学生在参与学习活动中收集资料、独立思考、深度探究、创新展示以及沟通合作。三份评价表体现了评价主体多元性，也体现了评价内容多元性。从教学的"导入"环节持续到"导行"环节，在多元"评价"中让学生认识到虽然大家都做过很多家务，但是每天坚持主动做的却很少。家务事并不难，通过练习，别人能做得很好，自己也可以。自己的事情必须自己做，家里的事情分工做，这样才能让自己的生活井井有条，舒适幸福。学生的这些心得体会，有的是通过教师、家长、同伴的评价所获，有的是在小组探究中所得，还有的是通过自己对评价与学习的反思所悟。

（四）评价方式多样化

评价方式是指教师为了落实教学评价所选用的手段策略，决定着教学评价的具体实施。就如没有万能的教学方法一样，每一种不同的评价方式也能产生不同的教学效果，得出不同层面的评价结论。为了全方位了解学生的道德表现与素养，教师就要使用多样化的评价方式，借助评价工具提升学生学习兴趣，引导学生更为深入的思考。

如在"做学习的主人"一课教学中，我以课堂观察记录表作为教学评价辅助工具，要求小学生自主记录自己在"做学习的主人"一课的课堂学习表现，客观点评自己的学习行为。这就可以让小学生时刻警醒自己，通过自己回答问题的次数、课堂倾听表现、合作讨论心得等多个层面分析自己的学习表现。学生在记录的过程中对自身学习行为进行梳理发现不足，从而帮助学生有针对性地调整学习行动。

表4 学生课堂自我评价表

评价内容	评价等级			评价目的
	优（5）	良（4）	中（3）	
我能认真倾听老师的讲课，听同学的发言				能否认真倾听
我能主动举手回答问题				能否主动参与
我发言了（ ）次				能否自由表达
我能积极参与小组讨论活动，能与他人合作				能否善于合作
我能积极思考，并能有条理地表达自己的不同看法				能否善于思考
我敢于指出研讨中发现的问题				是否敢于否定
我主动发现别人的优势，并赞赏他				能否欣赏他人
我已养成良好批注的阅读习惯				能否独立思考
我在学习的过程中感到快乐				是否兴趣浓厚
最欣赏哪个同学的表现呢？为什么？				
我发现了自己的不足，也想到改进方法				

另外，我还会借助数据调查表进行数据评价，让学生在观察数据的同时发现问题，进行对比评价。例如，在教学"这些事我来做"时，教学重难点是让学生知道自己是家庭的成员，自己也应该主动分担家务，培养小主人意识。为了达成这一教学目标，我设计了家务事有哪些？哪些我会做？数据调研任务，学生与家长分别勾选家庭中主要承担的家务劳动。在数据对比中学生在小组内进行反思并进行了汇报。学生在反思中深切地感受到：家务真多呀！我平时都没有注意到父母还在做这么多家务活！这些家务平时都是父母做得多，我们做得少，他们真辛苦！如果家务活都让一个人做，这也太累了。发现做家务大家一起分担，家庭会更加和睦。

学生借助数据不仅反思自己在家务劳动中的角色情况，对自己进行了评价，更体会到了父母、老人的辛苦付出，并提出了合理化建议。

当然，我们还可以通过成果展示、成长记录袋等方式进行评价，切实将过程性评价与结果性评价整合为一个整体，优化教学评价实施质量。

综上所述，在构建学习共同体背景下，小学道德与法治教学中教师应该将评价分布到教学的各个环节，注重与学生之间的协同互动评价，让评价成为一种促进学生学习交流的良性反馈。教师在评价时，也要牢记综合学生各方面、各阶段的表现进行评价，让学生通过评价更好地审视自己的学习过程，发现更多的问题和不足，同时能够挖掘出很多自己意识不到的优点，让学生对自己有一个更加全面深刻的认识，如此才能够更好地提升评价效果和教学效果。

教师要做教的专家

用有魅力的语言促进学习的真发生

李晓灵

自学习共同体研究开展以来，我们发现，在学习的过程中，教师和学习同伴的语言对于能否真的让学习在孩子们身上发生起着至关重要的作用。因此，老师们始终在思考，课堂上，老师和同伴究竟说什么样的话，能促进学习真发生，能够帮助孩子们展开专注、活跃、全面、深入的学习呢？通过不断的实践、总结、积累，我们有了以下收获。

一、有魅力的教师和同伴语言让学生在学习中更安心

"安全、安心"的学习氛围是学生的学习能够真发生的基础。因此，如何通过教师和同伴的语言，让课堂变得更安全，是我们始终研究和努力的方向。

在不断的总结、积累过程中，我们发现，当孩子们出现学习错误时，老师们说："我们真的要感谢这位同学，你看，正是他大胆地分享了自己的想法，才让我们对这个问题有了这样深的认识。"犯错的孩子不会再那样尴尬，其他同学也会感受到每个人的发言都有价值；当孩子们没有解决问题的方法时，老师和同伴说："回到小组里，再和同伴们商量商量。""没事儿，别着急，你再想想，我们等着你。""你说的是这个意思吗？"这些语言虽然看似放慢了学习的节奏，却让孩子们的学习更加安心和深入。

一节数学课上，老师让学生写出几个真分数并观察思考有什么新的发现。学生通过讨论，几个反应快的同学说："真分数分子永远比分母小。"其他学生纷纷点头，老师却发现小宽头点得迟疑，于是放慢了课堂的节奏，问："小宽，是还有什么问题吗？"其他同学在老师的提示下，也纷纷说："没事儿，有问

题你就提，我们等着你，咱们一起解决。"在同学和老师的等待下，小宽终于大胆地说出自己的疑问："为什么真分数分子永远比分母小？"很多孩子纷纷举手，要为小宽讲解。可一讲才发现，这个问题还真不是那么简单。于是，大家一起想办法、理思路、找联系，最终不仅使小宽放松了皱紧的眉头，更让大家对真分数的意义一清二楚。

越来越多的实例告诉我们，在学习共同体的课堂上，教师和同伴的语言并不仅仅用于强调知识或者寻找答案，更应在让学生感到安心、安全，才能帮助更多的孩子投入学习中。

二、有魅力的教师和同伴语言让学生在学习中倾听更专注

在研究过程中，我们还着重研究如何通过教师或同学的语言，让孩子们能够更专注地倾听，并在倾听的过程中进行联系、比较、吸纳等思考活动。

为了让低年段的小朋友养成认真倾听的好习惯，老师们说："不能只听老师说，最重要的还是听同学说。""善于听取别人意见的孩子进步快。""听比说更重要，因为别人说的跟你不一样。""你从他的发言中听出了什么？你还有补充吗？"

为了让高年级的同学在倾听中更好地思考，为与他人对话打下基础，老师们说："听了前面同学的发言，对你有什么启发？""安静地思考、认真地倾听，倾听远比发言重要。""倾听他人的声音是学习的出发点，越会倾听的学生越善于学习。"

在不断地研究中，孩子们之间也有了互相提示倾听的小秘诀，比如，低年级的小朋友会在讨论时说："这个可有意思了，来听我说说吧！"中年级的孩子会说："你好好倾听，和我们一起交流，不然你就跟不上我们的思路啦！"高年级的学生会说："你要好好听别人说的，可能他的发言会对你有启发！"

印象最深的是一节语文课上，小欣提出了一个十分有价值的问题，可因为她人缘不好，班里没人愿意去倾听。"你们真的听懂小欣的问题了吗？""她提的问题与要学习的内容有什么关系你们想过吗？现在就让我们按照她的问题再来读读课文。"教室安静了，孩子们在反刍中忽然发现，原来小欣的问题与文本的中心思想不谋而合，不禁发出了"啊"的惊叹声。孩子们意识到，原来每个人的发言都可能是有价值的，是值得去倾听的，从此，班里的倾听状态有了

很大的转变，学习的氛围更加浓厚。

用有魅力的语言引导学生（同伴）倾听，让孩子们学会了在倾听中建立彼此间的联系，学会接纳和包容，更专注地投入与自己、与同伴对话的学习中，发现了在学习中倾听别人的乐趣和意义，增加了小组学习的专注度和实效性。

三、有魅力的教师和同伴语言让学生爱上提问，使学习更活跃

在学习共同体研究的过程中，我们希望课堂上出现越来越多的"小问号"，希望提问能促进学生的学习思维真正活跃起来，因此，鼓励学生敢于提出问题的课堂语言就显得至关重要了。

为了让各年龄段的孩子敢提问、爱提问、善提问，不同年龄段的老师们都在鼓励孩子们："爱问'为什么'的孩子都是好孩子。""爱提问的孩子一定是爱思考的孩子。""没事，大胆问，最厉害的不是会回答的，而是会提问的，那说明你的思考更深入。""不管对与错，只要你提出问题或想法，你就是最棒的。"

在老师们有魅力的语言的启发下，孩子们也爱上了互相鼓励提问："一定要大胆地提出问题，这样就可以明白了。""如果你不提出问题，那你就永远也不会。""在你提问题的时候，我也会受益。""不会就问，其实能让我们变得更好。"等等。

这些温馨的小提示，让孩子们逐渐把提问作为一种常态，我们看到孩子们在小组学习和公共分享中提出自己的问题。我们的学习共同体课堂，也正是因为有了这些不断提出的问题而显得更有生命力和活力。

四、有魅力的教师和同伴语言让学生学习得更全面

"互学"而不是"互教"，这是学习共同体最有魅力和价值的地方之一。就学习本身而言，"互学"的态度能让孩子们从更多角度认识问题、有更多思路解决问题，使学生的学习更加全面。

认识到了"互学"的重要性，不同学科的老师们都在思考怎样在自己的课堂上，让学生形成"互学"的意识和习惯。比如，语文、数学老师会经常提示孩子们："他和你想的一样吗？谁的想法更深入，更打动人？他的想法好在哪里？什么地方值得学习？还有什么建议？"体育老师会说："你们认真观察同伴

的动作，比一比谁做得更棒？"美术老师会说："还有哪里不会画，看看同伴能帮你解决吗？""你的欣赏能力很强，能把美传递给你的同伴吗？"……

在小伙伴的互学中，孩子们说："如果我错了，你可以给我改正过来，这个过程很好玩。""我特别想知道你的想法。""这道题好难呀，你能给我提供一点思路吗？""你不用认为麻烦我，我很乐意和你一起解决问题。"

记得那天听一节美术课，老师让孩子观察 6 张不同鸟的照片，并把自己看到的色彩用油画棒画到学习单上。突然，小墨高举起小手："老师，白色在白纸上怎么表示啊？"老师不答反笑："你可以和同桌商量商量，说不定他就是你的小老师。"旁边的小菲说："别发愁了，这简单，你用白色油画棒一涂就行了。"小墨听了小菲的方法后并不说话，陷入沉思，一分钟后，奇迹出现了，一个黑色的铅笔框，框住了一块白色的油画棒色彩，简单又清晰地表示出白色的所在，小墨绽开了微笑，旁边的小菲也赶紧学起来。小墨看到小菲学着他的方法表现白色，笑着说："还是你提醒了我呢，你说用白色油画棒涂，我想纸就是白色的，我用别的颜色笔圈出一个框不也行吗？"

这就是"互学"的课堂，在师生这样质朴却有魅力的语言中，孩子们彼此不断互学，他们慢慢发现：别人说的不管是好的还是不好的，都会对自己的思考有帮助。孩子们既可以有自己独立的思维，也可以学着借鉴，当自己的思维与他人的思维汇聚在一起，学习就会变得更加全面。

在我们的共同体课堂上，还有很多很多充满魅力，富有情感，彰显智慧，提升兴趣的教师、学生金句，在这些语言的引导下，孩子们的学习真发生率越来越高，他们学会了倾听、思考、辨别、交往，越来越多地体验了深度、全面学习的价值，保证了学习的品质和效益。

从观察员的角度看学生的协同学习

邓艳芳

在接触共同体之前，我听课的时候就有一个习惯，那就是常常把自己看作当堂课的学生，主要任务就是认真倾听教学中的每一个细节：老师的导语怎么引，学生的回答怎么说，学生的参与度怎么样，哪个环节是我能够听懂的，哪个环节是我跟学生都听不懂的。评课的时候，自然也多半站在学生听讲的角度去评。直到接触共同体后，我才知道一直坚持把自己当作学生这个角色，原来就是共同体中的观察员。而那个时候的我只是一名非专业的观察员罢了，经过这段时间的历练与学习、研讨与交流，我正在向职业观察员华丽转身。

在共同体课堂中，观察员的角色尤为重要，不再是仅仅拿着记录本迅速记录教学环节的"机器"，而是重点针对某一组学习共同体进入深度观察。观察学生的学习状态，观察学生在协作学习中的表情，观察学生在与同伴悄悄对话的语言等各种课堂上悄无声息所发生的一切，即使是一个惊讶的眼神，或者是一个不情愿的表情，作为旁听的观察员都不会放过的。因为正是捕捉到学生的各种倾听与交流的信息，才让我们能够真真切切地站在学生的角度，感受润泽课堂的融洽氛围，倾听学生发生学习的柔美和声。

作为听课教师，我就是一名专业观察员；作为一名上课教师，我会利用"退下来"的时间兼职做一名观察员，充分捕捉学生们在协同学习过程中的各种信息，以便改进我的课堂教学。那么，作为共同体课堂的观察员，我们应该观察什么呢？怎样观察呢？下面我就结合自己的理论学习和实践经验，谈谈我的几点做法。

一、观察学生学习的发生过程

学习好比一场旅行，从熟悉的地方到达一个不熟悉的地方，在学习上，就是学习者运用已有的知识经验通过多种方式学会新的知识、掌握新的技能。那么，学习的途径都有哪些呢？向书本对话、向同伴对话、向生活对话，是最有效的学习方法。在我们的课堂上，学生也在逐渐经历着这样的学习过程。

（一）学习的真过程

【场景回放】在我执教"条形统计图"的时候，大致的环节是复习统计表，观察一幅条形统计图，说说你有什么新的发现，然后组织学生们汇报，汇报后再来动手试着画一画新的条形统计图。

【观察心得】结束后，老师们共同研讨，总觉得在这节课中学生学习的兴趣不浓，挑战性任务不凸显，学生的学习动机自然也就不强烈，这就导致每个学生真正的学习发生过程触摸不到，甚至有的学生没有卷入学习中来，课堂上唱主角的还是那些"已经知道的"的孩子们。于是，我和组里的老师们又设计了不同的方案，课堂实施的效果远远超过起初的那节课。

【场景回放】在这节课上，我们见证了学生的真学习，每个孩子都能够参与到学习的任务中来。首先，出示前期学生们调研的"班级同学最喜欢的社团统计表"的情况，随后老师启发学生思考："这些数据除了用统计表的形式呈现出来，还可以用哪些形式呢？"学生们会想到统计图，然后老师便抛出挑战性的大问题："你想不想尝试将这些数据用条形统计图的方式呈现出来呢？请你来当小小数据分析师，试着画一画吧！"于是学生们开始了自己的研究，有知道怎么画的，悄悄画起来；有不知道怎么画的，就悄悄打开书，自己先自学起来；还有的自学过后不明白的，于是悄悄咨询起同伴来……就这样，真学习的过程生动地展现在我们面前。

这样更加充分体现了协同学习：团队中每一个成员都要学习，而且要互相学习，将学习活动视为经由对话沟通（协同）的一种文化的、社会的、伦理的沟通；强调师生、生生不是合作学习中的合作关系，而是在文化内容的认识和理解，以及意义和关系的建构。

（二）同伴的真互助

【场景回放】在我执教"条形统计图"这节课上，校长是小博和小然这组同伴的观察员。当同学们结合现成的一幅条形统计图观察，并说说各自有什么新的发现时，校长观察到这两个孩子从始至终没有什么交流，各自思考后，小然强势地将自己的想法告诉小博。而小博呢，似听非听，还用手捂着自己的答案，不想让对方看到。可见，他们两个并没有在真互助，所以也就没有站起来向全班交流他们组的想法。课下，校长亲自看了小博一直捂着的答案，他写的是：我认为条形上要标出数据，这样就能一一对应了。

【观察心得】听了校长的描述后，我仔细分析了这一组同伴的学习状况。两个孩子学习成绩不相上下，小博聪明，但是不善表达；小然既聪明，又善于表达，但是非常马虎。虽然小博的想法不尽完美，但是这确实是他的真实想法，还想到了一一对应的数学思想，这一点是极少数孩子能够想到的。如果这个组在全班做了交流，似乎就可以成为一个小"炸点"，激发其他学生的深度思考；如果当时我巡视到这个组，静静观察他们的互助状况，悄悄给予一定的互助暗示；如果……太多的遗憾！现在的同伴怎样能够真互助呢？他们怎样能够心甘情愿地向对方倾其所有呢？第二天，我便在班里做了一个调研，主题是"我眼中的同伴"。我特意翻阅了这组同伴的情况，发现他们两个还是愿意结成共同体小伙伴的，只不过由于刚刚组合在一起，彼此不熟悉，吕世博自尊心强，担心自己的想法错了，所以，不敢去主动交流。调研后，我和班上的同学们探讨，同伴怎样才能做到在学习上真互助呢？同学们梳理出几种交流方式，多问问同伴你是怎么想的，这是我的想法，不知道有没有道理？我是这样想的，你看可以吗？你说说，我听听。当伙伴说得有道理的时候，对方要不吝啬自己的语言，大大地称赞，当伙伴的想法根本不对的时候，对方更不要急于反对，站在他的角度，想想他为什么会这样想，直到梳理出正确的思路。在我们班的课堂上，我常常鼓励孩子们：直言自己的不懂，敢于向同伴发问，同伴要乐于讲给对方听，直到讲明白为止。

课堂里学习共同体的基本要素之一就是互教互学：课堂中学生间的轻声交流是一种互教互学的活动。对话的形式可以各自表达对教师提出的问题的思考，再是学困生向学优生请教，而后是学优生指导学困生，还可以是小组配合各自表达后相互质疑、解疑甚至追问，使学生走向深化。这个过程既是学生间互惠的学习过程，也是构建平等关系的过程，体现了"协同学习"的真谛。

二、观察学生交流的有效倾听

学习共同体的另一基本要素，也是非常重要的要素就是"认真倾听"。听什么，怎么听，都是在为同伴互教互学奠定基础，没有有效的倾听，课堂上就不会有深入的交流。"倾听"既是教学中教师活动的核心，也是学生课堂上最主要的学习途径，构筑"相互倾听"的关系至关重要。

【场景回放】"数对"的教学对我来说并不陌生，四年前学校的自主课堂刚刚拉开序幕，我就以"数对"这节课作为展示课，供老师们交流研讨。四年后，我们在自主课堂的基础上又进行了深入研究——学习共同体。对比过去的研究，如今的"数对"课堂更加关注学生的学习历程和探究欲望。

课上，学生自学后，对于数对的记录形式非常感兴趣，同时也有许多疑惑的地方，例如小金鱼在第 1 列，第 1 行，用数对表示就是（1，1），学生们自己提出为什么要加括号的问题。四年前，学生们也在课堂上质疑了这一点，那个时候我处理的方式就用一句话解决了："这是数学习惯，约定俗成的！"因为当时觉得这个是非核心概念范畴，没有必要在这里大做文章。可是，今天站在共同体的角度再次审视这个问题，站在学生思考的角度再次处理这个问题，就大大不一样了。此时我退出了课堂，再次将自己置身于观察员的角色。聚焦的问题：数对的记录形式为什么要加括号？计划讨论时间是 5 分钟，结果用了 15分钟。学生们交流的情况如下：

发言学生	交流内容简要记录	观察焦点
小雨	数学是严谨的学科，所以，要加上括号，这样才对	关注对不对
小明	我认为这要根据个人而定，喜欢，觉得整齐就写；不喜欢，觉得麻烦就不用写	关注的是喜欢不喜欢
小元	我认为还是要写上，就像我们做填空题一样，填空题不就是用括号吗	关注了做题习惯
小博	我不同意，填空题有时候还用直线呢，让我们把答案填在直线上，那样的话，你写不写括号	也是与做题对比
小英	这个括号要写，不写就变成了"1，1，"看着别扭，感觉什么都不是	关注别扭不别扭
小鑫	我知道是什么意思，不是表示金鱼在第 1 行第 1 列吗	似乎还是认为不用写，自己知道意思即可
小乔	我给你纠正，应该先说列，再说行。你明白了吗？我问你，第一个 1 表示什么？第二个 1 呢？ 小鑫准确说出来，小乔板书	注意了倾听，并给予了纠正

发言学生	交流内容简要记录	观察焦点
小林	谢谢小乔给纠正。现在我们再来讨论括号该不该写的问题。我认为应该写，就是感觉列、行不能分开……	认可上面同学的观点，越来越觉得有括号的必要性了
小明	手都不举了，立刻站起来说："我知道了，写括号省得写字了，括号代替了第几列第几行这几个字，更简单了。"	关注了数学的简洁性
小博	对了，邓老师说过数学是简洁的，确定位置，用这个带有括号的形式简单多了	落脚点也在简洁性上
小然	小博，我同意你说的简单，那么既然是简单，不写括号应该是更简单啊！我还有新的发现，请大家看这个格子图，确定小林位置的时候，不仅标出他的名字，还用一个点表示。带上括号，标出列与行，就说明了这个点的位置是什么，只说列不说行，不能确定小林的位置，只说行不说列，也不能确定位置，列、行不能分开，缺一不可，所以用括号括起来	用其他的例子说明数对表示一个点的位置，更进一步区分列、行的概念，把逗号的作用都解释出来了

看着同学们争先恐后地发表自己的观点，我这个观察员在旁边听得是不亦乐乎。同时，更加感叹，这不就是我们所要追求的共同体课堂的境界吗？我想学生如果没有静心地专注倾听，肯定不会出现上述的"炸点"场面。

【观察心得】学生间的相互倾听关系一直是我在共同体课堂上关注的焦点，也是重点习惯的培养方向。在安心倾听的氛围中，学生的发言会慢慢地被触发："听了她的发言，我也发现……""我认为他的发言不够完整……""原来我还以为……现在我知道了……"通过倾听，课堂上的串联会慢慢形成并持续，课堂会从相互倾听慢慢发展为相互学习的关系，共同体学习的精彩之处恰在于此。

自我班开始实施共同体的学习方式以来，在调研中，全班百分之百的同学都非常喜欢这种学习方式。

孩子们对共同体学习的方式如此挚爱，因为他们在此过程中享受着实际意义上的获得，是最大的受益者。作为课堂观察员的我，喜欢看孩子们专注倾听的眼神，听孩子们诚挚和谐的交流，尽情享受学生协同学习的乐趣！

"退步"原来是向前

焦 琳

把课堂变成学生探索世界的窗口，让每一堂课都成为学生不可重复的生命体验，这是新课程标准下理想课堂的标准。无论是曾经的"自主课堂"还是现如今的"共同体"，宗旨都是把课堂由"教授的场所"转换为"学习的场所"，从以"目标—达成—评价"为单位的程序型课程转变为以"主题—探究—表现"为单位的项目型课程，让学生在课堂中能够独立思考、乐于学习、敢于交流、学有所获。我想这自然少不了教师以退为进的教育智慧。

一、与文本对话　总结归纳促提升

在多媒体盛行的时代，课件对于教师来说已经是不可缺少的课堂教学手段。在语文课上一张张精美的图片能激发学生的学习兴趣。在数学课上它能把抽象的文字变成"图"，更好地帮助学生理解题意。这么多的好处，如今却被一张大字报所取代，几张大纸和密密麻麻的文字，看着确实枯燥乏味，让我对"大字报"一直提不起兴致来。记得在研讨月活动中，郭主任苦口婆心地告诉我们："不要排斥大字报，要学会尝试，只有体验了才能发现它的妙处。"于是，郭主任冲锋陷阵给我们大家上了一节引路课。这是我第二次见到"大字报"了，还记得第一次，我是在林莘校长团队的展示课上见过的。郭主任让孩子们边读课文边思考，自己有什么不懂的问题。然后把孩子们所有的问题用"蓝色的曲线"在大字报上画出来并且标上了序号。我边看边思考，大字报到底有什么好处？能不能用语文书取代大字报，能不能用课件取代大字报……一连串的问号在我头脑中挥之不去。正当我困惑的时候，郭主任说："你们提了这么多的问题，哪些问题之间是有联系的？解决了哪个问题就能把其他问题都能解决了呢？同伴之间交流一下。"其实郭主任就是在培养提有价值的问题的能力。接着孩子们你一言我一语，有理有据地把七八个问题整合成了一两个问题。只见老师一句话也不说默默地在大字报上画箭头找联系圈词语找重点。这时我才恍然大悟原来大字报的优势之一就在于此。把整篇课文展示在黑板上，第一个好处就是很直观，整个篇章完整地展示在了读者的面前。当老师把所有问题都画在上面时，学生前后对比方便他们联系上下文整合问题。小小的箭头就把问题串联在了一起，最终直指重点，学生就很容易发现最有价值问题的所在。原来"共同体"中文本的串联，"大字报"起到了事半功倍的效果。自此，我对"大字报"开始另眼相看。课后，我们组的老师都坐在一起迫不及待地想要在"大字报"上大显身手。当我们把学生心中所想提炼到大字报中展示出来时，一个个鲜活的具有生命力的词语串联在一起就是文本的核心，而课件只能呈现某一句话或者某一段话的内容，篇章的完整性不容易体现出来。因此"大字报"的出现恰巧贴合了语文课回归整体的特点。

二、忘"我"的学习 自主协同促发展

所谓忘"我"，就是在学习时忘掉老师的存在。起初学生在实施共同体时，他们互相交流最爱做的动作就是"看我"。明明跟小韩对话呢，可是他要看着我说。明明在征求大家的意见，可是眼睛却紧紧地盯着我问："你们同意我的意见吗？"而每次我都会说："别看我，你跟谁说话呢就看着谁。"我想之所以如此，就是因为在学生心里他们认为教师就是正确答案，所以他们总是口是心非地看似在和同伴交流，其实是在跟老师对话。这正反映出孩子们不够自信，缺乏自我判断的能力，原来的课堂模式教师牵引得过多，所以学生习惯性地依赖老师，以老师为中心。那么要想让课堂上实现学生的主体地位，把课堂变成生生心灵对话的舞台，老师就要毫不犹豫地"退"出去，就是学会一个字"忍"。那么孩子们才"敢交流""说真话""真自主"。为了让他们学会"忘我"，我就利用上了咱们学习的文章"传球"。当他们想通过看我确定答案的时候，当他们无话可说冷场的时候，我都会适时提醒："把球传出去你才能坐下，否则球总在你手里，你就要一直站着了。"就这样在反复的训练中，他们传球的技术越来越熟练，渐渐地开始"忘记"了我的存在。教师退后一小步，学生却前进了

一大步，他们开始喜欢上了这样的课堂，有的同学对我说："老师，我觉得这样上课特别有意思。"还有的同学说："老师您看，我的书都花了。"我定睛一看，原来他把大家的想法都记录在了书上，共同体的课堂孩子们是最大的受益者。

三、忘我的学习　唤醒学生内心的需求

记得有一天，我们班小钰同学问我："老师，您最近上课怎么总是笑呀，是有什么好事吧！"于是我告诉他们，是因为我看到他们"忘我地""投入地"学习、交流、互帮互助，感到特别欣慰特别幸福，才笑的。苏霍姆林斯基曾说："在人的心灵深处，都有一种根深蒂固的需要，就是希望自己是一个发现者、研究者、探索者。"新课改就是要求教师教学以学生主动探索发现、获取知识为目的，强调学生的主动参与探索。老师退后的这一步，却实现了学生的发现、研究和探索，他们在协同合作中乐此不疲，兴趣盎然。在《玻璃窗的童话》里，小作者看到窗上的冰花快要融化时气得直想哭，小晨问："为什么它会想哭呀？谁来帮帮我。"同伴立刻伸出了援助之手："因为冰花太漂亮了，小作者特别喜欢它，所以看到快要融化时会气得直哭。""我没感觉到冰花漂亮呀。"小晨疑惑不解地说。同伴耐心地告诉他："这样吧，你闭上眼睛，我给你读读，你看看能不能感受到窗上的冰花漂亮。"于是这位同学绘声绘色地开始读起来。看到这里我特别惊喜，其实这位同学就是把文字变成了画面，让对方去想象画面去感受文字。在《美丽的北海公园》中有一段描写白塔的句子："高高的塔顶上，覆盖着镏金宝盖。"闫力同学疑惑地问："镏金宝盖是什么？为什么要建在塔顶上？"面对闫力的问题大家你看看我，我看看你，谁也说不出来，于是我站出来说："针对闫力的问题，同伴之间再交流一下。"接着，我就退到了一旁，细心地观察每一个组，有的查着字典，有的读课文，还有的和对方轻声细语。在同学们的共同努力下，第一个组在词典中找到了"镏金"的解释，说："镏金就是将金和水银合成金汞剂，涂在铜器表面，然后加热使水银蒸发，金就附着在器面不脱落。"第二个组站起来说："我们帮你们组作补充，为什么镏金宝盖会在塔顶上，你结合上文读读第一自然段。第一自然段的内容是'北京的北海公园，是世界上保存最完好的古代皇家园林之一'，因为它是皇家园林，所以就要用上黄色，黄色代表着最高的统治者就是皇帝，皇帝当然要在最上面了，下面都是大臣，大臣下面是老百姓。所以镏金宝盖要建在塔顶，你对我们大家

的想法满意吗？"闫力频频点头说："非常满意，谢谢你们。"看到这里，我笑了，我想为他们的出色表现而鼓掌。只要我们给学生一个机会，给他们一个自由学习的空间，他们就会让你惊喜连连。前面我说到的"无论是结合上下文的学习方法，还是把文字变成画面加以想象，或者结合生活实际谈体会……"这些学语文的方法都是需要老师教给学生的，首先学生心中有了方法，才能在学习的道路上走得越来越远。

走在共同体的道路上，慢慢地让我尝到了甜头。在共同体理念下的课堂，将学生置于学习主体地位，教师的主要职责是唤醒学生内心对学习的需求，变"要我学"为"我要学"，学生围绕所学内容提问，在独立思考的基础上，通过共同体的倾听与应对、串联与反刍来解决问题，实现学习。在共同体道路上"以退为进"，让学生学得安然自在，老师教得悠然自得。

教师课堂站位对学生持续学习的影响

邢 艳

"学习共同体"是美国大教育家杜威所构想的学校模式，是真正走进学生和教师心灵的一种理念，更是一种文化，从本质上解决课堂上师生之间"教"与"学"的矛盾。

学习绝不是基于知识，是丰富关系、丰富意义，是意义和关系的重构。而学习共同体关注的是人的终身学习，追求的是所有学生学习权的实现，那么随之而来的对于教师的要求也越来越高，追求的是对于课堂具有深度思考的，有自己哲学的，能够在同伴之间相互学习、反思的专家型教师。教师应把焦点放在：学生学习活动和互学关系上；怎样才能让学生不掉队；怎样才能让每一位学生都成为学习的主人；学生哪一个地方成为阻碍；做什么能让他们获得学习……教师要基于这些问题的考虑，开展教育教学，让学生成为课堂研究的直接受益者。

学习共同体最核心的理念是要保证每一个孩子的学习权，让每个孩子在课堂多发生高品质的学习。学生高品质学习的发生，离不开教师在课堂上对每一个孩子的有效关注，课堂上教师倾听、反刍、串联行为影响着学生持续的发展及学习的品质。课堂上的哪一位学生需要帮助，教师应该走向哪里，走向哪一位学生，都值得我们思考和研究。

我们发现不同教师在课堂上有不同的教学行动路线，能够高效促学的教师在课堂上的站位及行动路线更有目的性。而有效的教学行动，有目的的站位，对于推动学生深度学习起着不可忽视的作用。这背后透出的是教师教育观念的转变、对学习共同体理念的理解，透出的是每个学生学习的发生是否都在教师心中，同时也透出教师对学科本质的理解。

课堂上教师的行动路线是由每个学生在不同阶段学习所反映出来的不同学

习需求而决定的，是教师高品质倾听以及敏锐细腻的课堂观察基础下的行动。下面我将从以下几方面进行汇报。

一、独立学习时

学生深度学习一定是从个体独立学习思考开始的，独立思考是学生自然、自主地卷入学习的前提。通过对低中高年级学生的访谈调研发现：班中有近80%的学生独立学习时，不希望有人靠得太近，特别是老师。这些学生多为内向或常会遇到学习困难的学生，特别是当班级学习环境建设还不够安全时，这种现象更为明显。

孩子们认为身边人的关注无形中会带来学习压力，使自己无法更加专注地学习，会限制思考。基于调研，在课堂实践研究中我们发现，学生个体学习开始时，教师的站位分为两个阶段。

（一）独立学习刚刚开始时

提出学习任务学生开始学习时，教师静静坐在或站在能够纵观全班每一个学生学习状态的教室位置，一般在第一排学生左侧或右侧。教师作为学习者进行同样任务的学习，例如读书、画批、解决问题，此时的教室内只有学习者没有教师学生之分。

我们发现，当教师以学习者身份同学生一起静心学习时更能让学生感到平等安全，更加专注地思考，更有利于学生个体高效学习的发生，为学生深度学习奠定良好的思维基础。

（二）独立学习一段时间后

当独立学习发生一段时间后，教师要走进学生，其目的有两点。

1.走"进"学生　了解需求　个别促学

因学生个体差异、性格差异等因素的存在，当学生独立学习进行一段时间后，学生的学习进展就会呈现出不同水平的状态，此时不同学生就会产生不同的学习需求。这时的教师站在能够清楚观察到每一个学生学习状态的位置，根据学生的不同学习需求，进行个别有效促学。

a.对于一开始就没有发生学习的学生，教师要将学生重新引向学习轨道。

b.对于遇到困难并且很长时间学习一直无法推进的学生，教师要根据不同情况帮助学生搭建学习支架，促进学生学习继续向前发展。

c. 对于思维活跃很快完成学习任务停止学习的学生，教师要引导学生再次回归学习任务，将学生的学习引向深入。

例如，张老师在讲三年级数学《差额等分》一课时，班中的小旭很快就完成了解决问题的多种方法，老师观察到这一现象后，走近小旭，指着学习单中的方法，轻声告诉他："观察一下你的这几种方法，你会有很大的发现。"这样的一句话，将小旭原本停下来的学习，从已知引向未知，从表面引向深入，促进小旭的学习持续发生。

学生个体学习进行一段时间后，教师的行走路线是由所观察到的不同学生不同学习需求来决定的，此时的目的就是要让每个孩子的学习能够持续发生，因为学习一旦停下来，思维的连续性就会受到影响，思维的深度就会受到限制，因此教师的个别促学显得尤为重要。

2. 走"近"学生　了解学情　关注进程

当学生个体学习进行一段时间后，教师走近学生，除了进行个别促学，让每个学生学习持续发生外，此时教师在不打扰学生学习的前提下，要走过每一位学生身边。其目的是要了解每一位学生完成此项学习任务的进程和程度，为后面的集体学习引向学科核心问题的深度学习打下思维基础。

例如，王老师在讲四年级语文《爷爷的芦笛》一课时提出"根据你对文章的理解，请画出强强的心情变化图"这样一个学习任务。学生独立思考一段时间后，王老师起身走到每一个孩子身边，观察学生画批情况，其目的是了解学生对这一问题独立学习程度，课堂上学生整体学习效果。有一定了解后，以便对于接下来同伴协同学习的问题聚焦以及发展方向有一个心中预判，依据学情推进学生深度思考，从而达到学科本质的落实。

二、同伴互学时

当学生独立学习遇到困难或完成学习任务时，学生根据自己学习需求很自然地将个体学习转向协同学习，此时教师的教学行动路线是流动的，走到每个学习小组身边进行倾听、促学，这对于学生深度学习的发生以及推进起着举足轻重的作用。

教师的教学行走路线由以下几点决定：

首先，由教师对于班中学习小组每个成员原生态的详细了解所决定。

（1）低年级学生由于年龄特点互学行为还没有形成，这时教师要尽可能流动到每个学习小组，更多的是进行互学指导，让小组"学"起来。

（2）无论低中高年级，对于性格以及学习基础等因素造成的无法进入小组学习的学生，教师要先流动到这一学习小组，将学生引向小组互学状态学习。

（3）对于学习力较弱的小组，教师也要做到心中有数，先要关注，走到学生身边倾听，随后搭建合适学习支架进行促学。

其次，由学生独立完成此项学习任务情况，以及教师对小组学习现状的观察所决定。

因学习任务挑战性的不同，这时学习小组就会呈现不同"互学"状态。教师根据小组学习需求引导或引导学生回归文本、问题，让小组成员的思维重新出发，或引导学生扩大学习组，向其他小组寻求帮助……

总之，在有效时间内教师尽可能多地走进小组，进行有针对性有目的的促学行为，其目的是让每个协同小组中的每个成员都能在原有独立学习基础上有所提升和发展，最大限度地发挥小组互学对个体深度学习的促进作用。

三、公共发表时

学习共同体强调的以"学"为中心，与书本对话、与同伴对话、与自己对话是学习的途径。在课堂实践中，我们发现，公共发表是一个有趣的对话现象：学生在表达自己的思维过程时会不自觉地转向老师，很自然地将交流对象定位在教师身上，分析这一现象背后的本质原因，是学生内心将教师固化为自己重要的甚至是唯一的学习对象。面对这一现状，我们发现以下几点学生公共发表时教师的站位以及行走路线。

（一）走向两侧，让生生对话

当学生开始全班分享时，教师自然站在教室两侧位置，此位置一定是便于清楚看到发表同学的一举一动，以及能够清晰观察到每一位学生倾听状态的地方。一般情况站在教室两侧中间偏前的位置，可以兼顾发表学生及倾听学生的学习状态。我们发现当教师离开中心位置，站在两边时，学生对话交流的对象逐渐转向同伴，来自发表时的紧张情绪也会逐渐减小，课堂也越来越安全，发表学生也越来越多，思考也越来越有深度。简单的一个站位，背后透出的是课堂上教师要以每个学生的学习为中心，也是让学生意识到，课堂上同伴才是自己重要的学习对象，教师只是自己的学习伙伴之一，绝不是唯一。

（二）走向学生，给予学习支持

发表时学生一旦感到来自于问题本身，或来自同伴评价的不安全因素时，就会停止学习，此时教师要自然地走近学生，用柔和的语言以及肢体动作给予学生支持，成为学生此刻的学习依靠，减轻学生的心理压力，使学生继续思考，持续学习。

例如，二年级的小郝同学在学习《推理》一课时，向全班分享了自己画香蕉图的解决办法，刚一展示一位同学立刻边笑边大声说："你画得不对！"话音刚落，本来内向的小郝不知所措地站在前面一言不发。这时只见老师慢慢走向小郝，搂着她的肩膀，对全班说："小郝的方法我都没想到，这是三年级才会的方法呢，慢慢说你的方法。听的同学也要边听边思考，小郝的方法与你的方法有什么相同之处吗？"小郝在老师的支持和陪伴下，继续表达自己的方法。老师的靠近给予孩子莫大的学习支持，让小郝的学习得以持续，同时让全班学生的学习得以聚焦和发展。

（三）走向文本，聚焦学生思维

公共发表时我们也发现了随着不同学生不同想法的表达，学生的思维会呈现原地打转、分散的状态，此时教师可以通过走动，将学生的思考聚焦到某一点上推进学习。例如，教师利用走动和手势将学生目光聚焦在文本或聚焦到某一位学生的发言上，引领学生思维，在原有基础上聚焦一点，学习重新出发，回归文本或问题，将思考引向深入。

（四）走向板书，进行梳理总结

公共发表是学生发表不同想法，听的学生曾向老师反映，他们说得都有道理，但我就是觉得乱，此话背后反映出的是课堂上梳理总结环节对于学生推进学习的重要性。因此，课堂上教师走向书本，引导学生进行梳理总结，也是必不可少的教学行为。

总之，学习共同体课堂上教师有效的站位及教学行动的流动路线，对于学生持续学习，让思维逐渐走向深入有着不容忽视的影响，我们也将基于学生学习需求进行探索，为保证每一个学生都能在课堂上发生高品质学习继续前行。

让"记录"优化一年级学习共同体课堂

程 嫚

一、问题提出

问题一：学习共同体的课堂中，学生为什么要进行记录？

所谓的"学习"就是同教科书的相遇与对话，同教室里的伙伴的相遇与对话，同自己的相遇与对话。而对于相关问题的记录，倾听结果的记录不仅是支持共同体学习的有效方法，同时也是学生梳理思维，更加有目的地倾听，准确倾听的必要手段。

问题二：为什么一年级学生在共同体学习中需要记录支持？

有人会疑问：一年级的学生刚刚入学，大字都不识几个，怎样记录？有必要进行记录吗？我的回答是：当然有必要记录，同时也有相应的方法。一年级的学生有以下的年龄特点：一年级的学生的思维仍有很强的具体形象性，他们不善于自己的思维活动服从一定的目的任务，容易被一些不相干的事物吸引，以至于偏离目标任务。记录有助于提升一年级学生的学习任务意识，提升学生按照一定任务意识的学习能力，可见，记录是提升低年级学生学习质量的重要手段。

二、实践成果

（一）关键问题的关键圈画——使倾听与讨论有的放矢

一年级的学生由于听说能力较弱，所以引导学生学会如何在一个关键问题中准确地提炼出关键信息，极为重要。所以教师提出关键问题后引导学生在讨论的问题上将关键信息进行圈注或是标记，在此基础上，如果并不是每人都有作业单，教师可以每次提出核心问题时，引导学生集体进行标注记录，引导学生更加明确讨论和学习的目标。如在数学中解决问题时，学生对于出现大括线的题不能很好地进行解决。因此在复习课中，我引导学生通过观察两道大括线题的相同、不同以及分别所用的方法及原因。由于问题较多，我每一组都发了讨论的例题和题目，并且引导学生读一读、看一看题目问了几个问题，关键词是什么，需要我们分几步进行解答，两个人进行圈画与标注，带着明确的任务，有计划、有层次地进行讨论、倾听，这样的记录，使学生有的放矢地思考、交流、倾听，有助于培养学生良好的学习品质！

（二）分享与质疑的标注和思考——将"不懂"跃然纸上

在研究共同体的这三个月中，使我感受最深的就是要鼓励学生敢于发问，就像在《教师的挑战》一书中所提到的——直言"不懂"的课堂。"不懂"激活了儿童学习的原动力，那么学生的"不懂"由谁来解决呢？当然，还是学生。这就需要孩子们在小组学习中相互交流、倾听、答疑，当遇到小组也无法解决的问题时大家一同抽丝剥茧地进行解决。这时，了解、质疑的标注就显得格外重要。记得看张瑆老师的语文活动《画鸡》时，老师依照最后的一句"平生不敢轻言语，一叫千门万户开"提出核心问题："读了这一句，看一看有哪些读懂了，用一种符号标记，哪些没读懂用问号标记，那些通过讨论解决了，用另一种符号标记。"孩子们通过小组学习，很快就对三种情况进行了标记，并在小组的集体分享中共同解决了问题，从而又提出了新的问题："为什么公鸡平生不敢轻言语呢？"通过标注，孩子们先个人，再小组，最后集体，分层次地解决了学习中的问题。这样有效的学习方法促进了分享与质疑的目的性，让学生的"不懂"跃然纸上！

（三）梳理两人思维的记录单——从个性展示到规范应用

在学习共同体中，我们常常接触到作业单，但是我所实践的记录单与作业单还是有一定区别的。记录单是一张白纸，这也就意味着孩子整理自己的思维，完成任务时，思维是不受限制的，可以将自己的想法依照自己的喜好进行记录。正如在进行数学活动"认识钟表"时，我们将知识点回归生活，引导学生进行放学时间的安排。我提出核心问题：想一想我们放学之后都需要做哪些事情？什么事必须做，什么事是自己想做的，还有什么事是可以选择的，请小组讨论，并且依照自己的方式进行记录。孩子们圈注关键词之后并进行讨论，讨论后将自己的安排写在纸上。在没有固定格式的记录单上，我们会发现每个孩子的记录不仅内容不同，而且形式也不同。在分享环节，孩子们展示了自己的时间安排，同时也相互学到了不同的记录方式。白纸式的记录单没有将小组学习框到一个框架里，而是在尊重孩子主体性与自主性的同时，梳理了思维，让分享有依据，倾听有对比。又如江玥老师上过的一节"认识图形"的活动，小组式的交流过后，孩子们进行分类并说明理由，由于没有进行记录，一年级的学生组织语言能力较弱，学生的表达相对生疏，教师在梳理的过程中显得力不从心。第二次的同课异构中，江老师提出核心问题：分一分、记一记。孩子们明确了解决问题的步骤之后，通过小组商讨，在白纸上进行记录，当然如果小组内出现了分歧，每个孩子则都要进行自己的记录，以便进行分享。好记性不如烂笔头，这样的记录单，不仅培养了学生记录的习惯，梳理了学生解决问题的思维过程，同时也为集体分享，问题的再解决提供了依据。

三、实践反思

简单的记录是倾听的目标与计划，是讨论的依据，是梳理思维的过程，同时也是培养学生良好学习品质的重要途径。学习共同体的课堂中，多元的记录真正做到了以学生为中心，它是与学生相联系的纽带，是学生胸有成竹应对的基础，更是优化学习共同体课堂的重要手段！